W0284111

VERA F. BIRKENBIHL

Signale des Körpers

Körpersprache verstehen und Körpersprache einsetzen

VERA F. BIRKENBIHL

Signale des Körpers

Körpersprache verstehen und Körpersprache einsetzen

Weltbild Verlag

Mehr Birkenbihl lesen/hören/sehen?

Wiewohl viele Bücher und Tonkassetten der Autorin bei der Modernen Verlagsgesellschaft (mvg) erschienen sind, gibt es noch einige Titel bei anderen Verlagen. Ja, es gibt sogar einige Ton- & Video-Kassetten für Birkenbihl-Fans (für Insider!), die man im offiziellen Buchhandel überhaupt nicht erwerben kann. Nur bei ihrem kleinen A-Verlag direkt. Interessiert? Dann fordern Sie bitte das Gesamt-Verzeichnis an. Postkarte oder Fax genügt, an:

A-Verlag c/o mi-service (Abt. KB)
Justus-von-Liebig-Str. 1, D-86895 Landsberg
FAX 08191-125455

Oder möchten Sie die Autorin einmal hören/erleben?

Birkenbihl live

Zwar sind die meisten Veranstaltungen der Autorin firmenintern bzw. Vorträge auf großen Kongressen, aber einmal im Jahr, im Juni, veranstalten wir einen Birkenbihl-Tag zum Thema Selbst-Management. Wenn Sie dabei sein wollen: Mit einer Postkarte (oder einem Fax) erhalten Sie Informationen:

mvg-verlag
Seminardienst (Frau Maria Hüttinger)
Postfach 450441
80904 München
FAX: 089/35093-322

Genehmigte Lizenzausgabe für
Weltbild Verlag GmbH, Augsburg 1995
Copyright by mvg-verlag im verlag moderne industrie, München/Landsberg am Lech
Alle Rechte, insbesondere das Recht der Vervielfältigung und Verbreitung sowie der Übersetzung, vorbehalten. Kein Teil des Werkes darf in irgendeiner Form (durch Fotokopie, Mikrofilm oder ein anderes Verfahren) ohne schriftliche Genehmigung des Verlages reproduziert oder unter Verwendung elektronischer Systeme gespeichert, verarbeitet, vervielfältigt oder verbreitet werden.
Umschlaggestaltung, Adolf Bachmann, Reischach
Umschlagbild: Zefa, Düsseldorf
Gesamtherstellung: Wiener Verlag, Himberg
Printed in Austria
ISBN 3-89350-677-2

Widmung

Dieses Buch ist meinem Vater,

Michael Birkenbihl

gewidmet.
Erstens, weil er schon früh in meiner
Kindheit mein Augenmerk auf die Körpersprache lenkte.
Zweitens, weil mindestens 20% des vorliegenden Textes
auf Informationen beruhen, die ich zuerst von ihm erhalten habe.
Und drittens, weil er mich trotz meines
»ein-nehmenden Wesens« immer wieder in sein Wohnzimmer ließ,
selbst wenn gerade neuerschienene Bücher
herumlagen (auch zu diesem Thema),
so daß ich diese manchmal sogar noch vor ihm
lesen durfte!

Inhalt

Vorwort

Angenommen, man würde Sie auffordern, die Farben in dem Raum zu beschreiben, in dem Sie sich gerade aufhalten: Dann würden Sie zahlreiche Worte verwenden, um diese Beschreibung der Farbtöne durchzuführen. Ich könnte Ihnen z. B. meine Wandfarben als gelb, rostrot und braun schildern, den Teppich als orange, die Bücherregale als weiß, die beiden Telefone als grün und rot, usw. Wäre ich ein Künstler, so stünden mir noch weitaus nuanciertere Beschreibungen zur Verfügung. Ich würde einzelne Farben vielleicht mit »gebranntes Siena« oder »ocker« u. ä. beschreiben. Wäre ich hingegen ein Maidu, also ein Angehöriger eines Indianerstammes in Nordcalifornien, dann stünden mir nur zwei echte Farbbeschreibungen zur Verfügung, nämlich das Wort LAK für »rot« und das Wort TIT für alle grün-blauen Farbtöne. Zusätzlich könnte ich noch ein Konstrukt verwenden, um gelb-orange-braune Töne zu beschreiben, indem ich nämlich das Wort LAK (rot) mit dem Wort TU (Urin) verbinde und diese Farbtöne als TULAK beschreibe.
Das Wort »Beschreibung« ist absichtlich mehrmals verwendet worden, um den Bezug zu CASTANEDAs Worten (14) aufzuzeigen, um den es mir ging:

> »Jeder, der mit einem Kind in Kontakt kommt ..., erklärt die Welt unaufhörlich, bis zu jenem Augenblick, da das Kind die Welt so wahrnehmen kann, wie sie ihm erklärt wurde ... Von (nun) an ist das Kind ein Mitglied. Es kennt die *Beschreibung der Welt* und es erreicht ... die volle Mitgliedschaft, wenn es in der Lage ist, *all seine Wahrnehmungen so zu deuten, daß sie mit diesen Beschreibungen übereinstimmen* und sie dadurch bestätigen« (S. 8).

Der Maidu wird die Welt also *anders wahrnehmen* als ein Mensch, dessen Sprache mehrere Beschreibungen für Farbtöne kennt. Ein Künstler wiederum wird die Welt farblich und/oder, was ihre Formen angeht, nuancierter wahrnehmen als jemand, dem hierfür buchstäblich die Worte fehlen. Ein Maidu, der Englisch lernt, wird hingegen lernen, daß es mehr als drei Farbtöne gibt. Er wird seine *Wahrnehmungen verbessern* und verfeinern können, so daß er lernt,auch Dinge zu sehen, die *bis jetzt* nicht Teil seiner *Beschreibung der Welt* ausgemacht hatten, allein indem er die notwendigen Worte hierzu lernt!

Das Schlüsselwort lautet »bis jetzt«. Genau so, wie der Maidu zu seiner Verblüffung feststellt, wie farbenprächtig die Welt doch sein kann, so werden Sie selbst u. U. bald feststellen, wie viele Signale Ihrer Mitmenschen Ihnen *bis jetzt* entgangen waren! Denn: Die bewußte Auseinandersetzung mit den körpersprachlichen Signalen *kann* Ihre *alte Beschreibung der Welt* ebenso *bereichern*, wie das Erlernen der Farbworte die *alte Beschreibung der Welt* des Maidu verändern muß. Deshalb kann dieser Text sich nicht darauf beschränken, nur Interpretierungs-Hilfen anzubieten. Sondern er wird auch klare Anweisungen beinhalten müssen, die dieses *neue* Sehen und Hören erst ermöglichen! Erst muß man ein nichtsprachliches Signal *wahrgenommen* haben, ehe man lernen kann, es zu verstehen[1].

Wundern Sie sich daher nicht allzusehr, falls Sie feststellen, daß sich Ihre *Beschreibung der Welt* in dem Maße mitverändern kann, in dem Sie aktiv mit-gehen. Dieser Text stellt eine *Alternativ-Beschreibung der Welt* dar, insofern als er Ihre Aufmerksamkeit vom gesprochenen Wort zu den nichtsprachlichen Signalen hinlenken kann! Auf jene Signale also, die man *bis jetzt* oft nur vage, unbewußt wahrgenommen hat, die man meist nicht beschreiben (= verbalisieren) kann, weil hierfür eben oft die Worte fehlten.

Deshalb gliedert sich dieses Buch wie folgt: In der Einleitung versucht es, die Alternativ-Schwerpunkte aufzuzeigen, um die es uns gehen soll. Teil I führt in das gezielte Wahrnehmen und Beschreiben dieser Signale ein und endet mit einer kurzen Diskussion bezüglich der Kriterien, anhand derer man solche Signale beurteilen kann. In Teil II geht es um die körpersprachlichen Signale selbst, wobei das letzte Kapitel nur aus Fallbei-

1 Es gibt auch nichtsprachliche Signale, die von Auge und Ohr im normalen Tempo nicht wahrgenommen werden können, da sie viel zu schnell ablaufen. Hier werden Zeiteinheiten von Nanosekunden zur Geschwindigkeitsberechnung benützt. Eine kurze Einführung hierzu finden Sie im Anhang A, Seiten 220ff.

spielen besteht, aus denen der Gesamtzusammenhang der in Kap. 4–8 besprochenen Details ersichtlich wird. Dieses Kapitel kann auch vorab gelesen werden!
Im Anhang finden Sie sowohl eine kurze Einführung in den Bereich der Körpermusik (Anhang A) als auch eine Diskussion bezüglich des Pygmalion-Effektes, der im Vorwort erwähnt wurde (Anhang B), als auch eine Zusammenfassung aller im Text erarbeiteten Regeln und »Gesetze« (Anhang C).
Achtung: Die Seiten 239 ff. (Anhang D) enthalten ein *Poster* zur Körpersprache, welches Sie ausschneiden und aufziehen können! Es bietet Ihnen einige Schlüssel-Informationen des Textes an, auf die man später immer wieder mal einen Blick werfen kann.
Übrigens geht es uns in diesem Buch nicht nur um die Signale der anderen, die wir besser verstehen wollen, sondern auch um die eigenen, die einem mehr Informationen über sich selbst geben, falls man sie zu beachten lernt!

Viel Entdecker-*Freude* wünsche ich Ihnen!

München, im Sommer 1979 Vera F. Birkenbihl

Vorwort zur 5. Auflage

Zahlreiche Leserbriefe bestätigen die Strategie dieses Buches, insbesondere von Teil I. Auch wird immer wieder erwähnt, daß die vielen Übungen (mehr als 50) als sehr hilfreich empfunden werden, denn zunächst einmal muß man körperliche Signale wahrnehmen lernen, ehe man über deren „Bedeutung" nachdenkt.

Da man viele dieser Übungen auch beim *Fernsehen* durchführen kann, schlage ich vor: Wenn Ihnen eine Sendung gefällt, sehen Sie „normal" fern. Ist eine Sendung jedoch langweilig, dann „schalten Sie geistig um", d. h. dann achten Sie nur noch auf die Körpersprache. Auf diese Weise profitieren Sie immer, und Sie entwickeln Ihr Gefühl für die Signale des Körpers stetig weiter.

Sommer 1988 Vera F. Birkenbihl

Vorwort zur Weltbild-Auflage

Wie die Erfahrungen seit der 5. Auflage gezeigt haben, haben zahlreiche Leser/innen die Idee **beim Fernsehen zu üben** aufgegriffen und berichten begeistert, wie **mühelos** man sein Gefühl für Körpersprache schulen und stetig erweitern kann. Wobei besonders wichtig ist, daß man **keine Minute seiner wertvollen Zeit** dafür opfern muß.

Natürlich gilt dies auch allgemein: Sie können genau so bewußt auf andere Aspekte der Kommunikation achten lernen, z. B. ob Menschen zu Sage- oder Fragetechnik neigen, ob sie auf ihre Gesprächspartner eingehen, usw. (vgl. auch mein Buch: *Kommunikationstraining*). Merke: Je bewußter Sie wahrnehmen, was „los ist“, desto bewußter können Sie andere Menschen richtig einschätzen oder sogar Ihr eigenes Verhalten ändern, falls Sie dies wollen.

Ich wünsche Ihnen viel Entdecker-Freude mit diesem Buch.

Frühjahr 1995 — Vera F. Birkenbihl

Einleitung

Die Frage, welcher *eine* Aspekt die Entwicklung des Menschen zum homo sapiens wohl am meisten begünstigt habe, wird heute von der Wissenschaft ziemlich einmütig mit: »die Kommunikationsfähigkeit« beantwortet. Allerdings müssen wir die Signale unterscheiden, deren Gebrauch den Menschen vom Tier abhebt: Wenn z. B. ein einziger Warnruf eine Gruppe von Lebewesen veranlassen kann, die Flucht zu ergreifen, so kann dieser Kommunikationsprozeß sowohl vom Menschen als auch vom Tier erlebt werden. Anders sieht es aus, wenn die Wort-Sequenz: »Bitte folgen Sie mir in den Salon!« eine Gruppe von Menschen veranlaßt, dem Sprecher zu »folgen« und zwar in beiden Bedeutungen des Wortes. Der Warnruf der Tiere wäre ein analoges Signal, der oben genannte Satz bestünde hingegen aus mehreren digitalen. Diese Unterteilung WATZLAWICKs (88) besagt, daß es grundsätzlich zwei Signal-Arten gibt: Analog-Signale sind direkt, bildhaft oder stellen eine Analogie dar, während digitale Signale symbolhaft, abstrakt, oft »kompliziert« und wahrscheinlich spezifisch menschlich sind.
Ein Kind wird das Wort »Wauwau« für »Hund« viel schneller mit dem Tier in Verbindung bringen können, da das »Wauwau« eine Analogie zum Bellen des Hundes darstellt während digitale Signale erst mühselig erlernt werden müssen, ehe man sie begreifen und anwenden kann. Je »bellender« Sie das »Wauwau« aussprechen, desto analoger wird Ihr Signal. »Hund« hingegen ist eine Digital-Information, die mit dem Tier, das sie beschreiben soll, genausowenig gemein hat, wie die Worte »dog«, »chien«, »cane« oder »كلب«.
Wer schon einmal im Ausland und der dortigen Landessprache nicht mächtig war, weiß, wie direkt und problemlos die analoge Kommunikation verlaufen *kann*. Angenommen Sie wollen fünf Schachteln Zigaretten. Ihre gewünschte Marke haben Sie entdeckt, so daß Sie deuten kön-

nen. Also beschreibt Ihre Körpersprache dem Händler, *was* Sie wollen. Auch die Anzahl können Sie analog darstellen, indem Sie nämlich die fünf Finger Ihrer Hand hochhalten. Ob der Verkäufer dieses Analog-Signal in »fünf«, »five«, »cinq« oder »خمسة« umsetzt, d.h. welches Digital-Signal er denkerisch verwendet, ist gleichgültig. Ihre Darstellung von fünf war fünf-artig, deshalb hat er Sie begriffen. Hierzu zitiert WATZLAWICK (88) einen brillanten Satz von BATESON und JACKSON:

> »Die Zahl fünf (hat) nicht besonders Fünfartiges an sich und das Wort »Tisch« nichts besonders Tischähnliches.« (S. 62)

So daß wir festhalten können: Der Mensch kann *sowohl* digital als auch analog kommunizieren, wiewohl digitale Signale erst gelernt werden müssen, ehe man sie verstehen bzw. anwenden kann. Auch darf man nicht meinen, die eine oder andere Kommunikationsweise sei »besser«, denn: *eine jede ist limitiert!* Viele Dinge können Sie nur digital ausdrücken, andere nur analog. Gerade die Tatsache, daß der Mensch sich *beider* Kommunikationsarten bedienen kann, macht ihn nach Meinung der Wissenschaft zum homo sapiens!

Nun kann der Mensch sich nicht nur beider Signalarten bedienen, wenn er etwas ausdrücken will, er kann den *Schwerpunkt seiner Wahrnehmung* ebenfalls steuern: Er kann überwiegend auf die digitalen Signale achten (d.h. auf das gesprochene Wort), er kann aber auch lernen, den Analog-Signalen (z. B. der Körpersprache) seine Aufmerksamkeit zuzuwenden! Wir können diese Möglichkeit unterschiedlicher Wahrnehmungen auch anders ausdrücken, indem wir ein zweites Denkmodell

Abb. 1

WATZLAWICKs (88) heranziehen: Wir können sagen, daß jede Kommunikation auf zwei *Ebenen* gleichzeitig stattfindet, der digitalen und der analogen. Erstere nennt WATZLAWICK die Inhalts-, letztere die Beziehungsebene (Abb. 1).

Die Inhaltsebene beinhaltet, wie das Wort schon andeutet, diejenigen Informationen, die wir als *Inhalt* einer Kommunikation betrachten, solange wir hauptsächlich auf die *Worte* achten. Z. B. die Worte: *»Laß den Uhu immer offen herumliegen, dann wirst du deine helle Freude haben, wenn du ihn später wieder benützen willst!«* Sie ahnen schon, worauf wir hinauswollen: Wir sind nicht in der Lage »nur« Inhalt zu senden, bzw. »nur« Analog-Signale zu registrieren. Sie haben sofort gemerkt, daß der Sprecher die Worte wahrscheinlich »nicht so« meint, genaugenommen *meint* er sogar das Gegenteil. Wäre der Mensch eine Maschine, ein Roboter, ein Computer – dann wäre er in der Lage auf der Inhaltsebene allein zu senden bzw. zu empfangen. Allerdings konzentrieren wir uns normalerweise *zu sehr* auf die Digital-Signale, so daß wir Analoge erst wahrnehmen, wenn sie »uns aufhorchen« ließen. Tatsache ist jedoch, daß die analogen Signale der Beziehungsebene *immer* mit den gesprochenen Worten einhergehen und daß sie *immer* zusätzliche Informationen darüber liefern, wie der Sprecher etwas »gemeint« hat. Deshalb heißt diese Ebene nämlich auch Beziehungsebene: Durch die analogen Signale definieren wir nämlich unsere Beziehung zum anderen. Wir können also festhalten:

Signale der Inhaltsebene liefern Informationen, während die Signale der Beziehungsebene Informationen über die Informationen liefern!

Erst diese Signale zeigen uns, daß ein Satz ernst, ein anderer witzig, ein dritter verärgert »gemeint« war. Woraus wir ersehen, daß die Beziehung positiv oder negativ sein kann. Solange sie positiv ist, nehmen wir ihre Signale meist nicht bewußt wahr, wird sie jedoch negativ, dann wird sie *wichtig*! Dann »hören« wir sozusagen »nur noch den Ärger«, nicht aber mehr den Inhalt der Worte. Wir sprechen dann vom *psychologischen Nebel* (FESTINGER) (31), der, wie sein realer Bruder, *Bild* und *Ton schluckt*, so daß die Informationen der Inhaltsebene von ihm »verschluckt« werden. Hat also ein Geprächspartner Angst, fühlt er sich angegriffen oder verletzt, wird er wütend – dann wird die analytische Denkfähigkeit in dem Maß eingeschränkt, in dem seine Gefühle Besitz von ihm ergreifen[1].

Abb. 2

Als Regel können wir festhalten:

Signale der Inhaltsebene können um so besser verstanden werden, je positiver die Beziehung der Gesprächspartner verläuft!

Je positiver die Beziehung zwischen Vater und Sohn z. B. ist, desto »positiver« wird der Junge auf die ironische Bemerkung bezüglich des Klebstoffs reagieren. Ist die Beziehung jedoch gespannt, so wird der Junge die Nachricht des Vaters u. U. nicht hören oder doch vielleicht ablehnen, selbst wenn er sie noch wahrgenommen hat.

Der Volksmund beschreibt diese Prozesse sehr genau, wenn er sagt: »Der Ton macht die Musik!« Nun ist es jedoch nicht nur der Ton, der »die Musik macht«. Auch die Mimik, die Haltung und die Gestik beinhalten eine Vielzahl an analogen Signalen, die dem anderen Informationen auf der Beziehungsebene vermitteln. Oft ersehen wir *nur* aus den nichtsprachlichen Signalen, daß der Sprecher das Gegenteil von dem sagt, was er *meint,* wie in obigem Beispiel. Es kann aber auch sein, daß der Sprecher sich »verrät«, d. h. daß er einen gewissen Eindruck vermitteln

1 Diesen Prozeß meinen wir, wenn an anderer Stelle (7b) von der Aktivierung des »Reptiliengehirns« gesprochen wird, das nun eine partielle Denkblokade auslöst. Je stärker diese biologischen Prozesse »angerissen« werden, desto mehr leidet die Kommunikation!

wollte, ihm dies aber nicht gelingt, weil seine analogen Signale seine Worte Lügen strafen. Berühmtes Beispiel hierfür lieferte RICHARD NIXON, als die Studenten zur Zeit der Anti-Vietnamkriegs-Moratorien eine Aussprache mit ihm *erzwangen*. Zunächst hatte NIXON die Bitte um eine Art von Pressekonferenz mit Universitätsvertretern abgelehnt. Dann unterstützten die Studenten ihre Forderungen durch Hunderte von Telegrammen, die täglich im Weißen Haus eingingen. (Einziger Text: Stop the war!) SPIREW AGNEW betonte in einem Fernsehinterview, der Präsident werde sich nicht erpressen lassen. Darauf eskalierte die Anzahl der Telegramme täglich, so daß diese bald ein gewaltiges administratives Problem darstellten. Endlich gab Washington klein bei und die Konferenz kam zustande.

Wer die Worte, die NIXON zur Begrüßung sprach, in der Zeitung las, mochte sie *vielleicht* glauben! Wer jedoch anwesend war bzw. die Szene im Fernsehen beobachtete, glaubte sie nicht! Denn, auf der Inhaltsebene hatte der Präsident gesendet: »Natürlich such ich den Dialog mit euch jungen Leuten«, während er gleichzeitig derartig deutliche *abwehrende* Handbewegungen machte (als wollte er die Studenten von sich wegschieben!!), daß auch ein im Interpretieren Ungeübter die analogen Signale der Beziehungsebene empfangen mußte!

Was heißt nun ein »Ungeübter« in unserem Kontext?

Wer sich mit der sog. Körpersprache auseinandersetzt, stößt auf ein interessantes Phänomen: *Jeder spricht sie* (unbewußt), *kaum einer kann sie* bewußt *»verstehen«* (d. h. interpretieren!).

Damit meine ich: Wir können keine Signale der Inhaltsebene senden, ohne gleichzeitig Analog-Signale der Beziehungsebene »mitzuschicken«: Niemand kann ohne Tonfall etwas sagen. Ohne Mimik, ohne ein Minimum an Gestik kommt keiner aus. Jeder zögert mal. Immer befinden wir uns in einer gewissen Haltung, die interpretiert werden könnte, usw.

Trotzdem kann kaum jemand diese nichtsprachlichen Signale bewußt verstehen. Denn, unsere *Beschreibung der Welt* (s. Einleitung) hat unsere Aufmerksamkeit schon früh auf das *gesprochene* Wort gelenkt. Deshalb haben die meisten von uns nie eine Möglichkeit gehabt zu lernen, die Signale der Beziehungsebene im selben Maße wahrzunehmen. Also entgehen uns normalerweise viele Signale, die uns »mehr« sagen könnten. Daher reagieren wir meist unbewußt, intuitiv, gefühlsmäßig auf *die wenigen* Analog-Signale anderer, die wir wahrnehmen? *Wer seine Aufmerksamkeit jedoch bewußt auf jene Signale lenken lernen kann, hat zwei Vorteile: Erstens* kann er bereits anfängliche Verschlechterungen der Beziehungsebene *erkennen* und sie »abfangen«,indem er sich taktisch darauf einstellt. Wenn das Gegenüber erst einmal zu schreien begonnen hat, weiß auch der Ungeübte, daß der andere »sauer« ist. Der Geübte hat jedoch schon die ersten Mißmuts-Signale empfangen und verstanden. Darum kann er sich auf sie einstellen, denn er kennt die Gefahr, des psychologischen Nebels. Also arbeitet er an einer Auflösung des noch leichten »Nebels«,ehe er weitere Signale der Inhaltsebene senden wird. Daß diese Fähigkeit im Berufs- wie Privatleben Vorteile hat, liegt wohl auf der Hand! *Zweitens* kann der Geübte seine bewußt registrierten Beobachtungen auch *überprüfen.* Er kann also eine Erfolgskontrolle einsetzen, denn er weiß, daß analoge Signale nicht immer eindeutig sind. Wie WATZLAWICK (88) ebenfalls aufzeigt, können z. B. die Signale »Tränen«, »Lächeln« oder eine »geballte Faust« *nicht* eindeutig mit »Schmerz«, »Freude« oder »kämpferischer Aggression« übersetzt werden. Denn man kann auch Tränen der Freude vergießen, man kann auch überheblich oder verlegen lächeln, und die geballte Faust kann ebenso auf die Bemühung um Selbstdisziplin schließen lassen, die den Kampf eben vermeiden will! Ähnlich verhält es sich mit dem Schweigen. Man kann schweigen, weil man nachdenkt, weil man eine Aussage ablehnt, weil man hofft, der andere möge sprechen, weil man seine nächsten Worte unterstreichen will oder aus Unsicherheit heraus. Wie leicht kann man analoge Signale des Körpers mißverstehen! So verwundert es vielleicht nicht, daß so viele gehemmte, schüchterne Menschen für arrogant gehalten werden. Der Geübte kann sich vergewissern, ob er die Signale des Körpers richtig verstanden hat! Ohne Erfolgskontrolle werden wir große Fehler begehen, wenn wir z. B. ein Signal »negativ« interpretieren, nur weil *wir* selbst derzeit *negativ gestimmt* sind!

Selbst wenn wir einzelne Signale hundertprozentig »richtig« interpretiert haben, kann es ohne Erfolgskontrolle zu unerhörten (und völlig unnötigen!) strategischen Fehlern kommen, wie folgendes Beispiel verdeutlicht: Ein Berater hatte seit Wochen mit einer Firma verhandelt. Es ging um eine Neuinvestition im Wert von 200 000 Mark. In dem Augenblick, da der Berater das Wort »Preis« erwähnt, kann er deutlich mehrere analoge *Signale der Abwehr* beobachten: Zum einen unterbricht der Gesprächspartner den Augenkontakt, zum zweiten lehnt er sich abrupt in seinem Stuhl zurück,und zum dritten dreht er seinen Drehsessel auch noch seitlich weg vom Berater.

Ich habe diese Situation als Beobachter miterlebt. Der Berater war ungeübt, d. h. er »verstand« die drei Signale als den Preis ablehnende. Da er sich auf seine Intuition verließ und daher *ohne Erfolgskontrolle* arbeitete, reagierte er sofort mit der Bemerkung, über den Preis könne man selbstverständlich noch verhandeln. Sogleich fühlte er sich in seiner Taktik bestärkt, denn der andere drehte seinen Sessel zurück, lehnte sich wieder interessiert vor, sah den Berater wieder an und fragte: »Wieviel lassen Sie nach?«

Später erklärte der Berater mir: »Wissen Sie, das Gefühl für die Körpersprache, das hat man oder man hat es nicht! Das kann man nicht lernen. Der Mann hatte negative Signale ausgesendet, ich habe sie bemerkt und bin darauf eingegangen. Daher habe ich den Vertrag ja auch bekommen!«

Aber vier Prozent hatte er nachgelassen! Diese vier Prozent hätte er jedoch *nicht nachlassen* zu brauchen, wie eine Erfolgskontrolle meinerseits ergab: Ich hatte nämlich die Möglichkeit, mit diesem Gesprächspartner des Beraters drei Wochen später selbst zu sprechen. Da erfuhr ich von ihm: »Wissen Sie, ich hätte von mir aus *nie* versucht, den Preis herunterzuhandeln. Ich bin Techniker und ich hatte bereits das O.K. der Firma, falls ich technisch von der Anlage überzeugt wäre!«

Aber dann hat er doch vier Prozent »herausgeschlagen«. Warum? »Wissen Sie, wenn der von sich aus anbietet, im Preis herunterzugehen, wäre ich doch dumm, wenn ich nicht darauf einginge!«

Richtig. Warum aber hatte der Berater von sich aus dieses großzügige und *unnötige* Angebot gemacht? *Weil er meinte, seine intuitive Interpretation der Körpersprache sei perfekt!*

Als ich den Techniker noch fragte, ob er sich zufällig erinnerte, was er in dem Augenblick empfunden hatte, als das Wort »Preis« gefallen war – was meinen Sie sagte er? Er lachte: »Wie komisch, daß Sie mich das fragen, aber ich weiß nicht genau, daß ich mich geärgert hatte!«

»Über den Preis doch wohl nicht?«

»Nein, nein! Als der Mann das Wort »Preis« aussprach, fiel mir plötzlich siedendheiß ein, *daß ich vergessen hatte, einem Herrn Dr. Preise gewisse Unterlagen zuzusenden, die ich ihm versprochen hatte!* Ich hatte ein schlechtes Gewissen, daher war mein erster Impuls gewesen, zum Telefon zu greifen, um das Versenden des Materials anzuordnen!«

Nun passiert es im Seminar häufig, daß ein Teilnehmer zum Ausdruck bringt, wie *unfair* es doch seiner Meinung nach sei, das Verhalten des

Beraters im Nachhinein und unter Zuhilfenahme von *Hintergrund-Informationen* zu analysieren, die ich durch mein *nachträgliches* Gespräch mit dem anderen Gesprächspartner gewonnen hätte. Leider übersieht der so Argumentierende jedoch das Wichtigste: Gerade solche Hintergrund-Informationen kann sich der Geübte *auch* verschaffen, und zwar rechtzeitig, also ehe er den nächsten Schritt seiner Strategie plant, *wenn er sich nicht allein auf seine unbewußte intuitive Interpretation körpersprachlicher Signale verläßt!*

Wenn wir wissen, daß digitale und analoge Informationen *gemeinsam* gesendet und interpretiert werden müssen, dann fällt uns auf, daß der Techniker sich schweigend abgewandt hat! Also hatten wir zu diesem Zeitpunkt keine Digital-Information! Wir hatten jedoch schon darauf verwiesen, daß analoge Signale *allein* in der Regel nicht eindeutig zu interpretieren seien!

Meist haben wir jedoch Signale beider Ebenen gleichzeitig, werden aber erst »hellwach«, wenn die digitalen und analogen Signale nicht dieselbe Nachricht senden, wie im Fallbeispiel von NIXON. So daß wir festhalten können:

Signale der Inhalts- und der Beziehungsebene sind entweder kongruent oder inkongruent [1].

Solange die nichtsprachlichen Signale der Beziehungsebene nun Kongruenz zu den gesprochenen Worten aufweisen, nehmen wir sie entweder nicht besonders intensiv wahr, oder aber wir empfinden sie als »die-Worte-unterstreichend bzw. hervorhebend, unterstützend«. Wenn uns z. B. ein Redner sehr angenehm beeindruckt, dann basiert unser positiver Eindruck *nie* auf den Signalen der Inhaltsebene allein (wie brillant diese auch sein mögen!), sondern auf der Tatsache, daß seine nichtsprachlichen Signale *äußerst kongruent* zum Wort sind. Sonst könnte er uns nämlich nicht überzeugen. So daß wir die nächste Regel ableiten können:

Kongruenz überzeugt.

1 Wobei wir die *Abwesenheit einer Signalgruppe im Zweifelsfall* als Inkongruenz einstufen werden.

Inkongruenz (oder eine Diskrepanz zwischen den Signalen der beiden Ebenen) bewirkt natürlich genau das Gegenteil. Inkongruenz hat keine Überzeugungskraft! Sie erzeugt im anderen vage unbehagliche Gefühle des »Das-glaube-ich-nicht«, nur mit dem Unterschied, daß der Geübte *genau* weiß, welche Signale diese Gefühle ausgelöst haben. Daher kann er ihnen durch eine Kontrolle nachgehen, wenn er dies wünscht. Dies vergrößert nicht nur seine Fähigkeit andere zu verstehen, es verhindert auch Mißverständnisse, die u. U. beiden Parteien viele Nachteile bringen können.

So kann ein unsicherer Mensch aufgrund seiner Unsicherheit inkongruente Signale aussenden. Vielleicht *sagt* er (auf der Inhaltebene), wie sehr er sich freue, uns kennenzulernen (bzw. wiederzusehen), während er auf der Beziehungsebene (körpersprachlich) keinerlei Freudesignale aussendet. Typisches Beispiel: Sie sitzen bei Freunden, deren Nachbar kommt herein und wird Ihnen vorgestellt. Wenn dieser Nachbar ein Mensch ist, dem Kontakte zu Fremden schwerfallen, dann erhöht sich die Wahrscheinlichkeit inkongruenter Signale der oben beschriebenen Art. Hieraus können wir ableiten:

Unsicherheit führt häufig zu Inkongruenz, die jedoch leicht falsch interpretiert werden kann.

Deswegen kann es uns nicht verwundern, warum man, wie oben schon einmal erwähnt, scheue, schüchterne, gehemmte Menschen so oft als »arrogant« empfindet. Gerade dieses Beispiel zeigt, wie sehr die ungeschulte, intuitive, gefühlsmäßige Interpretation körpersprachlicher Signale *irren* kann. Leider löst jedoch dieser Irrtum beim Ungeübten häufig den sog. PYGMALION-Effekt (ROSENTHAL, 72) aus, der dazu führt, daß wir die Person gleich Pygmalion, nach unserem Bilde von ihr *verändern!* Unser *Eindruck*, der andere sei »arrogant«, löst nun feindselige Signale unsererseits aus, die im anderen gerade jene Unsicherheit verstärken, welche ursprünglich seine »arroganten« Signale ausgelöst hatten. Dadurch verstärkt sich aber unser »negativer« Eindruck, was wiederum unsere negativen Signale der Beziehungsebene verstärkt, usw., usw. Somit *schöpfen* wir den anderen, gleich Pygmalion, zu einer arroganten Person *um*, wobei wir am Ende dieses Prozesses auch noch das Gefühl haben, es »gleich gewußt zu haben, was für ein arroganter Kerl das doch ist!« Ähnliches geschieht z. B. wenn ein Lehrer, ein Ausbilder (oder ein Elternteil) ein Kind beobachtet, das schlecht sieht oder hört, und die Signale des Kindes (das sich »krampfhaft« zu verstehen bemüht), *falsch interpretiert!* Wie leicht glaubt man dann, das Kind sei »zu dumm«. Dann behandelt man es, *als sei es wirklich zu dumm*, woraufhin es Minderwertigkeitsgefühle und Ängste entwickeln wird, die zu den sog. Denkblockaden (= psychologischen Nebel) führen, so daß das Kind bald auf alle einen »dummen« Eindruck machen kann. Womit die selbsterfüllende Prophezeiung sich wieder einmal bewahrheitet hätte! Was wiederum eine Bestätigung der ursprünglichen Fehlinterpretation darzustellen scheint! Ähnliches erleben auch viele Ausländer (Kinder wie Erwachsene), deren Sprachfähigkeiten noch begrenzt sind, was unsere digitalen Signale angeht. Auch sie werden gerne vorschnell als »dumm«, »ungebildet«, »unintelligent«, oder gar »primitiv« eingestuft, was dann zu diesbezüglichen Signalen führt, die wir ihnen auf der Beziehungsebene senden: Wir sprechen in einem Tonfall, den man für Kleinkinder und Halbidioten reserviert, wir verfallen in eine primitive Art von »Babysprache« (Du Kiste dahin stellen!) und wir deuten durch zahlreiche andere Signale des Körpers an, wie wenig wir von ihnen halten. Natürlich sind wir uns dabei nicht bewußt, daß *diese unsere Signale* des Körpers sie erst »so« machen, wie wir sie haben wollten, nur, daß wir dies ja eigentlich nie »gewollt« haben!

Übrigens wird der Pygmalion-Effekt zu ca. 95% durch körpersprachliche Signale ausgelöst[1]!

Sicher leuchtet es jetzt ein, warum ich die in jedem Seminar auftauchende Frage: »wie richtig ist der erste Eindruck, den man von einer Person hat?« beantworte, indem ich zu *größter Vorsicht* rate. Wenn dieser erste Eindruck (vgl. auch Kap. 1.1) ein »positiver war, ist es ungefährlicher davon auszugehen, er sei korrekt. Sollte er jedoch »negativ« sein, dann ist die Auswirkung des Pygmalion-Effekts besonders gefährlich. Vielleicht ver-urteilen wir einen schüchternen Menschen weil er »überheblich« wirkt? Vielleicht haben wir neutrale Signale falsch interpretiert, weil *wir* gerade verärgert waren? Vielleicht hatte diese Person gerade einen »schlechten Tag« oder auch nur eine schlechte Viertelstunde, als wir sie

1 Ich möchte allen Eltern, Erziehern und Ausbildern den Artikel Michael BIRKENBIHLs zum Pygmalion-Effekt empfehlen, der ursprünglich an Trainer in der Erwachsenenausbildung gerichtet war, aber jeden angeht, der erziehend bzw. unterrichtend tätig ist. Anhang B, S. 226ff.)

kennenlernten? Möchten *wir* denn, daß man denjenigen Eindruck, den man von uns erhält, während wir *müde, verletzt, verärgert, gereizt* sind, für den *richtigen* hält?!

Noch eine Frage, die in jedem Vortrag oder Seminar zum Thema Körpersprache auftauchen soll, weil sie so wichtig ist, unserer Diskussion vorangestellt werden. Sie lautet: *Inwieweit ist das Wissen aus dem Gebiet der Kinesik wissenschaftlich fundiert bzw. wirklich bewiesen?*

Aus dieser Frage spricht ein gewisses Bedürfnis nach Sicherheit. Man möchte gern, daß das, was man weiß oder gerade lernt auch »wirklich wahr« ist. Und man meint oft, das Etikett »wissenschaftlich bewiesen«, könne eine Art von Garantie vermitteln.

Die sog. »wissenschaftliche Methode«, die DESCARTES entwickelte, ist jedoch eine *induktive Methode*, d. h.: Wenn ein Wissenschaftler z. B. zehn- oder hundertmal festgestellt hat, daß Wasser bei 100 Grad C kocht, erarbeitet er ein hypothetisches Gesetz (»Wasser beginnt bei 100 Grad C zu kochen«), welches dann auf seine Richtigkeit hin geprüft wird, indem man weiter experimentiert. Hat man diese Hypothese weitere zigmal unter wissenschaftlichen Bedingungen bewiesen, dann gilt das *Gesetz* als richtig, als erwiesen. Auf diese Weise sind unsere *Naturgesetze* entstanden (wiewohl viele Leute meinen, sie seien uns direkt von Gott bekanntgemacht worden . . .).

Nun wissen wir aber, spätestens seit HUME sein berühmtes *Indukations-Problem* formulierte, daß wir uns zu Unrecht in Sicherheit wiegen, weil oben angeführte Schlußfolgerungen und Gesetze nicht unbedingt richtig sein müssen bzw. daß *nichts jemals* wirklich hundertprozentig bewiesen werden kann!

Dies bedeutet, daß selbst Milliarden von Sonnenaufgängen in der Vergangenheit nicht mit absoluter Sicherheit auf einen Sonnenaufgang *morgen* schließen lassen. Ebenso galt das Gesetz, daß Wasser bei 100 Grad C zu kochen beginnt auch nur solange, bis dies einmal nicht geschah! Dann begann man sich zu fragen, *warum* es nicht passierte, und so fand man heraus, daß unser *Gesetz* nur in einer bestimmten Höhe über dem Meeresspiegel gilt, weil auch der Luft*druck* u. a. Faktoren berücksichtigt werden müssen. All diese Faktoren müßte man jedoch in das Gesetz »einbauen« . . . Sie sehen schon: je einfacher ein Satz, eine Regel oder ein Gesetz »klingt«, desto größer ist die Gefahr, daß es Ausnahmen geben wird, weil irgendein Faktor in der Formulierung unberücksichtigt geblieben ist!

Natürlich gilt dies auch für den Satz: »Jeden Morgen wird die Sonne aufgehen«. Zwar ist die *Wahrscheinlichkeit,* daß sie auch morgen aufgehen wird derartig groß, daß wir in der täglichen Praxis davon ausgehen, es sei *erwiesen,* aber wirklich bewiesen, wirklich *sicher* kann dieses Wissen nie sein . . .

HUMEs Gedankengang hat viele Wissenschaftler zwei Jahrhunderte lang verstört, verunsichert oder verärgert; allerdings fand niemand einen Gegen-Beweis! Bis dann KARL POPPER (58) eine brillante Hilfestellung gab, indem er den Spieß umdrehte: Versucht nicht, eine Erfahrung der Vergangenheit als absolute *Sicherheit in die Zukunft* zu übertragen, da dies nicht geht! Geht lieber von folgendem Vorschlag aus: Eine These gilt solange als bewiesen, wie sie nicht falsifiziert worden ist!

Das heißt, der Grundsatz »Wasser fängt bei 100 Grad C zu kochen an« galt solange als sicher (als wissenschaftlich fundiert), bis dies einmal nicht passierte! Dann erst begann man sich zu fragen, *warum* es nicht geschah. Erst diese Fragestellung ermöglichte weitere Forschungen, und deren Ergebnisse wiederum trugen dazu bei, daß man mehr lernte. POPPER sagt, daß *nur* der Weg über die Falsifizierung »anerkannter« Thesen, gefolgt von weiterer Forschungsarbeit zu einem *Wachstum des Wissens* führen kann (58)!

In diesem Licht möchte ich meine Bücher, insbesondere das vorliegende, beurteilt wissen. POPPER verweist nämlich auch darauf, daß zu viele Wissenschaftler, Autoren und »Normalmenschen« im allgemeinen zu viel Gewicht darauf legen würden »Recht zu haben«, statt daß sie eine Falsifizierung ihrer Aussagen als Denkanstoß bzw. als Anlaß zu weiterem Forschen aufnehmen würden.

Natürlich bemühe ich mich darum, diejenigen Informationen zum Thema Körpersprache anzubieten, die ich für »sicher« halte, deren Wahrscheinlichkeit »richtig« zu sein, meines Erachtens, *hoch* liegt. Trotzdem können gewisse Schlüsse, die ich gezogen habe, auch falsch sein. Schließlich schrieb EINSTEIN einmal in einem Brief an POPPER (58), daß wissenchaftliche Theorien letztlich *nie logisch* gefolgert, sondern nur *erfunden* werden könnten, und daß jeder Wissen*schaft*ler oder Autor immer bis zu einem gewissen Grade *schafft,* indem er Tatsachen und Beobachtungen in einer ihm eigenen Weise interpretiert und darlegt!

Abgesehen davon müssen Denkmodelle nicht unbedingt »richtig« sein, um praktischen und/oder materiellen Nutzen zu gewährleisten. So mancher ist schon nach »Indien« gesegelt,um in »Amerika« anzukommen! So hat z. B. die NEWTONsche Physik nicht nur das vorhergehende Weltbild revolutioniert (und falsifiziert), sondern auch unerhörte Entwicklungen angeregt, ehe EINSTEINs Falsifizierung und Verbesserung des NEWTONschen Weltbildes uns wieder ein Stück weiterbrachte. Wie Bertrand RUSSELL beobachtet (74):

> »NEWTON glaubte an ... einen absoluten Raum und eine absolute Zeit. Diese Überzeugungen ... wurden von anderen Physikern, die nach ihm kamen, übernommen.
> EINSTEIN erfand eine neue Betrachtungsweise, die frei von NEWTONs Annahmen war.« (S. 16)

Vielleicht sind unsere heutigen Ansätze auf den Gebiet der Kinesik letztlich auch »NEWTONsche« Denkansätze? Vielleicht kommt morgen oder übermorgen ein »EINSTEIN DER KINESIK«, der unser Wissen anders angehen und der daher zu differenzierten oder völlig neuen Ansätzen kommen wird? Es zeichnen sich *am Horizont der interdisziplinären Forschung* Entwicklungen ab, die einen »EINSTEIN DER KINESIK« fast erahnen lassen! Trotzdem aber können wir mit unserem heutigen Wissen in der täglichen Praxis arbeiten (wie auch Kap. 10 zeigt). NEWTONs Physik hat 200 Jahre überdauert und hat zu zahlreichen praktischen Vorteilen geführt, *ehe* sie falsifiziert und verbessert wurde. Die Kinesik ist erst einige Jahrzehnte alt, aber sie hat bereits bewiesen, wie nützlich sie für den sein kann, der ihre Vorteile zu nutzen weiß, indem er sie in seiner täglichen Praxis anwendet!
Ich wünsche mir, daß *Sie* einen derartigen Nutzen aus den Informationen dieses Buches ziehen werden. Denn genau das ist seine Zielsetzung!

Teil I:

Die Wahrnehmung körpersprachlicher Signale

Kapitel 1
Grundlagen gezielter Wahrnehmung

1.1 Der Ein-druck

Es ist eine interessante Tatsache, daß der Mensch schnell aufeinanderfolgende Reize nicht als eine Folge von Stimuli sondern als ein Gesamtbild wahrnimmt. Dies können Sie testen, indem Sie im Dunkeln mit einer brennenden Zigarette experimentieren: Wenn Sie einen Kreis »zeichnen«, indem Sie die Zigarette langsam bewegen, dann sehen Sie die kreisförmige *Bewegung*. Führen Sie dieselbe Bewegung jedoch blitzschnell aus, dann nehmen Sie nur noch die *Gestalt* (den Kreis selbst) wahr. Am leichtesten fällt diese Beobachtung, wenn Sie bei dem Versuch in einen Spiegel sehen.

Dieses Phänomen erklärt sich durch die Tatsache, daß das Gehirn ständig bemüht ist, Erkennbares zu suchen, Ordnung in (scheinbare) Unordnung zu bringen, Unvollständiges zu vervollständigen, etc. Allerdings geschieht dies so schnell, daß wir uns dieser Prozesse nicht bewußt werden. Deswegen haben Sie bei dem Experiment die Gesamtfigur »Kreis« wahrgenommen.

Ebenso ergeht es uns, wenn wir eine Person kennenlernen oder wiedertreffen. Wiewohl sich auch hier blitzschnell eine Fülle von Informations-Einheiten[1] aneinanderreihen, erleben wir bewußt nur das Gesamtbild. Wir sprechen davon, daß die Person einen Eindruck hervorruft, nota bene: einen Ein-Druck, wiewohl dieser »eine« Eindruck tatsächlich aus zahllosen aneinandergereihten Teil-Ein-Drücken besteht.

So registrieren wir beim Anblick einer Person z. B. Körperbau, Haltung, Mimik, Gestik nacheinander, empfinden diesen Prozeß jedoch als »gleichzeitig«, weil er so schnell abläuft. Sollte die Person in dem Augen-

1 Im folgenden sollen nur Informations-Einheiten besprochen werden, die man ohne Zuhilfenahme technischer (Meß-)Geräte wahrnehmen kann. Manche Signale können erst bei Einzelbildbetrachtungen von Filmen sichtbar werden (s. Anhang A, S. 220ff.)

blick gerade sprechen, so würden wir auch den Tonfall, die Sprachmelodie, den Sprachrhythmus, die Lautstärke, etwaige mundartliche Färbungen und vieles mehr in unser Gesamtbild, unseren »einen« Eindruck mithineinnehmen. Ein guter Beobachter vermag noch wesentlich mehr beim »ersten« Blick zu registrieren, z. B. einen Fleck auf der Bekleidung, eine besonders klare Aussprache, daß die Person eine Rasur nötig hätte oder nervös mit dem Feuerzeug spielt und vieles mehr.

Da dieser Gesamteindruck sich nicht aus einem einzigen, sondern aus vielen verschiedenen Teil-Informationen zusammensetzt,erhebt sich die Frage, welcher (Teil-)Eindruck nun »wirklich« der erste war. Manche Autoren gehen davon aus, der aller-erste Eindruck müsse vom Körperbau ausgehen, während andere an diese Stelle die Haltung einer Person setzen. Wieder andere glauben die Mimik (insbesondere die Augen) wirkten am schnellsten auf einen Beobachter. M. E. ist diese Fragestellung jedoch müßig, eben weil die Aufeinanderfolge so schnell vor sich geht, daß wir sie nicht klar beschreiben können. Das heißt, die Reihenfolge dieser Teil-Eindrücke ist (zumindest noch) nicht exakt feststellbar. Ob Sie nun den Körperbau einer Person eine Nanosekunde vor der Haltung registrierten, oder umgekehrt, halte ich daher für eine akademische Frage.

1.2 Körperbau und Haltung

Eine andere Frage könnte allerdings für die tägliche Praxis wichtig sein, nämlich: Trägt die Wirkung, die der Körperbau einer Person hat, mehr zum Gesamteindruck bei, als die Haltung, oder umgekehrt? Auch hier ist die Diskussion in Fachkreisen noch rege im Gange. Ich persönlich neige zu der Auffassung, daß diejenigen Informationen höheren *praktischen* Wert besitzen, die sich schneller verändern (bzw. die wir noch am ehesten selbst beeinflussen können). Da dies offensichtlich auf die Haltung zutrifft, werden wir diesen Gedankengang der Körperbau-These vorziehen. Außerdem gilt zu bedenken, daß das »Wissen« um den Körperbau eine Art von Pygmalion-Effekt (s. Einleitung) auf sich selbst bezogen, auslösen kann. So kannte ich z. B. in Amerika einen Mann, den wir Billy S. nennen wollen. Er war ein Anhänger von KRETSCHMERs Theorie über den Zusammenhang von Körperbau und Charakter (51).

Laut dieser Theorie meinte Billy S. nun, daß er *fröhlich* und *gesellig* zu sein hatte, da er ein ausgeprägter Pykniker war. In Wirklichkeit aber litt er unter dieser Beschreibung[1], die er als *Forderung* betrachtete. Er hat sie akzeptiert, weil sie seiner Meinung nach »wissenschaftlich« (d. h. für ihn ausschlaggebend) war. Das heißt, Billy litt nicht, weil er ein Pykniker war, sondern weil die KRETSCHMERsche Definition im Widerspruch zu seinem Wesen stand. Da er jedoch glaubte, ein Wissenschaftler wisse mehr über seinen »Typ« als er selbst je wissen könnte, lebte er in einem ständigen Konflikt, weil es ihm so schwerfiel, das »geforderte« Verhalten auch zu leben.

Es muß darauf verwiesen werden, daß KRETSCHMERs »Definitionen« natürlich keinerlei Forderungen *beinhalten.* Das Problem entstand erst, weil Billy S. diese Beschreibung als Forderung *auffaßte.* Damit bewahrheitete sich aber auch derjenige Teil von KRETSCHMERs Typenlehre, der da aussagt, daß Pykniker auch zu Traurigkeit und Stimmungsschwankungen neigten. Inwieweit diese zweite Aussage einen Aspekt eines jeden Pyknikers darstellt oder inwieweit Billy S. ihn aufwies, *weil* er der ersten Aussage Glauben schenkte, läßt sich schwerlich feststellen.

Jedenfalls ist Billy S. ein gutes Beispiel für das Dilemma eines Menschen, der »sich mit seiner Definition verwechselt«, wie WATTS es nennt (87). Ob diese »Definition« nun durch Forderungen der Erziehung (sei soundso!) oder durch Erwartungen, die wir selbst an uns richten, zustande kommt, das Resultat ist das gleiche: Eine innere Zerrissenheit, mangelnde Harmonie, vage oder stark ausgeprägte Gefühle der Unlust, des Versagens, der Unzufriedenheit, kurz: Konflikte.

1.3 Selbsterkenntnis

Als Billy S. den Kursus belegte, in dem er mit der KRETSCHMERschen Typenlehre konfrontiert wurde, war er übrigens nicht auf der Suche nach mehr Selbsterkenntnis, sondern er suchte mehr Wissen über andere. Dies zeigt, daß man sich Themen der angewandten Menschenkenntnis nicht zuwenden kann, ohne gleichzeitig mehr über

1 S. Vorwort, »Beschreibung der Welt«.

sich und seine eigenen Signale zu erfahren. Deswegen halte ich es für besonders wichtig, noch einmal ausdrücklich zu betonen, daß unsere Informationen keine »absoluten Wahrheiten«, bzw. daß selbst Informationen, die Sie selbst für richtig halten, *keine Forderungen* darstellen. Ein Mensch hat nicht fröhlich zu sein,nur weil er dick ist und weil wir glauben, ein Gesetz entdeckt zu haben, welches Dicksein mit Fröhlichkeit korreliert!
Trotzdem gehen wir davon aus, daß unsere Informationen (vorläufig) »richtig« sind. Aber, wie HUMEs berühmtes Induktionsproblem so wunderbar aufzeigt: wir können nie davon ausgehen, daß irgend etwas jemals wirklich sicher »bewiesen« werden kann. Was für den Sonnenaufgang gilt, gilt natürlich auch für körpersprachliche Signale (s. Einleitung).

1.4 Gesetze der Körpersprache

Nehmen wir einmal an, Sie hätten durch Erfahrungen bzw. theoretische Abhandlungen gelernt: »Zusammengepreßte Lippen bedeuten, daß die Person (im Augenblick) nichts aus der Umwelt herein- bzw. nichts in die Umwelt hinauslassen möchte.«
Tausende von Beobachtungen in der Vergangenheit, in denen ein verpreßter Mund vielleicht wirklich ein Sich-Abschließen-gegen-die-Umwelt bedeutete, beweisen jedoch *nichts* über die Person, deren verpreßter Mund Ihnen morgen oder übermorgen auffallen wird!
Die Wichtigkeit dieses Gedankengangs kann nicht klar genug herausgestellt werden (s. Einleitung). Denn die nach HUME unzulässige Schlußfolgerung eben dieser Art führte z. B. dazu, daß ARISTOTELES davon ausging, die klügsten Menschen hätten die kleinsten Köpfe, während vor ca. 200 Jahren GALL das Gegenteil behauptete. Hierzu sagt ZEDDIES (94):

> »Aus der GALLschen Zeit stammt . . . die irrige, noch heute gehörte Meinung . . ., daß der ›Geist‹, d.h. hier soviel wie Intelligenz, sich in der hohen Stirn ausspräge. Das Genie muß sich durch eine besonders hohe Stirn von den ungeistigen Menschen unterscheiden, die ›hohe Stirn‹ gilt danach geradezu als untrügliches Zeichen ›hohen Geistes‹ . . . Der Arzt H. KRUKENBERG hat einmal darauf hingewie-

> sen, wie die Lehre von GALL und die Auffassung seiner Zeit von der Bedeutung des sich in der ... (Schädel)form ausprägenden ›Geistigen‹ sogar die Künstler beeinflußt hat. Während GOETHE, wie man auf Silhouetten und besonders auf dem 1777/78 erschienenen Bild noch deutlich feststellen kann, eine zurückliegende, fliehende Stirn hatte, haben ganz besonders wohlwollende Portraitisten GOETHE in seinen letzten Lebensjahren mit einer so mächtigen Stirn begabt, daß sein Kopf geradezu als der ›Typus eines Wasserkopfes‹ gelten könnte.« (S. 17/18)

Nun erhebt sich vielleicht die Frage danach, wie sinnvoll Theorien zur angewandten Menschenkenntnis (hier: zur Körpersprache) angesichts der vorangegangenen Diskussion denn nun »wirklich« seien. Antwort: *Zwar ist die Wahrscheinlichkeit, daß ein verpreßter Mund auch morgen dieselbe Information des Sich-Abschließens beinhaltet sehr hoch,* aber ganz »sicher« kann man nie sein. Deswegen ist äußerste Vorsicht geboten, wenn es darum geht, gewisse REGELMÄSSIGKEITEN der körpersprachlichen Ausdrucksformen zu »Gesetzen« machen zu wollen. Wie MAGEE in seiner wunderbaren Einführung zu POPPERs Denken (58) feststellt, ist das Wort »Gesetz« ambiguös (und zwar in fast allen Sprachen, mit denen ich mich bisher beschäftigt habe!). Während ein Gesetz im juristischen Sinne sehr wohl eine Forderung beinhaltet, ist dies bei Gesetzen, wie Wissenschaftler sie aufstellen, eindeutig nicht der Fall. Diese Tatsache, sagt MAGEE, wird oft übersehen und führt dann zu falschen Vorstellungen, Erwartungen oder Fehlschlüssen. Denn, ein (Natur-)Gesetz (oder eine »Regel«) kann nicht »verletzt« werden, weil sie keine Forderung sondern einen *Beschreibungs*-Versuch darstellt. Im Gegensatz zu einem Gesetz im juristischen Sinne, das sowohl eine konkrete Forderung beinhaltet als auch übertreten werden kann!

1.5 Irrtum immer möglich!

Für unsere tägliche Praxis bedeutet dies: Wenn man nun meint, das »Gesetz« oder die »Regel« hinter dem verpreßten Mund erkannt oder akzeptiert zu haben, darf man trotzdem nicht davon ausgehen, daß jeder verpreßte Mund *immer* unserem Gesetz entsprechen muß! Deswegen ist

es so wichtig, mit Kontrollfragen zu arbeiten. Nur so kann man von Fall zu Fall überprüfen, ob der eigene Eindruck auch hier »stimmt«.
Es folgt nun ein »Gesetz«, von dem ich hoffe, daß Sie es als Forderung verstehen und akzeptieren werden:

Wenn der Geübte meint, körpersprachliche Signale »verstanden zu haben«, bemüht er sich um die (Erfolgs-) Kontrolle, statt anzunehmen, er habe den anderen durchschaut!

Nur so kann der Geübte lernen, *Signale der Arroganz* von solchen *der Schüchternheit* zu unterscheiden (falls es überhaupt eine Form der Überheblichkeit gibt, die nicht aus einer Unsicherheit heraus geboren wurde).
Erst die Erfolgskontrolle ermöglicht es festzustellen, ob man richtig wahrgenommen hat. Denn schon ein einziges Signal das *übersehen* wurde, kann die Gesamtsituation völlig »anders« wirken lassen. Erst diese Kontrolle hilft zu überprüfen, ob Signale, die man wahrgenommen hat, auch die Bedeutung besitzen, die man ihnen zumißt. So kann z. B. ein seitliches Kopfdrehen für Menschen anderer Kulturkeise »ja« bedeuten, während dieses Signal in unseren Breitengraden mit »nein« zu übersetzen ist (je mehr Sie mit Menschen fremder Länder zu tun haben, desto wichtiger wird es für Sie, Signale, deren inhaltliche Bedeutung verschieden ist, aufzuspüren. Wir werden in Kap. 9 noch auf sie zurückkommen).
Weiterhin kann die Erfolgskontrolle vermeiden, daß man ein Signal fälschlicherweise auf sich, auf seine Worte, auf das Hier und Jetzt bezieht. Oft lösen unsere Worte oder Handlungen (bzw. etwas, was der andere gerade wahrnimmt) Assoziationen aus, die mit uns selbst gar nichts zu tun haben. So wie das Wort »Preis« (in unserer Einleitung) den Techniker daran erinnert hatte, daß er vergessen hatte, ein Versprechen einzulösen!
Letztlich können Signale auch *keine Nachricht* enthalten. So kann das nervöse Zucken eines Augenlides vom Betrachter für ein Augenblinzeln gehalten werden. Je nach der Gesamtsituation kann dies bedeuten, daß der Ungeübte sich über diese *scheinbare Nachricht* freut oder ärgert.

1.6 Ein »Wörterbuch« zur Kinesik?

Nun gibt es Autoren, deren Arbeiten bezüglich nichtsprachlicher Signale man fast als »Wörterbuch« empfinden muß. Da steht dann z. B. was es »bedeute«, wenn jemand die Hand in die Tasche steckt. Weiter steht dort sogar zu lesen, welche nuancierten Unterschiede es mache, ob die Hand flach oder geballt in die Tasche gesteckt wird bzw. welches Gefühl man signalisiere, wenn man den Daumen dabei innerhalb bzw. außerhalb des Taschenrandes hält. Solche Überlegungen sind m. E. *sowohl falsch* als auch *einem besseren Verständnis der Körpersprache nicht dienlich*. Ersteres, weil z. B. die Mode der flachen Taschen auf so engen Hosen nicht mit berücksichtigt wird, die eine geballte Faust in der Tasche überhaupt nicht zulassen, bzw. in denen der Daumen gar keinen Platz mehr hat! Letzteres bezieht sich auf die Tatsache, daß jemand der meint, eine »Wortliste« zu besitzen, weit mehr dazu neigen wird zu glauben, er hätte den anderen »durchschaut«. Eben diesen Glauben haben viele Menschen unbewußt, wenn sie, wie unser Berater (s. Einleitung), sofort annehmen, sie hätten schon das richtige Gefühl für die nichtsprachlichen Signale! Also wird man noch weniger dazu neigen, Kontrollfragen zu stellen! Letztere aber sind m. E. die einzige Möglichkeit, seine Beobachtungen zu überprüfen. Das meinte sicher auch SCHOPENHAUER, als er sagte: »Die Menschenkenntnis ist ein Gebiet, auf dem man niemals auslernt und auch der Geübteste sich immer wieder bei Fehlern ertappt (94).«

Wie aber sollte er sich ertappen, wenn er keine Kontrollfragen stellt?! Ohne sie würde er nur einen geringen Teil seiner Fehler feststellen, nicht genug, um systematisch aus ihnen zu lernen.

1.7 Erfolgskontrollen ermöglichen systematisches Lernen

Jedes System der angewandten Menschenkenntnis, von der Astrologie über die Numerologie, über »wissenschaftliche« Systeme, beruht auf der Versuchs- und Irrtum-Methode. Man beobachtet, wertet die Wahrnehmungen und interpretiert sie aufgrund irgendwelcher Kriterien, die zum System gehören. Dann überprüft man seinen Eindruck und stellt entweder fest, daß die Interpretation richtig war, oder aber, daß sie falsch gewesen ist. Am letzteren Fall fragt man sich, *warum* man sich geirrt hat, und beim nächsten Mal versucht man, diesen Irrtum zu vermeiden. Dies entspricht genau POPPERs These darüber, wie menschliches Wissen wächst (s. Einleitung). Ohne eine ständige Erfolgskontrolle dieser Art kann aber kein Wissen wachsen!

1.8 Drei Methoden der Erfolgskontrolle

Wie führt man diese Erfolgskontrolle nun herbei? Es gibt drei Möglichkeiten, wobei die erste für die meisten Menschen die leichteste zu sein scheint. Wann man welche Art der Kontrolle einsetzt, muß man natürlich selbst entscheiden, da dies sowohl vom persönlichen Stil des Kontrollierenden als auch von der Gesprächssituation abhängt.

1.8.1 Die offene Frage

Hierbei handelt es sich um Fragen, die *nicht mit Ja oder Nein beantwortet* werden können. Dieser Fragetyp hat den strategischen Vorteil, daß der andere zu einer freien Meinungsäußerung ermuntert (fast könnte man sagen gezwungen) wird. Je mehr Worte er jedoch nun spricht (z. B. indem er mit einem Satz antwortet), desto größer ist unsere Chance, unser Ziel zu erreichen. Nämlich *sowohl* auf den Inhalt als auch *auf die Art und Weise, wie* er spricht, zu hören (z. B. verärgert, zweifelnd, nachdenklich). Angenommen, unser Berater hätte, nachdem er die »ablehnenden« Signale des Technikers beobachtete (s. Einleitung) eine solche Kontrollfrage gestellt, dann hätte der Techniker die Möglichkeit gehabt, dem Berater sachlich zu erklären, was ihm gerade eingefallen war. Damit wäre klar gewesen, daß sich die drei »negativen« Signale weder auf den Preis noch überhaupt auf das Hier und Jetzt bezogen hatten.
Offene Fragen dieser Art bitten also um eine Meinungsäußerung. Formulierungen wie die folgenden sind u. a. Möglichkeiten solcher Fragestellungen:

»Wie sehen *Sie* denn das?«
»Was meinen *Sie* dazu?«
»Wie ist *Ihre* Auffassung dazu?«
»Wie sieht das aus *Ihrer* Sicht aus?
»Wie meinen Sie das?« u. ä.

Nota bene: *Keine* Kontrollfrage stellt eine oft gehörte Formulierung suggestiver Art dar: »Das finden Sie doch sicher fair?« (Oder: »Sie stimmen mir doch sicher zu?« u. a.).
Zwar haben solche Suggestivfragen durchaus ihren strategischen Sinn, sie dürfen aber *nicht als Kontrollfrage bezüglich körpersprachlicher Signale* eingesetzt werden, da sie eine freie Meinungsäußerung weder wirklich wünschen noch wahrscheinlich machen. (Hier besteht die Gefahr der Zustimmung als Weg des geringsten Widerstandes bzw. des Widerspruchs, wenn der andere die Taktik durchschaut hat.)

1.8.2 Die geschlossene Frage

Hier fragt man deutlich und klar, *ob man ein Signal richtig interpretiert hat.* Eine Fragestellung, die sich natürlich nicht immer eignet. In unserem Fallbeispiel wäre sie nicht günstig gewesen. Aber oft ist das der kürzeste Weg. Z. B.:

»Du scheinst verärgert zu sein?« Oder: »Ich habe den Eindruck, daß dir was nicht paßt, stimmt das?« Oder: »Das scheint dich aber wirklich zu freuen?« u. ä.

Man kann diese Fragestellung auch im Geschäftsleben anwenden, aber nur dann, wenn das Gesprächsklima besonders offen ist und sich die beiden Partner gegenseitig schätzen. Andernfalls kann eine solche Frage durchaus als Einbruch in die psychologische Intimsphäre gewertet werden. Gerade Psychologen ziehen sich gerne den Zorn ihrer Umwelt zu, wenn sie glauben, alle möglichen Beobachtungen in solche Fragen umsetzen zu müssen . . .

1.8.3 Das Schweigen

Schweigen ist sogar die Methode, die die *besten Resultate* erzielt, die aber für die meisten Menschen nur schwer zu erlernen ist. Hätte unser Berater einfach geschwiegen, als er die drei »negativen« Signale beobachtet hatte, dann hätte der Techniker ebenfalls eine Chance gehabt, sich zu äußern bzw. schnell seine Anweisung durchzugeben, ehe er das Gespräch fortgesetzt hätte. *Da die meisten Menschen zu sprechen beginnen, wenn ihr Gegenüber schweigt, halte ich diese Methode für die erfolgreichste*, insbesondere im Berufsleben, wenn die zweite Methode nicht anwendbar erscheint.

Zur Schweigemethode gehört auch eine Technik, die GORDON (36) das aktive Schweigen nennt: Man läßt einen Satz unvollendet im Raum hängen. Bei GORDON handelt es sich jeweils um Worte des anderen, die man wiederholt hat, aber im Sinne unserer Kontrollfragen können es auch unsere eigenen Worte sein. Z. B. »Was den Preis angeht, den Sie vielleicht schon den Unterlagen entnommen haben . . .?«

Hat der andere ihn entnommen und bereits *Widerstände* aufgebaut, so wird er vielleicht verärgert in das Schweigen hineinsprechen. Er kann aber auch *interessiert* fragen oder die Preisfrage als *problemlos* abtun. In unserem Fallbeispiel hätte der Techniker ebenfalls die Möglichkeit gehabt, aufgrund seiner Assoziation (Herr Dr. Preise) zu reagieren.

Wahrscheinlich bietet die Tatsache, daß diese Methode so wirkungsvoll ist (wenn es gilt, mehr über den anderen zu erfahren), eine Erklärung dafür, daß viele Psychoanalytiker sie fast ständig einsetzen. SHEPARD, ein amerikanischer Psychiater hat diese Taktik in seinem Buch (79) das HHM-Spiel genannt. Eine Variante davon ist das Füllhalter-Kratz- oder Räusper-Spiel: Hier produziert der Analytiker ab und zu ein Geräusch um anzudeuten, daß er nicht eingeschlafen ist, während er den Patienten *durch seine Schweigetaktik* dazu bringt, ständig zu sprechen!

Probieren Sie es selbst einmal: Setzen Sie die nächsten Tage so viele Kontrollfragen wie möglich ein und stellen Sie fest, ob Sie die Schweige-Methode anwenden können. Falls es Ihnen (noch) zu schwerfällt, lernen Sie die anderen beiden Techniken, also die offene bzw. geschlossene Frage. Letztere können Sie wahrscheinlich im Privatbereich häufiger einsetzen als erstere.

Wenn wir in diesem Buch später gewisse Behauptungen aufstellen über

die Bedeutung eines Signals, dann sind diese bitte nicht als »Wörterliste« zur sofortigen Übersetzung anzusehen, sondern immer als Beobachtungshilfe. Erst Ihre eigene Erfolgskontrolle kann von Fall zu Fall feststellen, ob die Interpretation jeweils stimmt.
Worauf aber wollen wir achten? Was können wir sehen, hören, wahrnehmen?
Wenn wir akzeptieren, daß eine »Wörterliste« nicht unser Ziel darstellen kann, dann erhebt sich die Frage nach der »Grammatik« der Körpersprache. Welchen Oberbegriffen können wir einzelne Signale zuordnen? Wie entwickeln wir ein Gefühl für den »Satzbau«, d. h. für *mehrere Signale*, die nur im Verband miteinander eine Aussagekraft beinhalten? Darum soll es im folgenden gehen.

Kapitel 2
Kriterien gezielter Wahrnehmung

2.1 Methoden

Es stehen uns prinzipiell zwei Möglichkeiten zur Verfügung: Die erste Methode arbeitet mit einer Vielzahl von Oberbegriffen, z. B. Signale »Zum anderen hin«, »Vom anderen weg«, »Auf sich selbst gerichtet«, »Psychosomatische Signale« (wie Blaßwerden) u.v.a. So eine Vorgehensweise erlaubt es dem Forscher, auch kleinste Signal-Elemente (sog. Kinons) unmißverständlich zu erfassen und zuzuordnen. Sie wird angewandt, wenn Kinetiker sich monatelang mit der Analyse eines 8-Minuten-Filmstreifens befassen (s. Anhang A: Körpermusik und -tanz, S. 220 ff.).

Die zweite Methode bedient sich weniger Oberbegriffe, wobei sie in Kauf nimmt, daß manche Signale nicht ganz »sauber« eingeordnet werden können. (Wir kommen noch auf diese »Grenzfälle« zurück.) Trotzdem eignet sich diese Arbeitsweise für das Beobachten von Vorgängen, die sich live (lebend, lebendig) abspielen, d. h. für lebende Personen, deren Verhalten man weder verlangsamt betrachten noch wiederholen kann. Da wir im täglichen Leben fast ausschließlich *live* beobachten, werden wir uns im Rahmen dieser Arbeit der zweiten Methode bedienen. Dabei sind wir uns jedoch bewußt, daß unsere Zuordnung eine grobe ist, wenngleich sie ein schnelles Analysieren ermöglicht. Und darum geht es ja. Welchen Sinn hätte eine exakte Beobachtung, die erst 40 Sekunden später formuliert werden kann in der täglichen Praxis? Trotzdem müssen wir uns mit der Tatsache abfinden, daß eine so grobe Analyse letztlich bis zu einem gewissen Grade ungenau bleiben muß[1].

Unsere Einteilung umfaßt nur fünf Kategorien.

1 Wer sich ernsthaft in die Kinesik vertiefen möchte und Videoaufzeichnungen im Detail studieren möchte, findet im Literaturverzeichnis hierzu Vorschläge (s. 3, 5, 15, 18, 23, 25, 29, 35 b, 38 a, b, d, 46 a + b, 47, 54, 57 a, 62, 77, 84, 94), insbesondere bei BIRDWHISTELL (5 e) finden Sie sorgfältig recherchierte Informationen und Hinweise.

2.2 Fünf Kriterien

2.2.1 Haltung:

Hiermit meinen wir sowohl die Haltung, die ein Mensch gerade einnimmt, als auch Bewegungen, welche die Körperhaltung verändern bzw. beeinflussen wie z. B. ein Verlagern des Körpergewichtes im Sich-Vor- oder Zurückbeugen, ein Wippen auf den Fußballen, ein Überschlagen der Beine, etc. (s. Kap. 4).

2.2.2 Mimik:

Hiermit meinen wir alle Erscheinungen, die wir im Gesicht eines Menschen beobachten können, inklusive psychosomatischer Prozesse wie z. B. das Erröten (s. Kap. 5).

2.2.3 Gestik:

Hiermit meinen wir alle Gebärden der Arme, die »Sprache der Hände«, sowie viele Handlungen wie z. B. das Öffnen einer Tür, das Ausdrücken einer Zigarette, usw. (s. Kap. 6).

2.2.4 Abstand:

Hiermit meinen wir den Abstand, den man zu anderen (manchmal auch zu Tieren oder Gegenständen) einnimmt, sowie plötzliche Bewegungen, die ein Verändern der Distanz zum Ziele haben, z. B. ein plötzliches Einen-Schritt-Zurücktreten, etc. (Hier sehen wir bereits Möglichkeiten für Grenzfallsignale: Soll man das Zurückweichen als eine Haltungsänderung sehen oder aber in bezug auf Abstand interpretieren? Wir kommen noch einmal darauf zurück (s. Kap. 7).

2.2.5 Tonfall:

Hiermit meinen wir *alle* Erscheinungen, die sich beim Sprechen manifestieren, insofern unsere Analyse sich nicht auf den Inhalt des Gesagten konzentriert. Also den Tonfall, die Sprachmelodie, Sprechpausen, Lautstärke, Sprachrhythmus, etc. Zum Tonfall zählen wir auch Lautäußerungen ohne verbalen Inhalt, wie z. B. das Schnalzen mit der Zunge, seufzen, stöhnen, etc. (s. Kap. 8).

2.3 Zuordnung der Signale (Vor-Übung)

In der Praxis muß die Zuordnung blitzschnell geschehen, da sich die Situation, die wir beobachten wollen, ständig verändert. Das meinen wir ja mit dem Begriff »live«-beobachten. Der Ausdruck hat sich schnell eingebürgert um lebendige (»echte«) Situationen von aufgezeichneten (rerun) oder lange vorher gespeicherten (canned) zu unterscheiden. Und dieses Element des *lebendigen* zwingt uns,*schnell und zielsicher* zu arbeiten. Deshalb empfiehlt sich ein Üben im »Trockenkurs«, d. h. jetzt gleich! Im Seminar dauert es in der Regel ca. 10 Minuten,bis die Teilnehmer willkürlich genannte Signale entweder sofort einordnen oder aber blitzschnell als »Grenzfall« bestimmen können.
Im folgenden finden Sie daher eine Vor-Übung:
Versuchen Sie bitte, untenstehende Liste von nicht-sprachlichen Signalen den fünf Kategorien Haltung, Mimik, Gestik, Abstand und Tonfall zuzuordnen. Alle Signale werden in einem Satz »versteckt«, der die Gesamtsituation ein wenig umreißt, bzw. erahnen läßt.
Beispiel: »Sie *lächelte* verträumt«. Analyse: Mimik

1. Er *schrie*: »Einmal möchte ich es erleben, daß du tust, was man dir aufgetragen hat!« ....
2. Sie *wich* einen Schritt *zurück*: »So also stellst du dir das vor?!« ....
3. Er *stand*, lässig ans Buffet gelehnt, den rechten Fuß über den Knöchel des linken gelegt. ....
4. Nachdem die vierjährige Belinda ihrer Mutter versichert hatte, daß sie ihren Mantel schon alleine zuknöpfen konnte, erwiderte die Mutter: »Natürlich kannst du das, mein Schatz!« *während sie gleichzeitig den Mantel der Kleinen selbst zuknöpfte.* ....
5. Während NIXON behauptete, den Kontakt zu den jungen Leuten zu suchen, *streckte er*

mehrmals abwehrend beide Arme aus, als wollte er sie von sich wegschieben. ....

6. Sie wartete, *auf den Ballen ihrer Füße wippend*, bis die Helferin das Formular ausgefüllt hatte. ....
7. Er *ging* zum Fenster und *öffnete* es. ....
8. Sie *blickte* ihn stumm an, wobei ihre *Nasenflügel* vor verhaltener Erregung *bebten.* ....
9. Der Kaffee war so heiß, daß er ihn reflexartig *ausspuckte*. ....
10. Er sagte *ironisch*: »Lassen Sie das Kupplungspedal immer sehr schnell sausen, das ist enorm gut für's Getriebe.« (Nach WATZLAWICK, 88). ....

Wollen wir uns nun diese zehn Beispiele gemeinsam ansehen:

Zu 1: Eindeutig TONFALL.

Zu 2: Hier könnte man sowohl HALTUNG als auch ABSTAND beurteilen, wobei letzteres den Schwerpunkt auf einen anderen Aspekt legt. Und genau darum geht es bei den »Grenzfällen«. Hier gibt es keine endgültige Antwort, da die Wertung immer von der Interpretation der jeweiligen Situation abhängt. (Manche Autoren würden einen plötzlichen Schritt zurück sogar als »Gebärde« bezeichnen und ihn der Gestik zuordnen. Auch dies wäre legitim, Grenzfall-Zuordnungen sind immer Fragen der derzeitigen Deutung.)

Zu 3: Eindeutig HALTUNG.

Zu 4: Die *Handlung* der Mutter ordnen wir der GESTIK zu. Dieses Beispiel zeigt INKONGRUENZ (s. Einleitung), also verwundert es nicht, wenn das Kind der Mutter nicht glaubt, sondern das Gefühl bekommt, man halte es für unfähig!

Zu 5: Eindeutig GESTIK, und wiederum INKONGRUENZ.

Zu 6: Eindeutig HALTUNG, wiewohl man das Wippen, wenn es z. B. absichtlich eingesetzt wird, um jemanden zu ärgern, auch als Handlung, d. h., als GESTIK interpretieren könnte.

Zu 7: *Beide Signale zusammen können wir der GESTIK zuordnen.* Wenn man jedoch den Schwerpunkt auf das Gehen richten möchte, könnte man hier noch an den Oberbegriff der HALTUNG denken. Wiederum abhängig von der Gesamt-Interpretation!

Zu 8: Eindeutig MIMIK, sowohl was den Blick betrifft, als auch das Beben der Nasenflügel.

Zu 9: Zwar geschieht das Ausspucken mit dem Mund (wobei es sicher von anderen mimischen Signalen der Abscheu oder des Schmerzes begleitet wird), trotzdem könnte man statt MIMIK auch auf GESTIK tippen, wenn man das Ausspucken als *Handlung* betrachtet. Zwar beinhaltet das Wort Handlung das Wort »Hand«, aber nicht alle Handlungen müssen von der Hand ausgeführt werden.

Zu 10: Das Wort »ironisch« läßt auf einen ironischen TONFALL schließen. Wobei Ironie oft nicht (oder falsch) verstanden wird, wenn der TONFALL nur um ein geringes vom Erwarteten abweicht. In noch stärkerem Maße trifft dies m. E. auf den Sarkasmus zu, wenn nämlich gewisse Informationen so gebracht werden, als *meinte* man sie *wirklich*.

Nun, ist Ihnen die Vor-Übung leichtgefallen?
Dann probieren Sie einmal die erste Übung.

2.4 Aufgabe Nr. 1

Versuchen Sie, folgende Signale *schnell* den fünf Kategorien zuzuordnen. Bei Grenzfällen genügt eine Kategorie, da Ihnen der Zusammenhang für verschiedene Interpretations-Möglichkeiten hier ja fehlt.

1. Grinsen
2. Mit-dem-Fuß-Aufstampfen
3. Zögernd sprechen
4. Sich hinsetzen
5. Die Augenbrauen heben
6. Auf jemanden zugehen
7. Abgehackt sprechen
8. Sich bücken und etwas aufheben

9. Die Faust ballen
10. Das Körpergewicht auf ein Bein verlagern
11. Den Augenkontakt unterbrechen
12. Laut und nachdrücklich sprechen
13. Schweigen
14. Sich aufrichten
15. Eine böse Miene machen
16. Sich am Kopf kratzen.

Analyse:

1. *Grinsen* – Mimik
2. *Mit-dem-Fuß-Aufstampfen* – Haltung
   (Wir hatten ja gesagt, daß wir bei Grenzfällen vorläufig nur ein Kriterium nennen wollen).
3. *Zögernd sprechen* – Tonfall
4. *Sich hinsetzen* – Haltung (Grenzfall)
5. *Die Augenbrauen* heben – Mimik
6. *Auf jemanden zugehen* – Abstand (Grenzfall)
7. *Abgehackt sprechen* – Tonfall
8. *Sich bücken und etwas aufheben* – Gestik (als Handlung gesehen)
9. *Die Faust ballen* – Gestik
10. *Das Körpergewicht auf ein Bein verlagern* – Haltung
11. *Den Augenkontakt unterbrechen* – Mimik
12. *Laut und nachdrücklich sprechen* – Tonfall
13. *Schweigen* – ja, auch dies können wir dem Tonfall zurechnen, *wenn* wir es als Signal werten.
14. *Sich aufrichten* – Haltung (Grenzfall)
15. *Eine böse Miene machen* – Mimik
16. *Sich am Kopf kratzen* – Gestik.

Fühlen Sie sich nun mit unseren Kategorien vertraut? Werden Sie im folgenden *sofort* und *ohne nachzudenken* wissen, was wir meinen, wenn wir die fünf Begriffe verwenden? Dann gehen Sie einen Schritt weiter.

2.5 Verbalisierung der Wahrnehmung

Die folgenden Aufgaben beinhalten *die wesentlichsten Übungen* zu einem besseren Verständnis der körpersprachlichen Signale überhaupt! Das Umsetzen der intuitiven, meist unbewußt ablaufenden Interpretationen in analytisches, bewußtes Denken erfordert eine *Verbalisierung* nicht-verbaler Prozesse. Dieses In-Worte-Kleiden von Beobachtungen, die früher unterhalb der Wort-Schwelle registriert wurden, fällt bei manchen Signalen sehr leicht, bei anderen hingegen erscheint es zunächst fast unmöglich. Deswegen haben Anthropologen und Kinesiker eine eigene, symbolische Sprache erfunden, mittels derer sie diese nicht-verbalen Signale festhalten (s. Fallbeispiel, Kap. 8). So exakt wollen wir zwar nicht arbeiten, aber ein Umsetzen in *unsere* Wort-Sprache ist notwendig, da ohne eine solche *Beschreibung* (s. Vorwort) keine bewußte Analyse möglich ist. Auch hat das Lesen eines Textes über die Körpersprache genausowenig Sinn wie das *Lesen einer Partitur* für denjenigen, der mit den benutzten Symbolen nicht *sehr* vertraut ist!
Daher gilt es wenn irgend möglich, die folgenden Aufgaben durchzuführen, bis Sie eine jede *schnell* und *mühelos* vollziehen können. Schließlich gilt auch hier die alte Regel: Entweder es fällt dem Übenden leicht, dann geht es schnell, so daß *kein* Grund dafür besteht, die Übung nicht zu absolvieren. Oder aber es fällt etwas schwer(er), dann liegt die *Notwendigkeit gerade diesen Aspekt zu üben auf der Hand*, vorausgesetzt man will sein Wissen um die Körpersprache in der Praxis auch aktiv (praktisch) einsetzen!

2.6 Aufgabe Nr. 2

Betrachten Sie Bilder auf denen Personen abgebildet sind. Hierbei kann es sich um Fotos aus dem Familienalbum handeln, um Zeichnungen, um Abbildungen in Illustrierten, Büchern, in der Werbung, etc.
Verbalisieren Sie nun bitte sämtliche körpersprachlichen Signale, die zu sehen sind. Z. B. »Der Mann hier legt seinen Arm um die Frau. Sie lächelt. Das Kind steht allein abseits und blickt zu den beiden.«
Bis hierhin ist es noch leicht. Nun aber wird es schwieriger: *Wie* blickt

das Kind? Fühlt es sich einsam, ausgelassen, nicht beachtet oder freut es sich darüber, daß der Mann den Arm um die Frau gelegt hat? Natürlich handelt es sich hier um Interpretationen, deren Richtigkeit Sie nicht durch Kontrollfragen abklären können, aber vorläufig sollen Sie ja nur das Verbalisieren Ihrer Beobachtungen üben. Um die Kontrolle können wir uns erst bemühen, wenn wir sowohl wahrnehmen, als auch darüber nachdenken können, was wir wahrgenommen haben. *Denn das Interpretieren, das Deuten, das Raten, um genau zu sein, wird normalerweise nicht versprachlicht.* Deswegen ist gerade in bezug auf diesen Aspekt ein Üben des Versprachlichen notwendig.
Optimal wäre es, wenn Sie diese Übung zu zweit oder in einer Gruppe angehen könnten. Oft sehen Ihre Mitmenschen einen Aspekt, der Ihnen selbst entgangen war.
Übrigens meinen wir mit Verbalisieren ein exaktes In-Worte-Fassen. Deswegen ist ein lautes Aussprechen bzw. Sprech-Denken besser als ein vages innerliches Bewußtsein. (Mit Sprech-Denken meinen wir den Prozeß des Sub-Vokalisierens, d. h. ein präzises Denken, welches mit der innerlichen Wortbildung in einer Weise einhergeht, daß die Kehlkopf- und Zungenmuskulatur mitarbeitet.)
Im Optimalfall gehen Sie bitte nicht zur nächsten Aufgabe über, ehe Sie diese Übung zumindest mit zwei, drei Bildern gemacht haben.

2.7 Aufgabe Nr. 3

Die Aufgabenstellung ist dieselbe wie bei der vorangegangenen Übung, nur mit dem Unterschied, daß Sie diesmal live-Beobachtungen machen werden. Also entweder beschreiben Sie das Leben selbst (z. B. in einem Straßencafé, einem Wartesaal, an der Bushaltestelle, am Flughafen, etc.), oder aber, Sie sehen fern (z. B. eine Diskussionsrunde, oder einen Spielfilm).
Sie werden feststellen, daß Ihnen diese Aufgabenstellung nur solange »schwer«-fallen wird, solange Sie die vorangegangene Übung nicht beherrschen!

2.8 Das Einfühlungsvermögen

Wie oft sagen wir: »Wenn ich Du wäre« und meinen damit in Wirklichkeit: »Wenn *ich*, *ich* an einer Stelle wie der deinigen wäre . . .« (7 d).
Es ist nicht leicht, sich in jemand hinein-zu-fühlen. Was halten Sie von folgender Regel?

> **Jemand, der sich seiner eigenen körpersprachlichen Signale nicht bewußt werden kann, wird die Signale anderer nie sehr exakt registrieren können.**

Körpersprachliche Analyse setzt nämlich nicht nur einen »scharfen« (sprich: geschulten) Blick und ein »gutes« (i. e. geschultes) Gehör voraus, sondern wahrscheinlich in weit höherem Maße ein gutes »Gespür«. Dieses Wort beschreibt ein gutes Ein-fühlungs-vermögen, ohne welches jede Methode der Selbst- und Menschenkenntnis versagen wird. (Sie kennen vielleicht auch jemanden, der schon 30 Seminare besucht und 500 Bücher zu diesem Thema gelesen hat und der trotzdem über eine gewisse Grenze nicht hinauskommt?) Das Registrieren der eigenen Gefühle und nichtsprachlichen Signale bedeutet nämlich, daß man zwei wesentliche Prozesse durchläuft:
Erstens nimmt man ein Signal wahr, z. B. *daß man* nervös an der Lippe zupft. *Zweitens* registriert man dabei, wie man sich in dem Augenblick gerade fühlt. Diese Kombination hilft einem später bei anderen zu *raten*, welches Gefühl wohl ein bestimmtes Signal bei ihnen ausgelöst haben mag. Dieses Raten nennt man natürlich gemeinhin »interpretieren« (oder deuten), weil das »wissenschaftlicher« klingt. Tatsache bleibt jedoch, daß auch Wissenschaftler »raten« müssen, solange sie an einer Theorie des Wissens arbeiten, sprich: schaffen.
Einfühlungsvermögen für andere kann man also durch Registrieren der eigenen Prozesse üben. Wir können dies wieder als Regel ausdrücken:

> **Je mehr Einfühlungsvermögen ein Mensch in die eigene Gefühlswelt hat, desto mehr wird er auch für die anderer entwickeln können.**

Und umgekehrt. Diese Regel erklärt auch, warum besonders sensible Menschen nicht nur *für andere* viel Verständnis aufbringen können, sondern auch selbst sehr (manchmal mimosenhaft) empfindsam sind.
Dies bringt uns zur nächsten Aufgabenstellung für Sie.

2.9 Aufgabe Nr. 4

Versuchen Sie bitte, diesmal Ihre eigenen körpersprachlichen Signale durch einen laufenden Kommentar (wie ein »rasender Reporter«) festzuhalten. Dies können Sie sowohl gedanklich durch Sprech-Denken, als auch laut, vielleicht sogar auf Band? So eine Aufnahme könnten Sie dann auch für die Zusatzübung unter 2.10 benützen, falls Sie diese Übung auch machen möchten. (Sie ist nicht Teil des »offiziellen« Übungszyklus und wird nur für einen Teil der Leser in Frage kommen.) Letztlich können Sie diese Übung auch *schriftlich* absolvieren, wenn Sie sie im Sinne einer Selbst-Inventur benützen wollen, um Ihren eventuellen Eigenarten auf die Spur zu kommen.
Versuchen Sie, ca. 10–15 Minuten lang jeden körpersprachlichen Aspekt, den Sie entdecken können, zu beschreiben. Z. B.: »Ich runzle die Stirn, meine Lippen sind aufeinandergepreßt, ich laufe zielbewußt zur Küche, mein Rücken fühlt sich verkrampft an, ich merke, daß ich nur auf einem Bein stehe, ich bediene die Kaffeemaschine . . .« Versuchen Sie, Signale jeder Kategorie aufzuspüren!

2.10 Aktiv Körpersprechen

Manchmal kann es von hohem Nutzen sein, wenn man seine Körpersprache *aktiv* einsetzen, bzw. *aktiv* beschränken kann. Vielleicht möchte man lernen, ein nervöses Signal zu vermeiden, oder ein Signal einzusetzen, dessen Nutzen einem einleuchtet, wiewohl man selbst dieses Signal in der Vergangenheit zu selten eingesetzt hat, z. B. Augenkontakt.
Wer daran Interesse hat, dem sei folgende Zusatz-Übung empfohlen:
Man spreche eine Serie von körpersprachlichen Signalen als Anweisung auf ein Band (oder man nehme das Band der Aufgabe Nr. 4). Textvor-

lagen findet man im Zweifelsfalle, wenn einem auf Anhieb nicht genug einfallen sollte, in »Groschenromanen«, da in diesem Genre mit einer Fülle von körpersprachlichen Signalen gearbeitet wird, um die Phantasie des Lesers *ja nicht* zu strapazieren!
Statt einer Bandaufnahme kann natürlich auch eine zweite Person die Anweisungen vorsagen oder vorlesen.
Nun bemüht man sich, allen Aufforderungen sofort und ohne Zögern Folge zu leisten. Eine Situation, die jeder Schauspieler, jedes Fotomodell beherrschen muß.
Als Variante eignet sich auch das *Nachahmen anderer Personen*, seien sie nun anwesend oder im Fernsehen zu sehen. Wenn Sie dies als *Partyspiel* deklarieren, können Sie einerseits eine Menge Spaß haben, andererseits Ihre Fähigkeiten schulen! Übrigens werden Sie in einer Gruppe feststellen, daß diese Übung manchen Menschen sehr leicht fällt, während andere kaum die gröbsten Bewegungen nachvollziehen können. Zu welchem Typ gehören Sie?

2.11 Aufgabe Nr. 5

Was wir bis jetzt noch nicht geschult haben, ist unser Gehör. Um ein Gefühl für Tonfall zu entwickeln, müssen wir *anders zuhören* als bisher. Am leichtesten geht dies zunächst mit einem Fernsehprogramm, wobei sich jede Sendung eignet. Nachrichtensendungen beinhalten natürlich weniger Ton-Nuancen als ein Spielfilm, aber das stellen Sie am besten selbst fest. Sehen Sie fern und versuchen Sie, Tonfall-Signale zu verbalisieren. Z. B. »Er spricht laut, aggressiv, zögernd, langsam«, etc. Hier werden Sie wiederum feststellen, daß nuanciertere Wahrnehmungen erst mit der Übung auftauchen, daß sie dann z. B. auch ein kaum spürbares Zögern, ein leichtes Vibrieren der Stimme und ähnliches wahrnehmen *und* verbalisieren können!

2.12 Übertragungseffekt in die tägliche Praxis

Das Absolvieren dieser Übungen hilft Ihnen nicht nur, weil Sie einzelne Aspekte trainieren, sondern der Hauptzweck liegt im Übertragungseffekt in die tägliche Praxis. Plötzlich beginnen Sie *»mit anderen Augen«* zu sehen (s. Vorwort). Sie nehmen auch Nuancen im Tonfall oder das Pausieren eines Sprechers *bewußt* wahr. So daß sich die Bibelweisheit: »Suchet und ihr werdet finden« wieder bewahrheitet. Sie werden in der Zukunft mehr wahrnehmen, weil Sie bewußt suchen! Signale, die Sie *jetzt bewußt* registrieren, statt wie *früher unbewußt.*

2.13 Abschlußübung

Zum Schluß unseres Übungs-Zyklus, der sich mit Wahrnehmen, Kategorisieren und Verbalisieren beschäftigte, noch eine Aufgabe, bei der *alle bisherigen Schritte* zusammengefaßt werden. Begeben Sie sich in eine Situation, in der Sie sowohl sich selbst als auch andere Menschen beobachten können. (Ihr Wohnzimmer mit laufendem Fernsehapparat wäre z. B. auch so eine Situation.)
Nun nehmen Sie bewußt wahr, verbalisieren und kategorisieren. Diesmal achten Sie sowohl auf die Signale anderer (bzw. der Figuren im Fernsehen) als auch auf Ihre eigenen wie in der täglichen Praxis auch. Natürlich kann man nicht annähernd alle Signale, die gleichzeitig ablaufen, verbalisieren. Deswegen beinhaltet diese Übung einen weiteren, sehr praxisnahen Aspekt: *Sie müssen nämlich selektieren.* (Das tun wir immer.) Indem Sie das eine Signal wahrnehmen und deuten, entgehen Ihnen andere Signale. Das ist normal. Weiter werden Sie den interessanten *Sprung von den eigenen Signalen zu denen anderer und zurück* wahrnehmen. Auch dies ist ein normaler Aspekt der körpersprachlichen Beurteilung in der Praxis.
Als Fallbeispiel hier das teilweise amüsante Protokoll eines Seminarteilnehmers (mit Genehmigung abgedruckt):

2.14 Fallbeispiel: Ein Protokoll

Herr M. murmelt »so'n Mist«. (Tonfall.) Mein rechter Nachbar blickt ihn mißbilligend an (Mimik). Ich grinse dabei (Mimik). Frau Birkenbihl geht langsam herum (Haltung oder Handlung?). Herr Y. schaut über seine Schulter nach ihr (Mimik) und deckt sein Protokoll ab (Gestik), damit sie nichts lesen kann (Spekulation). Dabei hat sie's gar nicht versucht! Ich grinse schon wieder (Mimik). Ich scheine hier im Seminar überhaupt viel zu grinsen (Ahem). Jetzt starrt Herr M. vor sich hin (Mimik). Ihm fällt wohl nichts ein (oder sollte ich sagen auf)? Das ist natürlich wieder Spekulation. Jetzt müßte ich eigentlich eine Kontrollfrage stellen können. Ha! Plötzlich merke ich, daß mein linkes Knie hin- und herschlenkert (Haltung oder Gestik?) – Ich glaube, das mache ich schon länger. Die Tante nebenan kaut an ihrem Stift (Mimik oder Gestik?). Sie macht das immer, wenn wir etwas schreiben sollen. Ob sie das wohl weiß? Der Nachbar von ihr betrachtet sie (Mimik). Sie scheint es nicht zu merken (?). Frau Birkenbihl zupft an ihrer Oberlippe (Gestik). Jetzt schaut sie auf die Uhr (Gestik, weil eine Handlung?). Ich auch (Gestik bei mir!). Noch zwei Minuten. Herr M. hat gerade den Stift hingeworfen, ostentativ (Gestik)! Jetzt lehnt er sich demonstrativ zurück (seine Haltung, meine Interpretation!). Mein Nachbar blickt ihn wieder mißbilligend an (Mimik). Sein Verhalten ist oft mißbilligend. Ob er sich darüber im klaren ist? Ich stelle gerade fest, daß mein Knie wieder schlenkert (anscheinend doch eine Geste?). Herr M. hat gerade laut gegähnt (Tonfall?). Er sendet viele Signale, um zu zeigen, daß er sich von uns abheben möchte (Abstand bei ihm, Spekulation meinerseits). Ich werde ihn in der Kaffeepause mal drauf ansprechen (Handlung, geplant, ha!). Meine linke Hand hält das Papier krampfhaft fest (Gestik). Aha, mein Knie schlenkert auch wieder (bestimmt Gestik!). Da werde ich noch drauf achten müssen . . . Zeit ist um.

Wir haben gesehen, daß auch hier wieder Grenzfälle auftauchen. Es ist jedoch nicht so wichtig, welcher Kategorie wir ein Signal letztlich zuordnen, solange wir es *erstens wahrgenommen* und *zweitens verbalisiert* haben. Das Wissen um diese Oberbegriffe soll ja nur einen *Bezugsrahmen* in unserem Kopf darstellen, der sowohl das Wahrnehmen erleichtert als es uns auch ermöglicht, über die Körpersprache zu kommunizieren.

Kapitel 3
Kriterien der Beurteilung

3.1 Anders wahrnehmen

Sicher haben Sie schon das Phänomen erlebt, daß ein Wort, das man eben erst zu verstehen gelernt hat, nun plötzlich andauernd »auftaucht«. Es ist, als hätten sich Zeitungen, Radio, Fernsehen, Bücher und Mitmenschen verschworen, diese Vokabel nun andauernd zu verwenden. In Wirklichkeit war das Wort aller Wahrscheinlichkeit nach zuvor ebenso häufig gebraucht worden aber wir haben es *überhört* oder *überlesen.*
So ähnlich wird es Ihnen jetzt in bezug auf die körpersprachlichen Signale gehen. *Sie werden erstaunt sein, welche Fülle von Informationen plötzlich von allen Seiten auf Sie zuströmen!* Vielleicht haben Sie diesen Effekt sogar schon bemerkt. Aber, Sie wollen ja nicht nur mehr wahrnehmen, sondern diese Wahrnehmungen auch *praktisch nutzen.*
Wenn man jedoch bewerten, analysieren, interpretieren oder gar be- (bitte nicht *ver-*)urteilen will, braucht man Kriterien. Ohne Maßstäbe kann man nicht messen, ohne eine Vorgabe dessen, was man untersuchen will, können keine Resultate entstehen. Unsere Oberbegriffe Haltung, Mimik, Gestik, Abstand und Tonfall waren *Wahrnehmungs-Kriterien,* die uns (ähnlich Hilfslinien) dienen, um uns ein »Bild« zu machen. Wenn wir nun ein Signal wahrnehmen und verbalisieren können, dann haben wir damit den notwendigen ersten Schritt getan: wir haben *beschrieben* (s. Vorwort). Über die Bewertung des Signals sagt unsere Verbalisierung jedoch noch nichts aus.
Was aber wollen wir erfahren? Welche Schwerpunkte wollen wir setzen? Was können wir beachten?
Jede »Anweisung«, die jemand Ihnen nun geben wird, wird die Art und Weise wie Sie sich und andere in Zukunft sehen u. U. stark beeinflussen können. Deswegen möchte ich Sie bitten, die folgenden Gedankengänge nur als *eine mögliche* Betrachtungsweise zu sehen. Es gibt auch andere. Stellen Sie Ihre eigenen Reaktionen beim Lesen fest.

Seien Sie besonders kritisch. Denn, in diesem Kapitel geht es genaugenommen schon um eine philosophische Frage: »Worauf soll man achten, wenn man sich und andere beurteilen will?« *Ein* Mensch hält Spontaneität für ein wichtiges Kriterium, ein anderer Ehrlichkeit, wieder ein anderer legt auf Selbstdisziplin großen Wert (so daß er Spontaneität anders bewerten wird, als jener, dem gerade diese so wertvoll erschien). Weiter mag jemand es für wichtig halten, ob die beobachteten Signale seinen Vorstellungen von »gutem Benehmen« entsprechen, weil er Höflichkeit für ein wichtiges Kriterium hält. So jemand neigt eher dazu ein Gähnen des anderen, insbesondere wenn ohne vorgehaltene Hand ausgeführt, als »negativ« zu bewerten, bzw. dieses Signal sogar als Unhöflichkeit ihm gegenüber, sprich als »feindseliges« Signal, zu interpretieren.
Welche Schwerpunkte zu setzen sind, muß letztlich jeder für sich entscheiden, aber oft hilft eine Diskussion über *mögliche* Kriterien, um die eigenen exakter zu definieren!

3.2 Ehrlichkeit/Aufrichtigkeit

Dies ist ein Kriterium, das von fast allen Seminarteilnehmern übereinstimmend als »Hauptkriterium« angesehen wird. Ich möchte hier zur Vorsicht raten. *Erstens:* Wie ehrlich ist »ehrlich«? *Zweitens*: Haben *Sie* eine *klare* Antwort auf die Frage, ob »absolute« Ehrlichkeit nicht manchmal sehr verletzend sein könnte und inwieweit sie überhaupt anzustreben sei? Drittens: Sind Sie so sicher, daß *Sie* sich selbst bzw. andere *nie* belügen?!?! (Sei es aus Unsicherheit oder Verlegenheit, sei es in Form einer »höflichen« Lüge, sei es weil Sie irgend etwas vielleicht nicht wahrhaben wollen/können?)
Interessanterweise habe ich oft festgestellt, daß gerade diejenigen, die so sehr viel Wert darauf legen, andere bei eventuellen Lügen zu ertappen, es selbst mit der Wahrheit nicht immer so genau nehmen. Hier liegt die psychoanalytische Schlußfolgerung nahe, daß sie, eben *weil sie von sich auf andere schließen*, vor der Unehrlichkeit anderer so viel Angst haben.
Außerdem: Wenn jemand *aus Angst vor den Folgen lügt*, oder weil er *einen anderen* nicht verletzen will, dann sind die Motive völlig verschieden. Darauf nehmen aber die »Wahrheitsfanatiker« meist keine Rücksicht, eben weil sie über das Kriterium der Ehrlichkeit noch nicht genügend nachgedacht haben!

3.3 Kongruenz/Inkongruenz

Jedes Signal bezieht sich natürlich immer auf die Situation, in der die aussehende Person sich gerade befindet. Inkongruenz kann daher bedeuten:

1. Eine *Diskrepanz zu den gesprochenen Worten* (s. NIXON-Beispiel, Einleitung).
2. Eine *Diskrepanz* zwischen einem beobachteten Signal und unserer *Erwartungshaltung:* Angenommen Sie überreichen jemandem ein Geschenk und erwarten eine erfreute Reaktion, sehen jedoch, daß der andere enttäuscht oder niedergeschlagen blickt. Dies wäre eine solche Inkongruenz.
3. Eine *Diskrepanz* zwischen einem beobachteten Signal und unserer Erwartung kann auch zur *Schein-Inkongruenz* führen, wenn der andere nämlich keine Ahnung hat, was wir wohl erwartet hätten. Im Beispiel oben weiß der Beschenkte, daß der Gebende hofft, er würde sich freuen. Anders verhält es sich, wenn Sie eine Reaktion erwarten, die der andere nicht erahnen kann. Entweder, weil Sie glauben, er verfüge über gewisse Informationen, die er jedoch (noch) nicht hat. Oder weil er aus einem anderen Kulturkreis kommt und daher »unerwartete« Signale senden wird, die uns inkongruent erscheinen mögen, wiewohl sie es (aus seiner Sicht) nicht sind (s. Kap. 9).
4. Eine *Diskrepanz zur Person.* Von FRANZ JOSEF STRAUSS erwartet man in gewissen Situationen sozusagen bestimmte Signalgruppen. Je besser man einen Menschen kennt, desto eher glaubt man seine analogen Signale voraussagen zu können. Sollten diese jetzt jedoch ganz anders sein, dann sagen wir, die Person sei heute nicht »sie selbst«. Dies meinen wir mit Inkongruenz zur Person (s. Kap. 6.2.1).
5. Letztlich ergibt sich ein Inkongruenz-Faktor bei *Gesten, die*, genaugenommen, *keine sind.* Manche Menschen fuchteln beim Sprechen völlig unmotiviert in der Luft herum oder schlagen in einem gleichmäßigen Rhythmus auf den Tisch, wiewohl sie nichts aussagen, was »untermauert« werden soll. Diese analogen Signale scheinen in keiner Beziehung zu den Worten zu stehen und werden daher ebenfalls als inkongruent empfunden (s. Kap. 6.2.2).

3.4 Spontaneität/Selbstdisziplin

Je spontaner eine Reaktion, desto unbedachter ist sie auch. Wenn man auf Ehrlichkeit, Aufrichtigkeit großen Wert legt, wird man Spontaneität eher »positiv« empfinden als wenn man Selbstdisziplin höher bewertet. Nun befinden sich die Signale ja immer »eingebettet« in die Gesamtsituation, so daß es durchaus Momente geben kann, in denen freies, offenes, ungezwungenes, spontanes Verhalten »positiver« anmuten mag als verhaltenes, diszipliniertes Betragen. Weiter sollten gerade diejenigen, die Spontaneität im Zweifelsfalle *immer* für »besser« halten, sich darüber im klaren sein, daß auch eine Taktlosigkeit sehr spontan war. Taktlosigkeiten sind eben Reaktionen, die jemand aussandte, ehe er über seine Worte nachgedacht hatte! Deswegen amüsiere ich mich im stillen manchmal über eine Person,die ich kenne, die einerseits fordert,man solle *immer spontan* sein, die aber gleichzeitig sehr leicht beleidigt ist, wenn ihr Bruder sie *spontan* mit einer seiner »Taktlosigkeiten« verletzt. Hieraus sehen wir wieder einmal, wie schwer es ist, »absolute« Maßstäbe für das Beurteilen körpersprachlicher Signale zu schaffen (bzw. Maßstäbe für die Beurteilung eines jeden Verhaltens!).

3.5 Positiv/negativ

Natürlich empfinden wir einzelne Signale als »gut« oder »schlecht«, d. h. wir stufen sie sofort und meist unbewußt als »positiv« oder »negativ« ein. Es muß klar sein, daß dies eine äußerst subjektive *Beschreibung der Welt und unserer Mitmenschen* (s. Vorwort) darstellt. Ob ein Verhalten spontan oder kontrolliert ist läßt sich *mit einem anderen Maßstab* messen als »gute« oder »schlechte« Signale. Wenn jemand also ein Gähnen des anderen als Desinteresse und somit als negativ einstuft, dann hat er sehr subjektiv geurteilt. Erstens setzt er voraus, daß der andere nur dann gähnt, wenn er kein Interesse hat (vielleicht schließt er dabei von sich auf andere?)! Zweitens kann es sein, daß er das Signal »negativ« empfindet, weil es »unhöflich« ist. Gerade bei dem Etikett »unhöflich« muß man sich darüber im klaren sein, daß sämtliche Benimm-Regeln auf bestimmte Kulturkreise und gewisse Zeitepochen fixiert sind. Hieß es

z. B. bei Erasmus von ROTTERDAM[1] (26) noch: »Wenn beim Schneuzen mit zwei Fingern etwas auf die Erde fällt, muß es sofort mit dem Fuß ausgetreten werden« so gälte bei uns sowohl das Schneuzen mit zwei Fingern als rüpelhaft (negativ) als auch das Austreten des Nasenschleims. Ein zweites Beispiel bei ROTTERDAM hat jedoch die Zeiten bisher überdauert und könnte auch heute noch in einem Benimm-Buch stehen: »Manche . . . müssen sich am Kopf kratzen oder in den Zähnen herumbohren oder mit den Händen wild herumgestikulieren und mit dem Messer spielen (bei Tische). Oder sie müssen husten und schnauben und spucken. Alles das kommt im Grunde aus einer bäurischen Verlegenheit und sieht aus, wie eine Art von Verrücktheit.« Ein letztes Beispiel soll zwei Dinge verdeutlichen: *Erstens:* Wie *wenig bewußt* man normalerweise Verhalten oder Signale, die einem »falsch« erscheinen, sofort als »negativ« einstuft, d. h. emotional verärgert oder verletzt auf sie reagiert. Diese Reaktion zeigt sich am besten bei denjenigen Normen, über die man normalerweise gar nicht mehr spricht. Sie sind so selbstverständlich (einprogrammiert), daß wir bereits bestürzt sind, wenn jemand sie zur Sprache bringt. *Zweitens,* je häufiger jemand mit Menschen anderer (Sub-)Kulturkreise zu tun hat, desto größer ist die Gefahr, daß er blitzschnell und unbewußt gewisse Signale »schlecht« findet und sich von ihnen negativ anmuten läßt – *solange er sich dieser Gefahr nicht bewußt ist,* und ihr entgegentreten kann. Das letzte Beispiel:

> »Einige schreiben vor, daß der Knabe ›compressis natibus ventris flatum retineat‹, aber man kann sich dadurch eine Krankheit zuziehen[2].«

Wie selten denken wir bewußt daran, daß man heutzutage seine »flati« zurückhalten muß? Hierbei handelt es sich also eindeutig um eine Norm, die kaum je verbalisiert wird. Trotzdem reagieren wir sofort, wenn jemand sie nicht befolgt, bzw. wenn jemand, nachdem »es« ihm passierte, nicht sofort die »dazugehörigen« analogen Signale sendet, sprich: bestürzt anzeigt, wie peinlich ihm dies ist! Wenn Sie aber einmal die

1 Er lebte 1465–1536!

2 Es fällt auf, daß ELIAS (26), bei dem ich alle drei Beispiele fand, beim letzten gerade den kritischen Teil im lateinischen Urtext bringt, ohne auch nur eine Übersetzung anzubieten. Sie lautet: . . . daß der Knabe »mit zusammengepreßten Gesäßbacken den Bauchwind zurückhalte«.

Gelegenheit hätten, mit Beduinen am Lagerfreuer zu sitzen, dann würden Sie sich den Zorn dieser Leute zuziehen, falls *Sie* bestürzt dreinblickten, weil diese Leute unsere Norm nicht akzeptieren . . .
Also wäre es optimal, wenn man diese ständige Einteilung in »gut« bzw. »positiv« (oder »negativ«) unter Kontrolle bekommen könnte. Zum einen, weil wir uns ja jedesmal ärgern oder verletzt fühlen, wenn wir ein Signal als negativ empfunden haben. Das heißt, daß wir selbst jetzt Kampfhormone produzieren und unnötige Energien in den Prozeß der »Wut im Bauch« vergeuden. In geringerem Maße gilt dies für jedes leichte Sich-Ärgern natürlich auch. Zum anderen, weil manche Signale in den Augen des anderen gar nicht »negativ« wirken können, wenn er nämlich von anderen Normen und Gepflogenheiten ausgeht, als wir. So daß wir uns nicht nur geärgert haben, sondern uns u. U. *umsonst* geärgert haben (s. Kap. 9.4)! Diese Unlustgefühle unsererseits gehen jedoch mit Negativ-Signalen einher, die *wir* jetzt auf der Beziehungsebene senden, wodurch natürlich die Beziehung verschlechtert und die Gesprächsatmosphäre »vergiftet« wird. Das »Gift« sind unsere Kampfhormone (s. »Freude durch Streß« (7 a) und »Psychologisch richtig verhandeln« (7 b).

3.6 Scherz und Ironie

Wie wir gesehen haben, meinte der Vater das Gegenteil, als er dem Sohn riet, den Uhu immer offen herumliegen zu lassen (Einleitung). Ebenso sind die Worte des Fahrlehrers (nach WATZLAWICK) nicht »ernst« zu nehmen, wenn er sagt: »Lassen Sie das Kupplungspedal immer so abrupt sausen, das ist enorm gut für's Getriebe« (s. Kap. 2.3).
Nun gibt es Menschen, die nehmen alles sehr »ernst«. Deswegen kommt ihnen der Gedanke gar nicht, jemand könnte einen Scherz machen wollen. Wenn der »ironische Tonfall« nur leicht angedeutet wird, kann es durchaus sein, daß solche Personen auf die digitalen Signale »hereinfallen«. Eben deshalb nimmt die Umwelt sie so gerne »auf den Arm«. Für so jemand wäre die Frage, *wie ernst* jemand etwas wohl gemeint haben könnte, u. U. ein brauchbares Kriterium. Insbesondere, wenn man öfter mit Menschen zu tun hat, deren »trockener Humor« mit so schwachen analogen Signalen einhergeht, daß nur ein Geübter die Ironie bzw. den

Sarkasmus heraushören wird. Wobei Sarkasmus gerade dann so verletzend sein kann, wenn er boshafte Dinge in einem Tonfall ausspricht, der so »nüchtern«, so »rational«, so »sachlich« klingt.
Man könnte mehr Kriterien auflisten. Aber erstens fallen viele weitere in bereits genannte Untergruppen und zweitens können wir in diesem Rahmen leider nicht auf die ethischen Systeme eingehen, die jeder Kriterien-Wahl unterliegen müssen. Unsere kleine Diskussion sollte Ihnen nur helfen festzustellen, nach welchen Kriterien Sie ihre Beurteilung durchführen können. Diese Entscheidung liegt natürlich bei Ihnen selbst!
Ein andersartiges Kriterium soll noch besprochen werden, ehe wir zu den Signalen selbst übergehen:

3.7 Nur ein einziges Signal?

Es gibt Situationen, in denen eine *Erfolgskontrolle unmöglich* ist. Zum Beispiel, wenn wir die analogen Signale eines Politikers im Fernsehen beurteilen, oder wenn wir jemanden nicht unterbrechen wollen. Hier sollte m. E. *ein* wesentliches Kriterium die Frage darstellen, auf wie viele (bzw. welche) Signale Sie Ihre Beurteilung stützen. Zwar gibt es manchmal einzelne Signale, die bereits Aussagekraft haben (wir kommen noch auf sie zurück), aber im allgemeinen stellen sie einen Ausnahmefall dar. Denn die Grundregel lautet eher:

Ein Signal allein hat keine Aussagekraft!

Insbesondere gilt dies für »kleine« Signale, wie das Heben einer Augenbraue, welches die verschiedensten Ursachen haben kann. Deshalb halte ich Aussagen mancher Autoren für gefährlich, die das Hand-in-die-Tasche-Stecken *allein* bereits interpretieren wollen, oder die behaupten, daß *allein* die Art, wie jemand seine Zigarette hält, bereits klare Aussagekraft habe. Vielleicht kann so ein Signal uns einen Hinweis geben, aber eben nur einen Hinweis, nicht den alleinigen! Wenn jemand z. B. mit der brennenden Zigarettenspitze vor Ihren Augen herumfuchtelt, dann kann dies durchaus *einen* Hinweis darauf darstellen, daß er vielleicht die Intimzone anderer nicht respektiert (s. auch Kap. 7.1). Wenn wir diesen

Hinweis nun bei unserer gezielten Beobachtung miteinbeziehen, kann es sein, daß uns noch weitere Signale, die in dieselbe Richtung deuten, auffallen. Vielleicht greift er auch sonst oft in den »Raum eines anderen« hinein (sowohl im wörtlichen als auch im übertragenen Sinne), oder er ergreift Gegenstände anderer, ohne zu fragen, u. ä. Erst so eine *Signalgruppe* kann eine gewisse Aussagekraft beinhalten.

Ausnahmen zu dieser Regel sind ausgeprägte, stark auffallende Gesten, die eindeutig im Widerspruch zum Gesagten stehen, wie im NIXON-Beispiel (wobei wir auch hier zusätzliche Informationen zur Interpretation herangezogen haben!). Weiter werden alle abrupten Körperhaltungs-Veränderungen als Ausnahme zur Regel gewertet (Erklärung folgt in Kap. 4).

Als Abschlußgedanken zur Interpretation, ehe wir diese angehen, noch ein Wort des großen Kinetikers BIRDWHISTELL (5 e., S. 107).

Keine körperliche Haltung oder Bewegung hat eine exakte Bedeutung per se. Körpersprache und Sprache sind voneinander abhängig.

Das bedeutet letztlich nichts anderes, als daß wir die Signale der Inhalts- und der Beziehungsebene *gleichzeitig* wahrnehmen und beschreiben müssen, wenn wir eine Geste oder ein anderes nichtsprachliches Signal »deuten« wollen.

Teil II:

Die Interpretation körpersprachlicher Signale

Kapitel 4
Haltung

4.1 Experimente zur Haltung

Um das Gefühl für die wesentlichen Aussagen dieses Kapitels zu intensivieren, lade ich Sie zu einer Reihe von Mini-Experimenten ein (Dauer ca. 15 Minuten). Im Optimalfall würden Sie den darauffolgenden Text erst nach Vollziehen dieser Übungen lesen.
Was die Ausführung angeht, so haben Sie zwei Möglichkeiten: Entweder Sie plazieren das Buch so, daß Sie jeweils eine Anweisung lesen und ausführen können, ehe Sie weiterlesen und -arbeiten. Einzelne Gedankengänge sind durch das Wort »stop« und je eine Leerzeile optisch voneinander getrennt. Oder aber Sie lassen sich jede Anweisung von einer anderen Person vorlesen, wobei diese bei jeder Leerzeile solange pausiert, bis Sie ein Signal gegeben haben, welches anzeigt, daß Sie für den nächsten Schritt bereit sind.
Sollten Sie besonders viel aus diesem Mini-Zyklus lernen wollen, dann könnten Sie Ihre Erfahrungen nach jedem Experiment natürlich notieren. Das wäre sowohl eine Vertiefung Ihrer Verbalisierungsfähigkeit (s. Kap. 2) als auch eine gute Aufzeichnung eigener Signale, die Sie dann bei den folgenden Ausführungen verwenden können, um auch sie zu interpretieren! Befinden Sie sich in einem Raum, in dem Sie sowohl frei stehen als auch einige Schritte hin- und hergehen können? Haben Sie einen Stuhl ohne Armlehnen zur Hand?
Dann können wir beginnen.

4.1.1 Wie stehen Sie?

Stellen Sie sich so hin, wie Sie normalerweise stehen (z. B. wenn Sie auf etwas bzw. jemanden warten).

Stop.

Bleiben Sie in dieser Haltung und werden Sie sich bewußt, wie Sie dastehen: Ruht Ihr Gewicht (in der Regel) auf beiden Beinen, auf einem Bein? Verlagern Sie Ihr Gewicht regelmäßig von einem Bein zum anderen?

Stop.

Empfinden Sie Ihren Schwerpunkt! Wo liegt er? Im Kopf, in der Brust, im Bauch, im Rücken, im Gesäß oder in den Beinen bzw. Füßen?

Stop.

(Falls Sie Notizen machen wollen, jetzt die Antworten auf obige Fragen aufschreiben.)

4.1.2 Spüren Sie Ihre Muskeln beim Stehen?

Wieder stellen Sie sich gerade hin (nicht stocksteif, sondern so »gerade«, wie Sie dies normalerweise tun). Dann verlagern Sie langsam und vollbewußt das Gewicht Ihres Oberkörpers so weit nach vorne, bis Sie fast umkippen.

Stop.

Wiederholen Sie diese Bewegung und verbleiben Sie einen Augenblick in dieser Haltung. Fühlen Sie bewußt, welche Muskelpartien Sie wo und wie stark spannen müssen, um zu verhindern, daß Sie umfallen.

Stop.

(Falls Sie Notizen machen wollen, jetzt Ihre Beobachtungen notieren.)

4.1.3 Nochmals dasselbe, aber anders bitte!

Wieder werden Sie Ihr Körpergewicht verlagern, aber nun nach hinten, um zu registrieren, welche Muskelpartien jetzt wo und wie stark angespannt werden müssen, damit Sie nicht umfallen.

Stop.

(Falls Sie Notizen machen wollen, jetzt . . .)

4.1.4 Wie sitzen Sie?

Bitte setzen Sie sich auf einen Stuhl ohne Armlehnen, welcher frei im Raum steht, so daß Sie sich nirgends anlehnen können.

Stop.

Wie sitzen Sie? Wo liegt Ihr Körper-Schwerpunkt im Sitzen? Vor, über oder hinter dem Becken (wenn Sie vom Becken eine gerade Linie nach oben ziehen würden)?

Stop.

(Falls Sie Notizen machen wollen, jetzt . . .)

4.1.5 Sitzhaltung A

Nehmen Sie nun auf der äußersten vorderen Stuhlkante Platz und verlagern Sie Ihr Körpergewicht nach vorne.

Stop.

Sie werden feststellen, daß Ihre Füße jetzt höchstwahrscheinlich parallel stehen. Verändern Sie dies, indem Sie sie in Schrittstellung begeben, also einen Fuß weiter vorne halten als den anderen.

Stop.

Nun senken Sie den Kopf etwas und lassen Ihre Hände zwischen den Knien locker herunterhängen. Wie fühlen Sie sich nun?

Stop.

Wie würden Sie sich fühlen, wenn Sie die nächsten 10 Minuten in dieser Haltung verharren müßten?

Stop.

Wo haben Sie eine solche Haltung bei sich oder anderen schon beobachtet?

(Falls Sie Notizen machen wollen, jetzt . . .)

4.1.6 Sitzhaltung B

Richten Sie sich wieder auf, so daß das Gewicht Ihres Oberkörpers nun über dem Becken ruht. Nein – d. h. nicht, daß Sie »kerzengerade« sitzen sollen. Lassen Sie die Schultern ruhig in ihre normale, gewohnte Position fallen.

Stop.

Nun plazieren Sie Ihre Beine in eine bequeme Parallelstellung. Wo möchten Sie Ihre Arme »hinlegen?« In den Schoß?

Stop.

Was empfinden Sie in dieser Haltung?

Stop.

Wo haben Sie diese Haltung schon bei sich oder anderen beobachtet?

Stop.

Wenn Sie die innere Haltung, die mit dieser äußeren Haltung einhergeht, beschreiben sollten: in welcher Attributsliste unten würden Sie ein Wort finden, das Ihrem Eindruck am nächsten kommt?

1. Ängstlich/gehemmt/unsicher/scheu/schüchtern.
2. Offen/abwartend/aufmerksam.
3. Überheblich/gelangweilt/Partystimmung.

(Falls Sie Notizen machen wollen, jetzt . . .)

4.1.7 Sitzhaltung C

Verlagern Sie nun das Körpergewicht nach hinten, indem Sie sich anlehnen.

Stop.

Welche anderen Bewegungen hat Ihr Körper automatisch mit durchgeführt?

Stop.

Haben Sie ein oder beide Beine ausgestreckt oder den Impuls verspürt, ein Bein zu überschlagen? (Woraus Sie sehen, daß ein Signal allein, wie z. B. ein überschlagenes Bein, keine Aussagekraft hat. Oft will man dadurch nur die Wirbelsäule abstützen! Das hängt nämlich davon ab, wie hoch die Stuhlbeine in Relation zur Körpergröße des Sitzenden sind.)

Falls Sie Notizen machen wollen, jetzt . . .)

4.1.8 Wie gehen Sie?

Begeben Sie sich nun an eine Stelle des Raumes, von der aus Sie mindestens 10 Schritte (besser mehr) laufen können und gehen Sie dann diese Strecke, wobei Sie versuchen zu fühlen, »wie« Sie laufen.

Stop.

Wiederholen Sie das Gehen mehrmals, bis Sie glauben, einige Fragen bezüglich Ihrer Gehweise beantworten zu können, ehe Sie diese lesen (was Ihre Gangart beeinflussen könnte!).

Stop.

Nun zu den Fragen:

1. Wo empfanden Sie Ihren »Schwerpunkt« (damit ist nicht unbedingt das körperliche Gewicht gemeint)? Im Kopf, in der Brust, im Bauch, im Rücken, im Gesäß oder in den Beinen?
2. Gehen Sie im allgemeinen eher bedächtig/zögernd/verhalten oder schreiten Sie königlich oder laufen Sie energisch, raum-einnehmend, zielsicher?

3. Gehen Sie noch einmal herum und versuchen Sie, die folgenden Fragen zu beantworten:
   Wie gehe ich in Räumen? Und: Wie laufe ich auf der Straße?

Stop.

Konnten Sie einen Unterschied feststellen?

(Falls Sie Notizen machen wollen, jetzt . . .)

4.1.9 Wie liegen Sie?

Die letzten Fragen beschäftigen sich mit der Art und Weise Ihres Liegens. Hier reicht Ihre Erinnerung, um zu antworten:

1. Wie legen Sie sich hin, wenn Sie ins Bett gehen?
2. Wie liegen Sie, wenn Sie sich auf's Einschlafen vorbereiten?
3. In welcher Position wachen Sie morgens auf?

Stop

Haben Sie mit-gespielt, ehe Sie weiterlesen werden?
Falls nicht, überlegen Sie, ob Sie nicht doch die Möglichkeit dieser Inventur wahrnehmen wollen, ehe Sie umblättern?

4.2 Äußere und innere Haltung

Wenn wir von einem Menschen sagen, er sei stand-haft, dann beschreiben wir damit nicht nur seine innere Haltung, sondern wir sagen auch etwas über seine Art der Boden-Haftung aus. Dazu LOWEN, ein amerikanischer Psychoanalytiker, der sich als Bio-Energetiker insbesondere mit Haltung, Mimik und Gestik seiner Patienten auseinandersetzt (57 a):

> »Das Problem der emotionalen Sicherheit eines Menschen kann nicht getrennt werden von der Frage nach der physikalischen Sicherheit, nach seiner Bodenhaftung durch die Füße« (S. 97).

Auch die östliche Weisheit hat diese Beobachtung gemacht. Im Zen-Buddhismus spricht man von der »Erdmitte« des Menschen als im Bauch liegend (Hara). DÜRKHEIM (22) stellt fest, daß der westliche Mensch seinen Schwerpunkt im allgemeinen zu hoch verlagert hat, z. B. in den Brustraum oder gar in den Kopf. Von so einem Menschen sagt er, man könne ihn durch den leichtesten Schubs bereits ins Wanken bringen. Es leuchtet sicher ein, daß so ein Mensch sowohl physisch als psychisch nicht mit »beiden Beinen am Boden« steht, so daß auch geringe seelische »Schübse« ihn bereits verunsichern können (s. Kap. 6.3.2).

FELDENKRAIS (29) meint dasselbe, wenn er fordert, daß ein Körper in optimaler Haltung »im Skelett hängen sollte«. Damit will er sagen, daß keine unnötige Muskelarbeit (-Anspannung) nötig sein sollte, um den Körper stehend, gehend oder sitzend aufrecht zu halten. Wenn Sie an die beiden Experimente zurückdenken, in denen Sie sich so weit vor- bzw. zurückgebeugt haben, bis Sie beinahe umfielen – haben Sie dabei u. U. festgestellt, daß die Verspannungen zwar stärker als sonst, Ihnen jedoch durchaus *vertraut* waren? Je mehr muskuläre Tätigkeit vonnöten ist, um die Haltung zu bewahren, desto unsicherer ist diese, desto angestrengter ist sie auch, d. h. so ein Mensch steht, geht und sitzt nicht entspannt. Da aber die körperlichen und seelisch-geistigen Prozesse sich ständig gegenseitig beeinflussen, bedeutet dies gleichzeitig, daß so ein Mensch auch seelisch »verkrampft« ist.

Wir gehen normalerweise von der Annahme aus, daß wir einen Körper haben, während der östliche Mensch so eine Aussage nie machen würde (WATTS, 87). Er sagt! »Ich bin mein Körper.« Dieser Satz spiegelt den

fundamentalen Unterschied zweier Einstellungen wider, der des Sein- und der des Haben-Wollens[1]. Je stärker die Haben-Wollen-Orientierung ausgeprägt ist, desto weniger bewußt nimmt der Mensch sein eigenes In-der-Welt-Sein wahr. Dies gilt auch für seine körperlichen Prozesse und Signale! Er richtet sein Augenmerk auf Dinge, deren er habhaft werden möchte. Er sucht Dinge, die er hand-haben kann. Diese innere Haltung wird sich zwangsläufig in der äußeren widerspiegeln.
LOWEN sagt dazu (57a):

> »Überall, wo eine grundlegende Unsicherheit in der unteren Körperhälfte vorliegt, kompensiert das Individuum, indem es mit Armen und Augen an (der) objektiven Wirklichkeit festhält« (S. 99).

So einen Menschentyp beschreibt er auch:

> »Vor einigen Jahren behandelte ich einen Patienten mit schwerem Bluthochdruck. Er war Presseagent für mehrere Hollywood-Stars und Filmproduzenten. Er aß übermäßig viel, war ein ziemlich starker Trinker und gewandt im Reden. Er hatte ein blühendes, rundes Gesicht und einen fülligen Körper. Beim Ablegen seiner Kleidung war ich schockiert über die spindeldürren Beine . . ., die hervorkamen. Die Folgerung, daß die scheinbare Sicherheit und Stärke der oberen Körperhälfte die Schwäche darunter kompensierte, war unvermeidlich. Seine Hauptaktivitäten waren auf die obere Körperhälfte beschränkt und im wesentlichen oraler Natur« (S. 98).

Wenn ein Mensch unter Disharmonie, unter mangelndem Frieden, unter fehlender innerer Ruhe leidet, dann ruht er eben nicht in sich. Dann ist er nicht sein Körper, sondern er »hat« einen, den er auch noch vernachlässigt. Ein anderer Autor, SCHUTZ, hat einen hervorragenden Übungszyklus erstellt, mit Hilfe dessen man eventuelle Schwierigkeiten bezüglich der eigenen Haltung (innerlich wie äußerlich!) sowohl feststellen als sie auch beheben lernen kann (77).
Eine solche Übung besteht z. B. darin, daß man auf eine Couch oder eine Matratze schlägt und zwar so kräftig wie möglich. Was bei solchen Übungen herauskommen kann, schildert LOWEN, der diese Übung ebenfalls im therapeutischen Bereich einsetzt (57a):

1 S. hierzu auch FROMMs hervorragendes Buch: »Haben oder Sein.« (33)

»Kürzlich behandelte ich einen jungen Mann, einen Jetpiloten bei der Marine . . .
Sein Problem zeigte sich, als ich ihn bat, auf die Couch zu schlagen. Jedesmal, wenn er ausholte, hoben sich seine Füße vom Boden ab. Als ich ihn hierauf hinwies und bemerkte, wie schwer es ihm falle, den Kontakt mit dem Boden zu halten[1], erwiderte er: »Jetzt weiß ich auch, weshalb ich mich oben in der Luft um so vieles sicherer fühle!« (S. 98)

Das waren nur einige wenige Gedanken, die man sich bezüglich der eigenen Haltung bzw. der Korrelation der eigenen inneren und äußeren Haltung machen kann. Wer sich in dieses m. E. äußerst wichtige Thema (geistig wie körperlich!) vertiefen möchte, dem sei sowohl das erwähnte Buch von SCHUTZ (77) als auch »Hara« von DÜRKHEIM (22) empfohlen. Gerne verweise ich in diesem Zusammenhang auf das ausgezeichnete Buch »Der aufrechte Gang« von FELDENKRAIS (29), das inzwischen wieder erhältlich ist, nachdem es lange Zeit vergriffen war. (Alle Seitenzahlen bei FELDENKRAIS-Zitaten beziehen sich auf die vergriffene Ausgabe.)
Diese drei Bücher vermitteln einen faszinierenden Gesamtüberblick und beinhalten praktische Übungen im Gegensatz zu anderen, sicher lesenswerten Büchern, die das leider häufig nicht tun. (Alle drei sind in Deutsch erhältlich.) Der zweite Grund, warum ich gerade diese drei Bücher so warm an Ihr Herz legen möchte, liegt in der hervorragenden Lesbarkeit aller drei Autoren begründet.
So, und nun wollen wir uns den Signalen anderer zuwenden (?!).

1 Der hier verwendete amerikanische Ausdruck »to keep one's feet on the ground« hat in etwa die Bedeutung unseres »mit beiden Beinen fest auf der Erde stehen«, so daß LOWENs Bemerkung sowohl das physische als auch das psychische Steh-Vermögen ansprach.

4.2.1 Über das Stehen

Das erste, worauf wir unser Augenmerk richten können, ist die Gewichtsverlagerung. Steht der Mensch aufrecht (ohne deswegen stocksteif zu wirken) oder ist sein Gewicht vor bzw. hinter das Becken verlagert? (Ziehen Sie im Zweifelsfall geistig eine Linie vom Becken nach oben, bei einer geraden Haltung befindet sich das Ohr in etwa auf dieser Linie, auch wenn der Rücken ein wenig krumm wirkt).

Nun besagt die körpersprachliche Theorie eigentlich dasselbe wie der Volksmund: Je gerader jemand steht, desto aufrechter ist seine innere Haltung. So ein Mensch ist weder unsicher (Neigung nach vorne) noch über-heblich (Neigung nach hinten). Trotzdem ist Vorsicht geboten: Viele besonders große Menschen haben sich eine nach vorne geneigte Haltung angewöhnt, weil sie nicht immer »von oben« herunter-schauen wollen. Ebenso haben manche besonders kleine Menschen eine leicht nach hinten geneigte Haltung einzunehmen gelernt, damit sie nicht immer den Kopf nach oben richten müssen. Demnach kann die Körperhaltung, was den eben besprochenen Aspekt angeht, ein Signal darstellen, aber eben nur eins. Erst wenn andere Aspekte den gewonnenen Eindruck verstärken, kann man annehmen, daß man die Signale des anderen versteht. Ein solcher zweiter Aspekt auf den wir achten können, ist die Offenheit bzw. Geschlossenheit einer Haltung. Damit ist der Hals- und Brustraum gemeint. Seit Urzeiten schützt ein Lebewesen seine Halsschlagader bei Gefahr. Der Mensch tut dies, indem er die Schultern anhebt und/oder den Kopf einzieht. U. U. verschanzt er sich (zusätzlich) hinter seinen Armen bzw. hinter einem Gegenstand (z. B. einem Aktendeckel), den er wie ein Schutzschild einsetzt (Abb. 4).

Sicher kennen Sie Menschen, die diesen Bereich fast nie, andere, die ihn chronisch abdecken. Der eine läuft, eine Akte tragend, offen durch die Firma (Abb. 4 A), der andere geschlossen (Abb. 4 B).

Das Gegenteil der letztgenannten Haltung sehen wir bei einer »überheb-lichen«. Hier signalisiert der Mensch, wie sicher er sich fühlt. Oder will er diese Sicherheit, die er so übertrieben zur Schau stellt, vielleicht eben durch diese Haltung erreichen? [Ich persönlich gehe von der Annahme aus, daß es keine »echte« Überheblichkeit gibt, sondern daß alle Aspekte des sich ostentativ Über-andere-Erhebens bzw. des Auf-andereherabsehen-Wollens immer aus dem Bedürfnis heraus entstehen,

Abb. 4

Unsicherheit (vor sich und anderen) verbergen zu wollen. Deshalb wirkt so ein Mensch oft »arrogant« auf andere (s. Einleitung und Kap. 1).]
Die gerade Haltung nennen wir daher auch eine offene. Sie signalisiert sowohl Offenheit anderen und der Welt gegenüber als auch eine Position,aus der heraus man in beiden Richtungen re-agieren kann, wenn die Umstände es erfordern. Also auch eine flexible Haltung!
Nun geht die Haltung aber noch mit anderen Signalen einher, z. B. mit der Art und Weise, wie jemand uns (oder auch nicht) anschaut. (Ein kleiner Vorgriff auf Kap. 5, um das Zusammenspielen von Signalen aufzuzeigen.)

Abb. 5

Die Haltung A, die wir als »überheblich« bezeichnet haben, *wirkt erst dann* so, wenn die Blickrichtung gleichzeitig von oben nach unten verläuft. Dann nämlich unterstellen wir beim anderen so ein »Ich-da-oben-du-da-unten-Gefühl«, um WALLRAFFs Titel (86) zu mißbrauchen. Interessant erscheint mir die Tatsache, daß man dazu neigt, sich wegen der überheblichen Haltung eines anderen zu ärgern. Vielleicht sollte uns ein Mensch leid tun, der es nötig hat, diese Haltung einzunehmen. Größe, die man wirklich besitzt, braucht man m. E. nicht besonders zu demonstrieren!

Die Haltung B, die wir als »offen« bezeichnet haben, geht in der Regel mit einem geraden (offen wirkenden) Blick einher. Also empfinden wir dieses Signal nicht als negativ, außer, der andere »starrt« uns an (s. Kap. 5).

Die Haltung C, im allgemeinen die »Demuts-Haltung« genannt, geht entweder mit einem Blick von unten, oder aber mit fehlendem Augenkontakt einher. Beides empfinden wir, aber wie empfinden wir das? Es gibt Menschen, die lieben Demuts-Haltungen in anderen, und es gibt Menschen, die sich mit so einem Gesprächspartner nicht wohl fühlen. Etwas boshaft könnte man sagen, daß es sich bei so manchen Behörden empfiehlt, die Demutshaltung einzunehmen, wenn man etwas erreichen will . . .

Worauf wir bei der Haltung ebenfalls achten können ist, ob ein Mensch frei steht oder ob er irgendwo eine Stütze sucht. Es gibt Menschen, die müssen sich immer irgendwo anlehnen. Andere wiederum machen von Möglichkeiten des sich-Anlehnens keinen Gebrauch, selbst wenn diese vorhanden sind. Dies können Sie in einem Stehausschank oder an manchen Bars vorzüglich beobachten. Wieder gibt uns der Volksmund einen Hinweis, wenn er sagt, jemand sei anlehnungsbedürftig. Denn, ein Mensch, der in seinem Skelett hängt (FELDENKRAIS 29), in seiner Erdmitte ruht (DÜRKHEIM 22) oder Sicherheit durch Bodenhaftung besitzt (LOWEN 27a), wird sich zwar manchmal, keineswegs jedoch ständig anlehnen wollen.

Diesen Aspekt kann man besonders gut bei Lehrern oder bei Rednern beobachten. (Die nächste Bundestagsdebatte, die im Fernsehen übertragen wird, wäre ein guter Anfang!) Manche Redner klammern sich an's Pult, andere scheinen sich an ihrer Disposition regelrecht »festzuhalten«, wieder andere stehen überwiegend frei. Wenn die eine oder andere Pose eine Gewohnheitshaltung ausdrückt, dann liegt die Vermutung wohl nahe, daß diese Gewohnheitshaltung die innere Haltung des Individuums widerspiegelt.

Ein weiterer Aspekt des Stehens (wie auch des Sitzens) ist der Abstand, den wir zu (oder von?) anderen einnehmen (s. Kap. 7).

Interessant kann es auch sein zu beobachten, wie (un)ruhig jemand steht. Zappelt er herum, wippt er ständig auf den Fußballen oder steht er fest auf der Erde?

Interpretationshinweise ergeben sich aus den Gedankengängen unter 4.2. Sicher gäbe es noch andere Aspekte, aber ich meine, daß hier weniger eher mehr ist. Wenn Sie auf die angeführten Aspekte der verschiedenen Kategorien zu achten lernen, haben Sie einen Bezugsrahmen, der Ihnen hilft. Je mehr man nämlich »auf einmal« sehen will, desto weniger nimmt man letztlich wahr. Deswegen wenden wir uns jetzt dem Gehen zu.

4.2.2 Über das Gehen

Fast alles auf das Stehen Zutreffende gilt natürlich auch für das Gehen. Zusätzlich aber ist ein gehender Körper in Bewegung, so daß man sich fragen kann, wie er diese Bewegung ausführt. Geht ein Mensch zielsicher? Sind seine Bewegungen flüssig, geschmeidig, be-weg-lich oder steif und verkrampft?
Es gibt Autoren, die meinen, die Blickrichtung eines Gehenden sage sehr viel über ihn aus. So schaut ein außen-gerichteter Mensch nach vorne, sowohl den Weg, den er gehen will, als auch Interessantes am Weg wahrnehmend. Während ein innen-gerichteter Mensch eher nach »innen« schaut. Er hat den Kopf gesenkt und nimmt oft weder seinen Weg noch Hindernisse (noch andere Menschen oder Interessantes) wahr.
Signalwirkungen kann auch die Art, wie ein Mensch seine Füße setzt, haben. Eine Person, die wie ein »Storch im Salat« aussieht, zieht das Knie vor, so daß der erste Punkt des Körpers, der vorausgeht, sozusagen das Knie ist. Diese Gangart wird mit Vorsicht bzw. Unsicherheit korreliert. Ein Soldat in einem Minenfeld wird so gehen oder jemand, der Angst hat, sich im Dunklen zu stoßen.
Im Gegensatz dazu kann man auch so laufen, daß die Zehen immer vorausgehen. Hier tritt man fest mit der Ferse auf, im Gegensatz zum »Storchengang«, bei dem der ganze Fuß (Schwerpunkt Fußballen) aufgesetzt werden muß.

Ein Zehen-Gang ist daher meist ein kräftiger Gang, ein Raumeinnehmender. So läuft jemand, der keine Angst hat, sich wehzutun. Jemand, der ein klares Ziel vor Augen hat, jemand in Eile. Hervorragende Beobachtungspunkte sind Marktplätze, Bahnhöfe, Kirchenausgänge nach dem Gottesdienst, sowie Hauptstraßen zur Stoßzeit.

Das Gehen zu zweit oder mehreren kann auch aufschlußreich sein. Manche Autoren meinen, daß sowohl Einfühlungsvermögen als auch Egoismus in der Art ausgedrückt würden, wie jemand mit einer (oder mehreren) Person(en) geht. Kümmert er sich darum, ob er anderen zu schnell oder zu langsam läuft? Merkt er überhaupt, wenn andere weit zurückgeblieben sind, weil sie nicht mitkommen? Muß man ihn wiederholt bitten, Rücksicht zu nehmen?

Ein weiterer Aspekt des Gehens zu mehreren kann natürlich auch Abstand sein (s. Kap. 7).

Da wir jedoch die meiste Zeit mit anderen Menschen im Sitzen zubringen, sind Deutungshinweise hierzu häufiger anwendbar.

4.2.3 Über das Sitzen

Wieder sollte unser erster Blick darauf gerichtet sein, ob das Körpergewicht vor, über oder hinter dem Becken liegt.

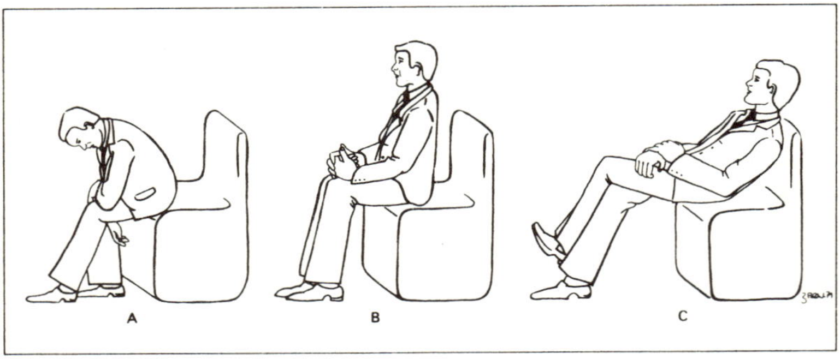

Abb. 6

Beginnen wir mit Haltung A, die sogenannte Fluchtposition. Erinnern Sie sich noch an Ihre Sitz-Experimente? Diese Haltung nimmt man ein, wenn man sich unwohl oder unsicher fühlt. Im Wartezimmer eines Zahnarztes sehen Sie sie häufig.

Da das Körpergewicht vor dem Becken liegt, kann man sehr schnell aufstehen und weggehen (weglaufen). Insbesondere wenn die Füße sich in Schrittstellung befinden. Sollte ein Gesprächspartner, mit dem Sie zu tun haben, diese Haltung einnehmen, dann führen Sie das Gespräch nicht fort, ehe Sie entweder den Grund für die Haltung erfahren bzw. die Haltung des anderen durch Hilfestellungen Ihrerseits verändert haben. Ein Mensch, der so sitzt, ist in einer Fluchtposition, auch innerlich. D. h., daß er u. U. jetzt Streß-Hormone produziert und daß sein »Reptiliengehirn« mitarbeitet. So daß Sie nicht damit rechnen können, daß sein »Denkhirn« im Augenblick besonders gut funktioniert[1]. Nach FESTIN-

1 Die hier angedeuteten Prozesse wurden ausführlich in »Freude durch Streß« (7a) und »Psychologisch richtig verhandeln« (7b) dargelegt.

GER (31) sprechen wir vom psychologischen Nebel (s. Vowort). Wenn wir an WATZLAWICKs Denkmodell der Inhalts- und Beziehungsebene zurückdenken (s. Einleitung), dann können wir uns an die Abbildung des psychologischen Nebels erinnern:

Abb. 2

Wie Sie sehen, verhindert dieser Nebel, daß Ihre Informationen beim anderen richtig ankommen können. Ein Mensch in einer innerlichen Fluchtposition hört und sieht nur noch Teile der Nachrichten, die man sendet. (Sog. »Emser Depeschen« nämlich!)
(Dieser strategische Hinweis gilt auch, wenn Sie merken, daß der andere auf Kampf umschaltet, wenn sein Tonfall laut/aggressiv wird u. ä.)
Nun sagten wir zwar, ein Signal allein habe meist keine Aussagekraft, aber wir deuteten an, daß es Ausnahmen zu dieser Regel gäbe. Die Körperhaltung beim Sitzen kann eine solche Ausnahme darstellen, insbesondere wenn sie plötzlich verändert wird. Wenn ein Mensch sich zum Beispiel unvermittelt in die Fluchtposition begibt. Dieser Sachverhalt wird von einer weiteren Regel beschrieben:

Jede plötzliche Veränderung der äußeren Haltung spiegelt immer eine plötzliche Veränderung der inneren Haltung wider.

Dies dürfte, im Hinblick auf die unter 4.2 gegebenen Informationen,auch sehr einleuchtend sein? Wenn Sie den kleinen Experimenten-Zyklus durchgeführt haben, dann konnten Sie sogar in diesen kurzen Momenten, in denen Sie einzelne Haltungen eingenommen,haben schon feststellen, daß *jede* Haltung des Körpers die innere Haltung mit-beeinflußt (und umgekehrt)!

Wiewohl die obenstehende Darstellung zeigt, daß man die Fluchthaltung ziemlich sicher interpretieren kann, darf man die Kontrollfrage nicht vergessen. U. U. hat jemand Rückenschmerzen und beugt sich nach vorne, um gewisse Muskelpartien zu entlasten? Vielleicht begibt er sich auch in die Flucht-Position, weil er zur Toilette möchte und einen günstigen Augenblick abwartet, da er die anderen nicht unterbrechen will? (Insbesondere wenn er so sitzt, daß vielleicht jemand aufstehen muß, um ihn durchzulassen?)

Die Haltung B zeigt wieder unsere flexible, offene Haltung. Ein Mensch, der so sitzt, ist bereit, die Umwelt auf sich zukommen zu lassen bzw. auf sie einzugehen. Es ist eine abwartende oder auch aufmerksame Haltung. Deswegen legte man früher in der Schule so großen Wert darauf, daß wir aufrecht in der Bank saßen, die Hände aufs Pult gelegt, den Blick gerade nach vorne gerichtet. Diese Körper-Haltung bewirkt eben auch die innere Aufgeschlossenheit, *wenn* sie wirklich *eingehalten wird*[1].

Solange Ihr Gesprächspartner so dasitzt, können Sie im allgemeinen davon ausgehen, daß er Ihre Nachrichten aufnimmt bzw. Interesse am Gespräch oder an Ihnen hat. (Was nicht bedeutet, daß Interesse nicht auch bei anderen Körperhaltungen vorhanden sein kann, nur: Diese Haltung kann *als Signal für Interesse* interpretiert werden.)

An dieser Stelle taucht im Seminar immer eine Frage auf: »Wie kann man nun die Fluchtposition von einem sich Vorbeugen aus Interesse unterscheiden?«

Eine ausgezeichnete Frage, finden Sie nicht?

Ihre Beantwortung hat mit der Blickrichtung zu tun. Bei der Fluchtposition ist der Kopf nach unten geneigt, so daß (parallel zur Demutshaltung im Stehen) der Blick von unten nach oben gerichtet ist, wenn überhaupt Augenkontakt zustande kommt. Ein plötzliches Sich-Vorbeugen aus akutem Interesse geht jedoch mit gerade gehaltenem Kopf, d. h. mit einem geraden, offenen (interessierten) Blick einher.

Dieser wiederholte Vorgriff auf die Mimik zeigt deutlich zweierlei auf: Erstens, was wir meinen, wenn wir sagen, daß in der Regel ein Signal allein keine Aussagekraft hat. Die Verbindung der verschiedenen Signale

1 In diesem Zusammenhang sollte man zwischen den Lehrern, die eine solche Haltung *fordern,* und denen, deren faszinierender Unterricht sie *auslöst,* unterscheiden.

zu »Sätzen« kann interpretiert werden, nicht aber einzelne »Worte« (Ausnahmen bestätigen nur die Regel). Zweitens sehen Sie, wie wichtig gerade die Signale der Mimik im Verband mit anderen Signalen sind!

Die Haltung B kann nun mehr oder weniger offen sein. Es kann jemand gerade dasitzen, aber trotzdem den Brust- und Halsraum (z. B. durch einen aufgestützten Arm und eine Hand am Mund) teilweise verdecken. Auch hier sehen wir, daß wir Signale der Gestik (des Abstands, sowie des Tonfalls) mit-beachten müssen, ehe wir deuten können.

Die Haltung C korrespondiert mit der über-heblichen Haltung im Stehen, da das Körpergewicht nach hinten verlagert ist. Richtig? Falsch! Wiewohl auch hier das Gewicht des Oberkörpers nach hinten gelagert ist, können wir diese Korrelation nicht ziehen. Warum? Überlegen Sie mit! Wann sitzt man weit zurückgelehnt, vielleicht ein Bein überschlagen oder gar beide Füße hochgelegt?

Richtig. Wenn man es sich bequem machen will. Wobei hier interessant ist, daß manche Menschen sehr gerne »fläzen« (»lümmeln«), während andere auch im Privatbereich, bei geselligen Stunden, beim Fernsehen, Lesen, etc. eine aufrechte, gerade Haltung bevorzugen. Man kann also nicht sagen, dieses nach hinten geneigte Sitzen drücke meist eine Überheblichkeit aus.

Wieder sehen wir, wie *vorsichtig* wir bei der Interpretation sein müssen.

Um die Verwirrung noch zu vergrößern, erlaube ich mir nun festzustellen, daß die Haltung C sehr wohl Überheblichkeit bedeuten *kann*. Die Betonung liegt auf »kann«. Deswegen ist es so wichtig, immer *mehrere Signale im Verband* zu betrachten, sowie die Signale *in Verbindung mit den Worten* zu beurteilen, sowie natürlich durch Kontrollfragen festzustellen, ob wir richtig geraten, Verzeihung, »interpretiert« haben.

Ich hatte einmal einen Seminarteilnehmer, der mir beim »Herumstehen« vor dem Seminar schon aufgefallen war, durch seine nach hinten geneigte Haltung, seinen Blick von oben (gekoppelt mit einem gewissen Zug um den Mund, ein ständiges leichtes Heben der Augenbrauen und anderen Signalen, auf die wir noch zu sprechen kommen werden). Aber ich konnte keine Kontrollfrage stellen. (»Sind Sie überheblich, Herr Sowieso?«)

Nun war ich gespannt, welche Eindrücke ich im Verlauf des Seminars sammeln würde, die nun das »Überhebliche« entweder bestätigen oder falsifizieren würden. Was glauben Sie? Vier Tage lang kippte der Mensch seinen Stuhl nach hinten gegen die Wand, so daß er *auch im Sitzen den*

»Blick von oben« bewahren konnte. Ob er das nun wirklich wollte oder nicht, ist nicht mit Sicherheit zu sagen. Sicher aber weiß ich, daß die gesamte Gruppe ihn arrogant fand. Er selbst erzählte mir (unter vier Augen), daß er *immer ein Außenseiter* sei, wo er auch hinkomme. Wundert es Sie?

Alle vorangegangenen Informationen können uns besonders helfen, wenn es gilt, *plötzliche Veränderungen* der Körperhaltung im Sitzen wahrzunehmen und zu beurteilen. Versuchen Sie einmal folgendes: Setzen Sie sich weit zurückgelehnt hin und bewegen Sie dann Ihren Oberkörper ruckartig nach vorne. Wiederholen Sie diese Bewegung zehn mal. Dann stellen Sie nämlich fest, wieviel Kraft sie benötigt!

Nun ist unser Organismus jedoch äußerst sparsam. Er vergeudet keine unnötige Kraft. Man kann energisch und zielbewußt rennen, aber man kann nicht energisch (sprich: mit großem Kraftaufwand) *schlendern*. Solange sich ein Mensch innerlich in einer Haltung befindet, die man als *»seelisches Schlendern«* bezeichnen könnte, wird er keinen großen Energieaufwand aufbringen, es sei denn ... Sie haben es erraten? Es sei denn, etwas hätte plötzlich seine Aufmerksamkeit geweckt und ihn veranlaßt, sich diesem Etwas energisch zuzuwenden. (Umgekehrt kann jemand sein Interesse abrupt verlieren und sich in den Zustand des »seelischen Schlenderns« hinein-fallen-lassen, indem er sich z. B. in die Kissen zurückfallen läßt.) Ein Beispiel:

Angenommen, Sie befinden sich auf einer Party. Ihr Gesprächspartner sitzt (fast könnte man sagen: liegt) bequem zurückgelehnt in einer ausgeprägten C-Haltung da. Er erzählt Ihnen so beiläufig, daß er seinen Zweitwagen demnächst veräußern will, da seine Tochter, die ihn bisher fuhr, nach Australien ausgewandert ist. Sie fragen ebenso beiläufig, um was für ein Auto es sich handelt und erfahren nun, daß es ein Wagen ist, der Sie interessieren würde, da Sie z. Zt einen Zweitwagen suchen. Ihr Limit beträgt, sagen wir, 2000 Mark und Sie wissen, daß Sie sich Zeit lassen müssen, um für dieses Geld etwas Gutes zu finden. Sie erwarten natürlich, daß Ihr Gegenüber weit mehr für seinen Wagen will, fragen ihn aber trotzdem. Nehmen wir an er sagt: »Ich weiß es noch nicht? Warum, haben Sie Interesse?« Noch immer hat sich seine Haltung nicht verändert, weil er (noch) nicht glaubt, daß er mit einem potentiellen Käufer spricht. Sie entgegnen vage: »Vielleicht?«, worauf er meint: »Was würden Sie denn bieten?« Und nun passiert folgendes: Sie sagen: »So um die 2000 Mark«. Er lehnt sich abrupt nach vorne und behauptet: »Viel zu wenig«. Was schließen Sie aus seiner plötzlichen Verlagerung des Körpergewichts, aus einer »seelisch schlendernden« Haltung in eine aufrecht gespannte, Ihnen sehr zugewandte?

Wenn Sie seinen Worten nun Glauben schenken würden, hätten Sie wahrscheinlich *die* Chance verpaßt! Hier haben wir eine Inkongruenz, ähnlich der im Fallbeispiel NIXON (s. Einleitung).

Noch ein Fallbeispiel zum plötzlichen Verlagern des Gewichtes: Ich hatte 1974 für eine Illustrierte einen Artikel zur Körpersprache geschrieben. Der Chefredakteur saß in einem riesigen Chefredakteursessel, weit zurückgelehnt, entspannt da und betrachtete von oben herab mein Manuskript, welches er halb gelangweilt, halb interessiert durchblätterte. Als er zu der Beschreibung der Sitzhaltung kam, schaute er mich über den Rand des Manuskriptes hinweg an und sagte: »Das ist ja ganz nett, was hier so steht, aber, wissenschaftlich gesehen ist das doch Unsinn, oder?«

»Nein, nein, ganz und gar nicht«, erwiderte ich über den riesengroßen Chefredakteurschreibtisch[1] hinweg zu ihm hinauf, »gewisse Studien haben eindeutig gezeigt . . .«

»Welche Studien?« fragte er, sich plötzlich aufrichtend und interessiert vorbeugend.

»Wie sitzen Sie denn jetzt da?« lachte ich.

»Purer Zufall, purer Zufall«, erwiderte er, sich wieder zurücklehnend.

(Ich habe ihn noch zweimal auf die Stuhlkante gelockt, ehe er begriff, daß gewisse grundlegende Prozesse wie die der Körpergewichtsverlagerung eben nicht bloß »graue Theorie« sind.)

4.2.4 N-N-Kontakt (nach SUSMANN)

Was die Sitzhaltung angeht, so kann man noch ein anderes Kriterium zur Beurteilung heranziehen. Allerdings gilt dies nur bei längeren Gesprächen. Es handelt sich hierbei um ein Signal, das weniger eine Nachricht beinhaltet, als vielmehr eine innere Haltung aufzeigt. Ein Kollege, Herr Dr. FRANZ SUSMANN, hat für die Beschreibung das herrliche Wort »N-N-Kontakt« geprägt. Es geht nämlich darum, daß die Theorie

1 S. auch: »Status und Schreibtischgröße«, Kap. 7.1.3

besagt, *der Brustraum einer Person sage im Zweifelsfall über das wirkliche Interesse mehr aus als die Augen*, wenn die beiden nicht in eine Richtung weisen. N-N steht für *»Nase«* und *»Nabel«*, ein sehr einprägsamer Ausdruck. In Gruppen kann man z. B. beobachten, daß Teilnehmer oder Gruppenleiter (auch Chefs) die von der Gruppe akzeptiert und respektiert werden, bei einer längeren Aussage nicht nur die Augen (Nasen), sondern auch die Brusträume (Nabel) der Gruppenmitglieder zugewandt bekommen. Andere Teilnehmer (oder Chefs) müssen froh sein, wenn die Augenpaare auf sie gerichtet werden, wieder andere werden nicht einmal angesehen. Wohlgemerkt bei einer lebhaften Diskussion, bei der jeder Sprecher weniger als zwei Minuten lang spricht, kann man nicht erwarten, daß alle Teilnehmer ständig ihren Körper herumdrehen! Aber in Situationen, in denen der einzelne Sprecher mehr als 15 Minuten lang spricht (oder referiert),wird dieses Signal recht aussagekräftig. Auch bezüglich dieses Aspektes lohnt es sich, bei der nächsten Bundestagsdebatte einmal aufzupassen, wenn die Kamera das mehr oder minder geneigte Publikum erfaßt. Manche lesen irgend etwas oder unterhalten sich mit ihren Nachbarn, so daß sie weder Nase noch Nabel dem Sprecher zuwenden. Andere sitzen seitwärts, den Arm auf der Rückenlehne des Nachbarn (wissen Sie, wen ich meine?),während sie ihr Gesicht (nicht immer die Augen) nach vorne wenden, usw.
Aber dieses Verhalten verändert sich dann doch ab und zu, wenn nämlich der Sprecher vorne steht, der anzusprechen weiß. (Leider sind das nur wenige!)

4.2.5 Über das Liegen

Haben Sie sich schon einmal gefragt, ob Ihre Schlafhaltung eine Signalwirkung haben könnte? Was meinen Sie wohl drückt jemand aus, der sich wie ein »Knäuel« zusammenzieht oder jemand, der das Bett so breitflächig »beherrscht«, daß kein anderer neben ihm Platz hätte? Glauben Sie, daß eine Bauch- bzw. Rückenlage etwas über den Schlafenden aussagen kann?
Nun, ein amerikanischer Psychiater, Samuel DUNKELL, glaubt das. In seinem Buch »Körpersprache im Schlaf« (24) beklagt er die Tatsache, daß trotz der mehr als 600 Abhandlungen, die jährlich über den Schlaf

publiziert werden, praktisch nichts über die Schlafpositionen ausgesagt wird, wiewohl die ersten zaghaften Ansätze in dieser Richtung schon Jahrzehnte alt sind. Dies bedeutet aber auch, daß derzeit fast nur sein eigener Ansatz vorliegt. Es ist zu hoffen, daß Kinetiker sich bald auch dieses Themas annehmen. Wiewohl die Arbeit eines einzelnen noch mit Vorsicht betrachtet werden wird, lohnt es sich m. E. doch, sich mit ihr auseinanderzusetzen. Ich finde einige seiner Schlüsse sehr einleuchtend, z. B. wenn er meint,

> »daß ein enger Zusammenhang zwischen den Schlafpositionen eines Menschen und anderen über ihn bekannten Faktoren besteht. D. h.: *die* Körperhaltung, die einem Menschen ein solches Gefühl der Sicherheit vermittelt, daß er sie in der Schlafwelt einnimmt, ist für seine Lebensweise . . . aufschlußreich.« (S. 66)

Über Menschen, *die in der Foetus-Lage* (völlig eingerollt, eine absolut geschlossene Haltung, s. auch Kap. 4.2 und 6.3.1) *schlafen*,sagt er:

> »Solche Leute zeigen in der Tagwelt (wie nachts) ein starkes Schutzbedürfnis und den Wunsch nach einem Mittelpunkt, einem Kern, um den herum sie ihr Leben aufbauen und auf den sie sich stützen können.« (s. 65)

Über den auf dem Bauch ausgestreckt liegenden Schläfer:

> »Auch (im Wachzustand) steht (er) unter dem Zwang, den Gang der Ereignisse, (seine) tägliche Umwelt selbst zu bestimmen. (Er) schätzt Überraschungen nicht . . .« (S. 67)

Und den auf dem Rücken schlafenden (»königliche Rückenlage«) sagt er nach,

> »daß (sie) sich als König oder Königin des Schlafes und darüber hinaus ihres ganzen Tagesuniversums fühlen . . . Rückenschläfer zeichnen sich generell durch ein . . . Gefühl der Sicherheit, durch Selbstvertrauen und eine so starke Persönlichkeit aus, daß es ihnen leichtfällt, die Welt und ihre Angebote zu akzeptieren«. (S. 68)

Eine 1909 durchgeführte Untersuchung (Harvard-Universität) zeigte, wie DUNKELL erwähnt, daß 75% der Versuchspersonen in der sog. *halbfoetalen* Lage schliefen. Diese Schlaflage ist eine Seitenlage mit leicht angezogenen Knien:

> »Sie hat den Vorteil, daß die Wärme gespeichert wird und die Luft doch frei um den Körper zirkulieren kann. Außerdem sind die wichtigsten Teile des Rumpfes, vor allem der psychologische Mittelpunkt, das Herz, geschützt. Zudem bietet die halbfoetale Haltung eine größere Beweglichkeit als die anderen gängigen Körperlagen, da sich der Schläfer – ohne die gewohnte Schlafstellung ändern zu müssen – von einer Seite auf die andere drehen kann . . . Die(se) Lage ist also nicht nur behaglich, sondern auch zweckmäßig, mit einem Wort ausgesprochen »vernünftig«. Dementsprechend vernünftig haben sich die Menschen, die sie bevorzugen, an die Welt angepaßt. Es sind im großen und ganzen ausgewogene, selbstsichere Leute, die sich ohne sonderliche psychische Belastungen mit den Tatsachen abzufinden verstehen . . .« (S. 70/71)

Ich meine, daß ein Nachdenken über unsere Schlafpositionen sich durchaus lohnt, selbst wenn wir mit DUNKELLs Aussagen nicht in jedem Punkt übereinstimmen. Denn, daß es einen Zusammenhang zwischen unserer Tag- und Nacht-Haltung geben muß, da wir ja unser Körper *sind* – auch im Schlaf – scheint sicher. Da Körpersprache des weiteren teilweise unbewußt »gesprochen« wird, müßte auch die nächtliche »unbewußte Sprache« Aussagekraft haben. Die Frage bleibt nur, wie »gut« man sie schon deuten kann, vorausgesetzt, man wagt diesen Versuch!

Zum Abschluß des Kapitels über die Haltung möchte ich noch einmal ausdrücklich darauf verweisen, daß Signal*gruppen* am meisten aussagen können. Daher sind die vorangegangenen Informationen meist erst im Verband mit den Signalen, die wir noch besprechen werden, als körpersprachliche Nachrichten aufzufassen.

Kapitel 5
Mimik

5.1 Mimik und Physiognomie

Wie wir schon in Kap. 2 andeuteten, wollen wir unter Mimik alle Erscheinungen verstehen, die wir im Gesicht eines Menschen beobachten können. Damit meinen wir sowohl Gesichtszüge, Augenkontakt und Blickrichtung, als auch psychosomatische Prozesse wie z. B. blaß werden. Letztlich beziehen wir auch gesamte Kopfbewegungen mit ein, wie z. B. ein Nicken, ein Schräghalten (wobei letzteres, je nach Zusammenhang,natürlich auch der Haltung zugeordnet werden kann).
Im allgemeinen geht es uns bei der Beurteilung der Signale um *Kongruenz*. Solange die Mimik mit den verbalen Äußerungen übereinstimmt, nehmen wir sie meist nicht besonders wahr. Wenn die Inkongruenz stark ist, fällt sie auch dem Ungeübtesten auf. Aber der Geübte kann eine Vielzahl von mimischen Ausdrucksformen mitbeachten, um auch leichte Störungen oder beginnende Inkongruenz bereits wahrzunehmen (bzw. natürlich erste Signale der Erleichterung, der Zustimmung, etc.). Oft deutet nur ein kaum wahrnehmbares Schmunzeln an, daß jemand einen Scherz macht. Oder es kann sein, daß eine (fragend) hochgezogene Augenbraue den einzigen Hinweis auf Inkongruenz darstellt, wenn der andere sagt: »Ja, ich verstehe genau, was Sie meinen.«
Nun erhebt sich an dieser Stelle im Seminar häufig die Frage, inwieweit man seine nicht-sprachlichen Signale manipulieren könne. Inwieweit es z. B. möglich wäre, sich nicht anmerken zu lassen, ob man etwas begreift bzw. gutheißt?
Antwort: Natürlich kann jeder lernen, seine Körpersprache bis zu einem gewissen Grad zu beeinflussen (s. Aktiv Körpersprechen, Kap. 2.10).
Es ist jedoch besonders schwierig, die Gesichtsmuskeln unter Kontrolle zu bekommen. So kann man z. B. oft beobachten, daß jemand äußerlich ruhig wirkt, weil er gelernt hat, seine Hände zu kontrollieren (z. B. indem er die Finger ineinander verschlingt, um zu verhindern, daß er ner-

vös herumspielt). Trotzdem wird sich eine innere Unruhe (wenn vorhanden) ausdrücken und zwar am ehesten im Gesicht. Warum fällt die Manipulation unserer Gesichtsmuskeln so besonders schwer? Das Wort »manipulieren« beinhaltet das Wort »manus« (lat. die Hand). Um etwas gekonnt *hand*-haben zu können, muß man es jedoch gut kennen. Unsere Gesichtsmuskeln kennen wir zuwenig, um sie sicher in den Griff zu bekommen. Wir wissen im allgemeinen nicht, wie wir aussehen, bzw. wie wir auf andere wirken. Versuchen Sie es (jetzt gleich) selbst! Überprüfen Sie Ihren eigenen Gesichtsausdruck . . .
Ein richtiges Experiment hierzu würde folgendermaßen aussehen können: Sie besorgen sich einen kleinen Taschenspiegel, den Sie in der nächsten Zeit immer griffbereit haben. Nun werden Sie ab und zu versuchen, erst Ihren Gesichtsausdruck zu erfühlen, um dann sofort blitzartig in den Spiegel zu sehen. Fragen Sie sich, bevor und während Sie hineingucken, jeweils: »Wie sehe ich jetzt aus? Wie wirke ich wohl jetzt auf andere?« (Bzw. wie würde ich jetzt wohl auf andere wirken?)
Sie werden höchst aufregende Überraschungen erleben, wiewohl diese nicht für jeden einen positiv-faszinierenden Charakter haben. Manche Menschen sind entsetzt, wenn sie feststellen, wie häufig sie einen unzufriedenen, mißmutigen Zug um Mund und Augen haben, der ihnen überhaupt nicht bewußt gewesen war! Je weniger man jedoch über seinen Gesichtsausdruck weiß, je weniger man ihn wirklich kennt, desto weniger kann man ihn natürlich auch manipulieren, also hand-haben.
Ein zweites Mini-Experiment, das Sie sofort durchführen können, bestätigt dies. Schließen Sie nach dem Lesen der Anweisung kurz die Augen und bemühen Sie sich, Ihr Gesicht, *insbesondere die Lippen und die Kinnpartie* so weit wie möglich zu ent-spannen. Beobachten und erfühlen Sie dabei bewußt, wie es sich anfühlt.

Stop.

Nun drei Fragen:

1. Haben Sie eine Entspannung zustande gebracht?
2. Haben Sie ein Gespür für das Er-fühlen der eigenen Gesichtsmuskeln bekommen?
3. Waren Ihre Lippen lose aufeinandergelegt?

Wenn Sie die letzte Frage mit Ja beantwortet haben, dann haben Sie bestätigt, was FELDENKRAIS (29) meint, wenn er sagt:

»Wie kommt es, daß so ein wichtiger Körperteil wie der Unterkiefer ständig obengehalten wird? Von Muskeln, die, solange wir wach sind, *ununterbrochen arbeiten, ohne daß wir auch nur im geringsten spürten, daß wir etwas tun,* um den Kiefer oben zu halten?
Um ihn fallen zu lassen, muß man sogar *lernen, die betreffenden Muskeln zu hemmen.* Versucht man, seinen Unterkiefer so weit zu entspannen, daß er durch das eigene Gewicht fällt und den Mund ganz öffnet, so wird man sich wundern, wie *schwierig* das ist. Gelingt es schließlich, so wird man *Veränderungen im Gesichtsausdruck* und an den *Augen* bemerken. Wahrscheinlich wird einem nachträglich auch auffallen, daß man seinen Unterkiefer gewöhnlich nach oben preßt bzw. seinen Mund fest geschlossen hält.« (S. 112)

Haben die kleinen Versuche Ihnen ein wenig vermitteln können, wie wenig man normalerweise über seine Gesichtsmuskeln weiß? Jeder Schauspieler, der sich auch (oder hauptsächlich) mit Pantomime beschäftigt, kennt die Schwierigkeiten, die mit dem bewußten Schöpfen einer gewünschten Mimik einhergehen.

Das Wissen um die Schwierigkeiten, die eigene Mimik zu manipulieren, ist nicht nur wichtig, wenn wir unsere eigene Mimik unter Kontrolle bringen möchten (wobei zuviel Kontrolle, falls sie gelingt, eine roboterhafte, un-lebendige Miene zur Folge hat!), sondern die Information ist auch wesentlich, wenn wir die Signale anderer interpretieren wollen. Da ja der andere sich seiner Mimik ebensowenig bewußt ist, kann man sich auf das Mienenspiel im allgemeinen recht gut verlassen.
Übrigens unterteilt man das Studium des Gesichtsausdrucks in zwei Bereiche, den der *Mimik* selbst und den der *Physiognomie.* Unter letzterer versteht man nicht den momentanen, sich ständig verändernden Ausdruck, sondern die Gesichtszüge, die ein Mensch im allgemeinen aufweist. Ich nenne das die »angewachsene Mimik«. Wenn ein Mensch häufig Mißmut ausdrückt, indem er die Lippen zusammendrückt und die Mundwinkel absenkt, dann verwundert es nicht, wenn er nach Jahren sog. Mißmutsfalten aufweist. Das sind tief eingekerbte »Linien«, die von den Mundwinkeln her nach unten verlaufen. Wer sich einmal das Gesicht des jungen SCHOPENHAUER betrachtet und dieses dann mit dem Bild des alten vergleicht, der kann dies klar erkennen (s. auch: »der verpreßte Mund«, Kap. 5.5.3).

Zur Physiognomie zählt auch eine Deutung der Gesichts- oder Nasen*form*, wiewohl hier die Trennung von der Phrenologie, die GALL (94) begründete, nicht eindeutig ist. Wir werden in diesem Rahmen weder Physiognomie noch Phrenologie betreiben[1].
Trotzdem können wir nicht umhin, z. B. tief eingekerbte Mißmutsfalten zu registrieren, wenn wir bewußt wahrnehmen. Aber auch so ein Signal allein hat keine Aussagekraft. Zwar ist die Faltenbildung selbst unmißverständlich zu sehen, so daß wir wissen, daß dieser Mensch seine Lippen oft zusammengekniffen und die Mundwinkel abgesenkt haben muß, aber wir wissen nicht, warum dies geschah. Natürlich kann es sein, daß dieser Mensch ein »Griesgram« ist, dem nichts gefällt. Es kann aber ebensogut sein, daß dieser Mensch eine schwere Krankheit oder ein hartes Schicksal erlitten hat. Man denke an Personen, die einen geliebten Menschen verloren, an Menschen, die jahrelang in KZs zugebracht haben oder an solche, die (wie heute in gewissen Teilen der Welt alltäglich ist), gefoltert wurden, etc.

5.2 Drei Bereiche des Gesichts

Es hat sich eingebürgert, von folgender Unterteilung auszugehen:

1) Stirnbereich (inkl. der Augenbrauen)
2) *Mittelgesicht, d. h.:* Augen-, Nasen- und Wangenbereich (bei den meisten Autoren inkl. der Oberlippe)
3) Mund- (bzw. Unterlippe) und Kinnpartie. (Abb. 7).

1 Wer jedoch hieran Interesse hat, sei auf Lit.-Verz.-Nr. 25, 35c, 47, 51, 52, 54, 82, 84, 94 verwiesen, allerdings nicht ohne die Bitte um besonders kritische Aufnahme solcher Informationen.

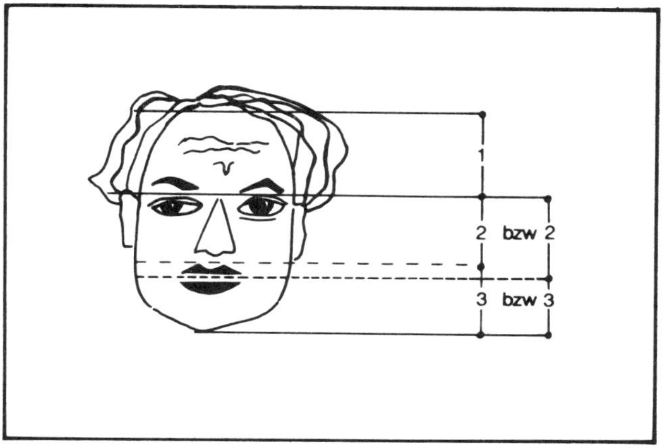

Abb. 7

5.2.1 Der Stirnbereich

Man geht davon aus, daß die Stirne mit ihrer Faltenbildung und den Augenbrauen Aufschluß über Prozesse des Denkens und des Analysierens gibt. Wiewohl diese Meinung ein Überbleibsel der Phrenologie GALLs (94) zu sein scheint, halte ich die unter 5.3 aufgeführten Aussagen über den Stirnbereich doch für zutreffend. Trotzdem gilt natürlich die mehrfach geforderte Vorsicht, was »Wissenschaftlichkeit« von solchen Interpretationen angeht.

5.2.2 Das Mittelgesicht

Der Augen-, Nasen- und Wangenbereich wird auch als Gesichtssinn bezeichnet. Die meisten Autoren schließen die Oberlippe mit ein, da sie differenziertere Detailaussagen machen als wir (s. Kap. 5.4). Wir sprechen meist nur von *den Lippen* bzw. von *dem Mund*, so daß es in unserem Rahmen nicht so wichtig ist, wo Sie die Grenze nun genau ziehen wollen.

Vom Gesichtssinn sagt man, daß er uns Hinweise über das Aufnehmen der Außenwelt gebe. Dies liegt z. T. auf der Hand, da ja die Augen das »Fenster zur Welt« darstellen. Sie werden aber mit gleichem Recht auch das »Fenster zur Seele« genannt, so daß wir ersehen, daß auch Informationen des Innenlebens aus diesem Bereich ersichtlich sein können. Des weiteren gilt zu bedenken, daß auch der Mund bei Prozessen des Aufnehmens aus der Umwelt maßgeblich beteiligt ist (s. u.).

5.2.3 Die Mund- und Kinnpartie

Der Mund hat sich aus dem Ur-Schlund entwickelt, der bereits einen sehr einfachen Organismus besitzt. Er stellt die Beziehung zur Umwelt dar, indem der Organismus durch ihn sowohl aufnimmt als auch ausscheidet. Bei kleinen Kindern kann man gut beobachten, daß sie alles in den Mund stecken, um es zu erfassen. Daher ist es nicht verwunderlich, daß der Mund eine wesentliche Rolle spielt, sowohl wenn es gilt, Informationen aus der Umwelt nicht »hereinzulassen« als auch, wenn man sich nicht äußern will oder darf (s. Kap. 5.5).
Weiter ordnet man der Kinnpartie (inkl. der Unterlippe) das Gefühls- und Triebleben zu, sowie insbesondere dem Kinn, das Durchsetzungsvermögen. Ein Mensch, der im Begriff ist, sich energisch durchzusetzen, wird als mimisches Signal sein Kinn vorschieben. (Während die Beurteilung der Kinnform bezüglich der Charaktereigenschaft des Durchsetzungsvermögens wiederum in den Bereich der Phrenologie gehört.)
Und nun wollen wir uns den Interpretationen der drei mimischen Bereiche zuwenden.

5.3 Der Stirnbereich (Interpretation)

Da wir ja nicht die Form der Stirn analysieren wollen, geht es uns um die mimischen Ausdrucksmöglichkeiten der Stirnfalten, welche waagerecht und/oder senkrecht sein können. Meist gehen waagerechte Falten mit einem Heben der Augenbrauen einher. Aber es gibt auch ein kaum wahrnehmbares Heben einer oder beider Brauen, bei dem es nicht zur Faltenbildung kommt.

5.3.1 Waagerechte Stirnfalten

Als Faustregel können wir sagen

> **Waagerechte Stirnfalten deuten an, daß die Aufmerksamkeit stark in Anspruch genommen ist.**

Allerdings kann diese starke Aufmerksamkeit sehr unterschiedliche Anlässe haben. Zum Beispiel nennt ZEDDIES (94) folgende:

1. Schreck
2. Angst
3. Begriffsstutzigkeit
4. (Er-)Staunen
5. Verwunderung
6. Verwirrung
7. Überraschung.

Wieder wird klar, daß einzelne Signale (meist) im Verband mit anderen gesehen werden müssen. Dies gilt auch innerhalb einer Kategorie, wie der der Mimik.

Denn die Stirnfaltenbildung geht automatisch mit anderen Muskelbewegungen des Gesichtes einher, welche dann zu offenen Augen (oder einem offenen Mund) u. ä. führen können. Solch eine Kombination stellt z. B. die folgende dar: *Waagerechte Falten und offene Augen.* Nach ZEDDIES (94) bedeuten die beiden Signale gemeinsam interpretiert: »Die seelische Haltung liegt in einer abwartenden, aufmerksamen Einstellung auf irgendwelche Gegebenheiten, die sich dem Bewußtsein anbieten.«

Eine andere Kombinationsmöglichkeit zweier mimischer Signale wäre z. B. die Bildung *waagerechter Stirnfalten in Verbindung mit halbgeschlossenen (= leicht zugekniffenen) Augen.* Diese Kombination kann man z. B. beobachten, wenn jemand sich große Mühe gibt, zuzuhören bzw. aufzupassen; bei Schwerhörigen zum Beispiel oder in Situationen, in denen uns die Lautstärke des Senders (inkl. technische Tonquellen wie ein Radio) nicht ausreicht. Der Volksmund beschreibt dies mit dem Ausdruck »die Ohren spitzen«. Diese Formulierung aber beschreibt nicht

nur »im übertragenen Sinne«, sondern deutet physiologische Prozesse an. Wenn wir nämlich die Ohren spitzen, bewegen wir tatsächlich unsere stark verkümmerten Ohrmuskeln in einem Reflex, den man bei Hunden und Katzen, sowie Kaninchen ausgeprägt beobachten kann. Oft wird das Bemühen, unsere »Löffel« ebenfalls »spielen« zu lassen,sogar noch von einer zusätzlichen Geste und/oder einer Haltungsänderung begleitet.
Erstere besteht darin, die Hand an die Ohrmuschel zu legen, um diese zu vergrößern und nach vorne zu richten. (Dies ist genau analog dem gespitzten, aufgerichteten Hundeohr.)
Letztere besteht aus einem Sich-Hinneigen zur »Tonquelle«, z. B. zu dem Sprecher, den man gerade besser verstehen möchte. Allerdings kann man dieses Sich-Hinwenden auch bei mechanischen Tonquellen wie einem Fernsehapparat beobachten.
Da es den Rahmen unserer zwangsläufig sehr groben Analyse sprengen würde, alle möglichen Kombinationen von zwei oder mehreren Signalen aufzulisten (was, je nach Genauigkeit,600 bis 60 000 Seiten in Anspruch nehmen würde), werden wir uns auf einfache Signale beschränken. Die oben angeführten Beispiele sollten nur erahnen lassen, wie detailliert selbst »grobe« wissenschaftliche Untersuchungen angelegt sein können.
Am meisten lernen Sie über die Stirnregion, wenn Sie lernen, die Primär- (= hauptsächlichen) Signale bewußt zu registrieren, während Sie durch regelmäßige Übung gleichzeitig ein unbewußtes Gespür für die Sekundär-Merkmale entwickeln. Am einfachsten wird dies, *wenn Sie gleich einem Wissenschaftler lernen, Signale, die Sie studieren wollen, gezielt bei anderen hervorzurufen!* Dieser andere kann im Nachhinein darüber aufgeklärt werden, daß Sie ihn als »Versuchskaninchen« (Verzeihung, als Versuchsperson) eingesetzt haben, oder auch nicht, wenn Sie geschickt vorgehen. *Eine* Möglichkeit zur gezielten Beobachtung bietet folgendes Experiment, das Sie so oft wie möglich durchführen sollten.

5.3.2 Ein Experiment zur waagerechten Faltenbildung

Sie besorgen sich eine Kassette (ein Tonband) mit einem fremdsprachlichen Text, Prosa oder auch Lieder. Nach dem Motto »do you speak English?« suchen Sie sich nun jemand, der diese Fremdsprache »ganz gut«, aber eben nicht flüssig beherrscht. Nun bitten Sie diese Person,

Ihnen zu helfen, Ihren Kassetten-Text genau zu verstehen. Dann spielen Sie Ihre Aufnahme vor, lehnen sich bequem zurück und beobachten die (mehr oder minder ausgeprägte) Bildung waagerechter Falten auf der Stirn. Als erstes sehen Sie meist ein leichtes Anheben der Augenbrauen . . .
Sie registrieren nun bewußt nur die Stirnsignale selbst, unbewußt jedoch speichern Sie eine Vielzahl an Sekundär-Eindrücken wie z. B. Mund- und/oder Augen-Signale, die mit denen der Stirne einhergehen (s. Kap. 5.4).
Je häufiger Sie dieses Experiment durchführen, desto eher entwickeln Sie ein gutes Gespür dafür, wie leicht oder schwer es jemandem fällt, Sie zu verstehen, wenn Sie etwas erklären wollen! Wie oft erzählen wir einer Person etwas, wobei wir zehn, hundert oder mehr uns bekannte Informations-Einheiten aneinanderreihen, ohne Rücksicht darauf zu nehmen, daß diese Nachrichten für unseren Empfänger u. U. zu viel Neues in einem Ansatz beinhalten könnten.
Besonders möchte ich dieses Training allen Personen empfehlen, die mit der Erziehung bzw. Ausbildung von Mitmenschen betraut sind. Lehrlinge in der Industrie, Schüler, neue Mitarbeiter und zahllose Kinder würden es sehr zu schätzen wissen, wenn mehr Menschen eben diese Signalgruppe besser zu interpretieren wüßten! Denn oft wagt man nicht zu unterbrechen, um rückzufragen. Manchmal geniert man sich auch vor dem Gesprächspartner bzw. vor der umstehenden Gruppe zuzugeben, daß man nicht alles begreift.

5.3.3 Senkrechte Stirnfalten

Wir sagten, die waagerechten Falten deuten darauf hin, daß die Aufmerksamkeit stark in Anspruch genommen ist. Was die senkrechten Falten angeht, so gilt folgender Satz:

Senkrechte Stirnfalten deuten darauf hin, daß die gesamte Aufmerksamkeit mit starker Konzentration auf etwas (jemand) gerichtet ist.

Sollten Sie also das vorhergegangene Experiment bereits probiert haben, dann kann es durchaus sein, daß Sie *auch* senkrechte Falten beobachten konnten.
Wie bei den waagerechten gibt es auch hier wieder verschiedene Möglichkeiten. Konzentration bedeutet immer ein »Zusammenziehen«. Dies kann sowohl die auf einen Punkt versammelte geistige als auch körperliche Kraft bedeuten, so daß wir sowohl bei geistiger Konzentration als auch bei schwierigen, verzwickten oder anstrengenden körperlichen Tätigkeiten senkrechte Stirnfalten registrieren können. Ebenso kann man feststellen, daß Entschlossenheit als Sekundärmerkmal solche Falten aufweist, während die Primärmerkmale im Mund- und Kinnbereich liegen werden. Auch Ärger oder mißmutige Gereiztheit kann ein Anlaß zur Bildung senkrechter Falten sein. Selbst beim Naserümpfen kann als Sekundärmerkmal diese Faltenbildung entstehen.
Deswegen gilt auch das unter 5.3.2 Gesagte: Erst das gezielte Beobachten und bewußte Registrieren der Stirnfalten führt (durch wiederholte Übung) zu einem *gleichzeitigen* Wahrnehmen der übrigen Signale. Auch hierzu wieder ein Experiment, welches sich hervorragend als Biertisch- oder Kaffeerunden-Gag eignet:

5.3.4 Ein Experiment zur senkrechten Faltenbildung

Sie fragen die Gruppe:
»Wer kann mit einer Hand ein Streichholz aus einer Schachtel herausholen und anzünden, ohne die Schachtel auf dem Tisch oder sonstwo aufzulegen bzw. anzustützen?«
Jeder, der diesen Versuch unternimmt, wird zu Ihrer Freude in schwächerem oder stärkerem Maße senkrechte Stirnfalten bilden! Auch dieser Versuch, *wenn oft* durchgeführt, bringt Ihnen wieder *Vorteile für die tägliche Praxis*: Ein anfängliches Augenbrauen-Zusammenziehen, welches der senkrechten Faltenbildung vorausgeht (bzw. ein schwächeres Signal gleicher Bedeutung darstellt), kann Ihnen einen wertvollen Hinweis geben, wenn Sie jemandem etwas auseinanderlegen wollen. Dieses Signal bedeutet Konzentration. Wenn Ihr Gegenüber es aufweist, während es Sie gleichzeitig ansieht, dann konzentriert es sich höchstwahrscheinlich auf den Inhalt Ihrer Worte. Wenn Ihr Gesprächspartner

dieses Signal aber aussendet und dabei vor sich hin- (also von Ihnen weg-) schaut, dann kann dies u. U. bedeuten, daß er etwas, was Sie gerade gesagt haben, überdenken will (s. Kap. 5.4). Vielleicht sind bei ihm Fragen oder Zweifel aufgetaucht? Vielleicht stellt er sich Anwendungsmöglichkeiten Ihres Vorschlages vor? Hier wirkt eine Kontrollfrage dritter Art, also ein aktives Schweigen, am besten. Allerdings haben wir hier eine Ausnahme zu der Regel, daß andere in ein Schweigen meist hineinsprechen: *Wenn* die beobachteten Signale darauf hingewiesen haben, daß Ihr Gegenüber nachdenkt, konzentriert nachdenkt wohlgemerkt, dann *kann* es durchaus sein, daß es Ihr Schweigen zunächst gar nicht bemerkt. Es dauert einige Momente, bis ein in Gedanken versunkener Mensch merkt, daß ein Geräusch[1] plötzlich nicht mehr zu hören ist. Jeder kann sich an Augenblicke in der Schule erinnern, da der Lehrer einen Mitschüler bei irgendeiner Ablenkung beobachtete, zu sprechen aufhörte, zu dem Unglücksraben hinsah, der noch einige Momente lang nicht wußte, daß er die gesamte (erheiterte) Aufmerksamkeit aller hatte! In diesem Zusammenhang muß ich immer an MARK TWAINs Tom Sawyer denken, als er mit seinem Banknachbar spielte, indem sie einen kleinen Käfer auf der Schiefertafel krabbeln ließen und Punkte sammelte, wenn das Tier auf die eine oder andere Seite lief, bis die gesamte Klasse fasziniert beobachtete,wie der Lehrer das Spiel beendete . . .

5.3.5 Bewegungen der Augenbrauen

Ein Großteil aller Augenbrauenbewegungen kommt in Zusammenhang oder in Vorbereitung zur Faltenbildung zustande. Wenn sich jedoch nur die Braue(n) hebt (heben), dann ist dieser Ansatz bereits ein Signal in Richtung derer, die bei Faltenbildung ausgeprägter ausgesendet werden. Außerdem können wir in diesem Rahmen nur grob vereinfacht vorgehen. Deswegen werden wir keine detaillierte Analyse möglicher Verschiebungen von einem halben Millimeter durchführen, wiewohl dies ein faszinierendes Unterfangen darstellen kann. Am meisten lernen Sie auch

1 Bitte entschuldigen Sie, daß wir den Klang Ihrer Stimme hier als »Geräusch« bezeichnen. Dieser Mechanismus gilt nämlich bei allen Geräuschen, z. B. Musik, Ventilatoren, Kaffeemaschinen, etc.

bezüglich der Augenbrauen durch gezieltes Beobachten. Ein Mini-Experiment hierzu: Beobachten Sie einmal die Augenbrauen einer Person, die Sie (absichtlich) mit Namen ansprechen, diesen jedoch leicht verändern. Statt Markus sagen Sie z. B. »He, Marko« u. ä.

5.4 Das Mittelgesicht (Interpretation)

Beginnen wir mit dem Auge. Schließlich wird der Mensch nicht zu Unrecht ein »Augentier« genannt, da er mehr als 80% aller Stimuli über die Augen aufnimmt. Zumindest ist dies die »wissenschaftliche« Meinung, manche Forscher legen die Prozentzahl sogar auf über neunzig fest[1].

Wie schon einmal erwähnt, kann man das Auge sowohl als »Fenster zur Welt« als auch als »Fenster zur Seele«, also zu den innerpsychischen Vorgängen bezeichnen. Letztere Vorgänge stehen jedoch in einem engen Zusammenhang mit den privaten Denkprozessen und seelischen Vorgängen des Menschen. Deswegen sollen Informationen hierzu in unserem Rahmen nicht ausführlich besprochen werden. Wir wollen ja nicht Telepathie betreiben bzw. uns ihr nähern, sondern die *nach außen* gerichteten Signale, die laufend ausgesendet werden, besser verstehen. Daher werden wir mehr auf diese Signale achten bzw. nur auf diejenigen Innengerichteten, die ein Aufnehmen der Umwelt bzw. ein derzeitiges Nicht-Aufnehmen-Wollen angehen.

1 Wie aus neueren Forschungen, z. B. auch aus ASHLEY MONTAGUs brillantem Werk »Touching« (61) zu ersehen ist, gibt es immer mehr Zweifel an obiger Aussage. Es erscheint immer wahrscheinlicher, daß ein Organismus, insbesondere ein Säugetier, *die meisten Informationen über die Haut aufnimmt.* Hierbei werden allerdings auch minuziöse Wahrnehmungen miteinbezogen, die innerhalb einer Gesprächssituation nicht stark zum Tragen kommen. Deshalb reicht in unserem Rahmen die »alte« Auffassung (noch) vollkommen aus.

5.4.1 Der bestimmte, feste, offene Blick

Viele Menschen glauben, daß ein bestimmter, fester Blick mit einer unbeweglichen Pupille einhergehen müßte, im Gegensatz zum »unsteten« Blick. Aber das stimmt nicht, denn ein »fester« Blick ist immer ein »unsteter«. Überlegen Sie mit: Wenn Sie sich an das letzte Mal erinnern, als Sie jemandem wirklich intensiv in die Augen geschaut haben (erinnern Sie sich noch daran?) . . .
Sie haben dieser Person *in die Augen* geschaut, nicht »ins Auge«. D. h., Ihr Blick wanderte ständig von einem Auge zum anderen! Falls Ihr letztes derartiges Erlebnis solange zurückliegen sollte, daß Sie sich diesen Prozeß im Augenblick nicht vorstellen können, gehen Sie zum Spiegel und probieren Sie einmal »Augenkontakt« mit sich selbst!

Stop.

Haben Sie ein klares Bild dieses Prozesses vor Ihrem geistigen Auge? Dann verstehen Sie, daß ein fester Blick ein sich bewegender sein muß! Würde man einem anderen nämlich wirklich fest ins (= in *ein*) Auge sehen (d. h. ihn fixieren), dann wäre das Gefühl, das man dadurch auslöste, ein höchst befremdliches.
Deswegen verwundert es sicher nicht, daß man sich in Gegenwart mancher Menschen unbehaglich fühlt, die den Augenkontakt in übertriebener Form »gelernt« und trainiert haben. Wenn Sie z. B. Gelegenheit haben, mit Mitgliedern der »Church of Scientology« (auch Dyanetics genannt) zu sprechen, (die es auch in Deutschland gibt), dann können Sie dieses ständige Anstarren beobachten. Wenn dies dann noch von einem eingefrorenen leichten »Lächeln« begleitet wird, wie »Könner« des Systems es »auszustrahlen« verstehen, dann verstärkt sich der Eindruck, es mit einer roboterhaft-programmierten entpersönlichten »Person« zu tun zu haben, noch mehr. Ähnliche Beobachtungen kann man auch bei amerikanischen Absolventen mehrerer »est-Kurse« machen, sowie bei den Anhängern mancher Jugendsekten, auch bei Teilnehmern mancher sog. Rhetorik-Seminare!
Halten wir also fest, daß ein »fester« stetiger Blick auch ein lebendiger ist. So wie alles Leben pulsiert, so bewegt sich auch die Pupille ständig um (Fraktionen eines) Millimeter(s) hin und her.

5.4.2 Augen-Kontakt

Als Regel möchte ich folgenden Satz in den Raum stellen:

Augenkontakt heißt Augenkontakt, weil er Kontakt schafft.

Nun kann Augenkontakt diesen Kontakt aber auch vermeiden, wiewohl er ihn zu suchen scheint. Dies ist der Fall, wenn man jemanden anstarrt (wie in den erwähnten Beispielen oben). Eine Regel mancher Rhetorik- und Kommunikations-Trainer besagt z. B.,man solle beim anderen fest und bestimmt auf die Nasenwurzel sehen. Dies kann keinen echten, warmen, verständnisvollen Kontakt fördern, sondern muß befremden!! Außerdem werden die Pupillenbewegungen bei einem Starren auf einen Fleck so minimal, daß sie vom nackten Auge kaum mehr wahrgenommen werden können. Während ein lebendiger Blick, bei dem man von Pupille zu Pupille »wandert« die Art des Blickes ist, die wir unter Augenkontakt meinen!
Nun besagt die Theorie, daß das Auge ein hervorragender Indikator für Interesse sei. Aber bitte nicht vergessen, daß es nur ein Indikator sein kann, denn auch der Brustraum (s. Kap. 4.2.4) sowie der Mund (s. u.) spielen hier eine wesentliche Rolle.
Bei Augenkontakt können wir also davon ausgehen, daß die Kommunikation »gut« verläuft. Wie aber steht es, wenn der Augenkontakt vermieden wird?
Zuerst wieder ein Experiment: Führen Sie demnächst ein Gespräch mit jemandem, bei dem Sie sich wechselseitig etwas erzählen. Falls Sie schnell einen Plausch mit einem Nachbarn oder Kollegen einlegen könnten, ehe Sie weiterlesen, wäre es optimal. Sie werden dabei auf Augenkontakt achten und versuchen festzustellen, was ein »guter« Augenkontakt ist.

Stop.

Falls Sie Gelegenheit hatten, diesen Versuch zu machen, konnten Sie vielleicht schon folgende Feststellung beobachten:
Im Gegensatz zur landläufigen Auffassung ist »guter« Augenkontakt *kein ständiger*. Sondern wir verstehen unter »gutem« Augenkontakt, daß der *Zuhörer* den Sprecher (fast) ständig anblickt, während der *Sprecher*

den Zuhörer weniger häufig anschaut. Das hängt mit der Tatsache zusammen, daß wir nicht gleichzeitig intensiv nachdenken und Informationen wahrnehmen können, die für diesen Denkprozeß irrelevant sind. Deswegen blickt ein Nachdenkender oft zur Decke (als ob es da geschrieben stünde) oder seitlich weg bzw. nach unten. Dieser Blick ist in Wirklichkeit kein Blicken, da er im Augenblick nicht bewußt wahrnimmt. Er »blickt nach innen« oder er »versinkt in Gedanken«.
Je mehr jemand also über das, was er sagen will, nachdenken muß oder will, desto wahrscheinlicher ist es, daß er den Augenkontakt solange unterbricht!
Auch dies können Sie wieder gezielt testen:

5.4.3 Experiment zum Augenkontakt

Stellen Sie einer Person eine Frage, bei der Sie davon ausgehen können, daß sie darüber nachdenken muß. Z.B.: Was hast du vorgestern abend unternommen? Oder: Wann warst du zuletzt im Kino? Oder: Kannst du »Nürnberg« rückwärts buchstabieren?
Hierbei werden Sie feststellen, daß die meisten Personen bei Ihrer Einleitung (du, ich wollte dich was fragen) *Sie* ansehen, beim Nachdenken wegsehen und dann, *noch wegsehend,* zu sprechen beginnen. Erst bei den letzten Worten (oder danach) blickt die Person dann wieder zu Ihnen hin.
Sie hingegen haben, wie jeder Zuhörer, der »guten« Augenkontakt pflegt, die ganze Zeit über hingeschaut, damit Ihr Gegenüber *bei kleinen Kontrollblicken* (hört der auch zu?) jedesmal Ihre Aufmerksamkeit registrieren konnte!

5.4.4 Noch zwei Experimente!

Probieren Sie einmal in einem Gespräch ca. zehn Minuten lang jede einzelne Aussage erst zu Ende zu denken, ehe Sie diese aussprechen! Sie werden feststellen, daß dies *zunächst* unmöglich erscheint!

Bitten Sie dann andere Personen, dasselbe zu probieren und unterhalten Sie sich gemeinsam über die Schwierigkeiten, die Sie dabei erleben.
Als zweites Experiment können Sie folgendes probieren: Schauen Sie einer Person, die gerade zu Ihnen spricht, *über die Schulter!* Sie werden feststellen, daß der Sprecher dies aus den Augenwinkeln heraus registriert, auch wenn er Sie nicht direkt angesehen hat. Er wird sich unterbrechen, vielleicht sogar umsehen, um festzustellen, worauf Sie Ihre Aufmerksamkeit gelenkt haben!
Das heißt, wiewohl wir beim Nachdenken oft wegsehen, nehmen wir doch so manches Signal aus den Augenwinkeln heraus auf oder wahr, *wenn* wir sensibel sind. Es gibt aber auch Menschen, die dies gar nicht merken, die also »stur« weiterreden, egal welche Signale Ihre Umwelt Ihnen verzweifelt zu senden versucht, wenn sie nicht direkt unterbrechen will.
Diese beiden Experimente werden sowohl Ihre Aufnahmefähigkeit erhöhen, als auch in bezug auf Untengesagtes von großem Wert sein können.

5.4.5 Augenkontakt als Strategie?

Wiewohl ich dringend davon abraten möchte, »den« Augenkontakt als »Strategie« einsetzen zu wollen, da dies unweigerlich zu Auswüchsen wie unter 5.4.1 beschrieben, führen wird, möchte ich auf folgende Regel verweisen:

Augenkontakt im Sinne von Kontrollblicken stellt einen wesentlichen Aspekt der erfolgreichen Gesprächsführung dar.

Die Betonung liegt auf »*einen* wesentlichen Aspekt«. Zum einen hat Ihnen die Beschreibung des Experimentes (s. Kap. 5.4.3) *eine* Möglichkeit gezeigt, die den kurzen Kontrollblick umfaßt. Zum anderen ist es eine Tatsache, daß man beim Nachdenken oft wegblickt. Dies bringt uns zu einer *Sünde bei Verhandlungen,* die leider nur allzu häufig gemacht wird:

Erinnern Sie sich an unser Partygespräch-Beispiel, in dem Sie sich für das Auto Ihres Gegenüber interessierten (s. Kap. 4.2.3)? Wenn wir diese Situation einmal als Beispiel für eine Verhandlung betrachten wollen, dann war doch *ein* wichtiger Hinweis seine sich plötzlich verändernde Körperhaltung! Nachdem wir den Preis genannt hatten, den wir bezahlen können, hatte er sich uns plötzlich zugewandt (dabei sein Körpergewicht abrupt verlagernd), während er behauptete: »Viel zu wenig«.
Stellen Sie sich nun vor, Sie hätten über Ihr Preisangebot *nachdenken* müssen. Dann hätten Sie vielleicht zur Decke geschaut und kalkuliert, was der Wagen laut seiner Erklärung alles beinhaltet. Sie hätten vielleicht gedacht: »Er sagt, die Reifen seien noch neu, eine Stereoanlage sei auch dabei . . .«. Stellen Sie sich weiter vor, Sie hätten Ihr Preisangebot *noch immer ohne Augenkontakt* gemacht. Dann hätte es gut möglich sein können, daß er *wieder zurückgelehnt* dasäße, bis Sie wieder hinschauten. Das bedeutet: *Sie hätten den wesentlichsten Hinweis für Ihre Preis-Strategie überhaupt nicht wahrnehmen können!* So daß wir für die tägliche Praxis ableiten können, daß wir in solchen Situationen erst »zu Ende« denken und den anderen wieder ansehen sollen, *ehe* wir unsere Informationen preisgeben. Nur so können wir unsere Interpretation der körpersprachlichen Signale auch einsetzen. Was nützt das beste Wissen, wenn ich die notwendigen Signale überhaupt nicht wahrnehmen kann, weil ich nicht hinschaue?! (Deswegen empfehle ich, die erste Übung unter Kap. 5.4.4 so oft wie *nötig* durchzuführen!)
Als letzter Punkt zur Strategie des Augenkontaktes sei noch auf Menschen verwiesen, die scheu oder schüchtern sind, bzw. die dem Augenkontakt auszuweichen scheinen. Hier reagieren wir dann oft falsch, indem *wir uns unwohl fühlen* und ebenfalls wegsehen. Überlegen Sie einmal mit: Wenn der andere Sie aus irgendwelchen Gründen nicht anschauen kann (s. auch Kulturunterschiede, Kap. 9), dann bedeutet dies nicht automatisch, *daß er von Ihnen* nicht gesehen werden möchte! Wenn Sie ihn hingegen ansehen (natürlich nicht »fest« anstarren, womöglich noch mit einem angedeuteten Stirnrunzeln!), dann werden seine kleinen, ab und zu eingesetzten Kontrollblicke ihm zeigen, daß man ihn nicht »übersieht«, mißachtet, nicht ernst nimmt, etc.
Übrigens werde ich an dieser Stelle im Seminar immer gefragt: »Ja, wie steht es aber mit einem Gegenüber, welches schielt oder stottert oder irgendwie verkrüppelt ist?«
Antwort: Der schielende Mensch hat schon genügend Probleme wenn

das Schielen (wie häufig der Fall) auch mit einer (teilweisen) Sichtbehinderung einhergeht. Warum sollen wir ihn auch noch strafen, *indem wir verhindern, daß er angesehen werden kann?* Außerdem leidet ein Mensch mit irgendeinem Gebrechen doch hauptsächlich dadurch, daß seine Mitmenschen ihn *nie* vergessen lassen, daß er »anders« oder »behindert« ist! Unsere Tendenz, hier wegzuschauen, ergibt sich m. E. *aus unserer eigenen Unbehaglichkeit*, nicht etwa weil wir dem anderen »helfen« wollen, wie verbal gerne behauptet wird.
Was einen Menschen angeht, der stottert: Ohne hier auf die psychoanalytischen und anderen angebotenen Theorien eingehen zu wollen, können wir global sagen: die meisten Stotterer haben keine physiologischen Defekt, der diese Sprechweise *erzwingt*. Also bleibt nur die Möglichkeit eines »psychologischen« Grundes. Wie immer dieser auch aussehen mag (die Theorien unterscheiden sich hier), so bleibt doch der *Effekt*, der erzielt wird, immer der gleiche: *Der stotternde Mensch zwingt seine Umwelt, ihm mehr Aufmerksamkeit zu schenken, als ein nicht stotternder.* Sie müssen sich mehr konzentrieren, um ihn zu verstehen.
Dasselbe gilt übrigens auch für extrem leise oder undeutlich sprechende (z. B. nuschelnde) Mitmenschen!
Nun behaupten die Seminarteilnehmer zunächst, daß es solche Menschen nervös mache, wenn man sie ansehe. Aber das stimmt nicht! Richtig ist vielmehr, daß diese Menschen nervös werden (zu Recht), wenn man Ihnen ständig *auf den Mund* schaut, was viele Zuhörer automatisch und unbewußt tun! *Auch Sie* werden nervös, wenn Ihnen jemand ständig auf den Mund sieht! Wie jeder andere auch, mit dem Sie dies einmal probieren wollen! Das bedeutet jedoch nicht, daß wir diesen Menschen nicht *in die Augen* sehen können oder dürfen! Gerade dieses Signal des Augenkontaktes wird Ihren Kontakt zu so jemanden verbessern, nicht jedoch ein Vermeiden desselben, weil es *Ihnen* peinlich ist!

5.4.6 Pupillengröße als Signal?

Sicher ist Ihnen bekannt, daß die Pupille sich bei verändernden Lichtverhältnissen angleicht. Hier brauchen wir nur an unsere Katze zu denken, bei der dieser Prozeß leicht zu beobachten ist, weil das Maß der Vergrößerung bzw. Verkleinerung bei ihr sichtbarer ist als bei uns. Jedenfalls wird auch die menschliche Pupille sich sofort reflexartig zusammenziehen, wenn man mit einer Taschenlampe hineinleuchtet. Ebenso weitet sich die Pupille, wenn die Umgebung dunkel wird. Nun haben Wissenschaftler festgestellt, daß dieser Reflex nicht nur bei sich ändernden Lichtverhältnissen auftritt, sondern auch bei zu- bzw. abnehmendem *Interesse!* Dies hat eine Flut von Pseudo-wissenschaftlichen Publikationen ausgelöst, weshalb ich hier kurz darauf zu sprechen kommen möchte.

Wie der Volksmund beobachtet hat, wirkt ein Mensch, dessen Pupille zusammengezogen ist, anders auf uns, als jemand, dessen Pupille weit geöffnet ist. Ersteren Blick bezeichnet man als »stechend«. Man sagt von jemandem, er habe »Schweinsäuglein« u. ä. Letzteres wird häufig als »offenes Auge« wahrgenommen, wiewohl das Augenlid selbst vielleicht nicht wirklich sehr geöffnet ist. Kurzsichtige Menschen haben »schöne« Augen, da die Pupille bei ihnen eher größer ist, um das schlechtere Sehen zu kompensieren. Hieraus ergibt sich bereits, daß ein extrem gut sehender Mensch vielleicht deshalb einen eher »stechenden« Blick aufweisen wird. Weiter gilt es zu bedenken, daß die Lichtverhältnisse *absolut* gleich bleiben müssen, wenn man momentane Pupillenerweiterungen als Interesse, bzw. Verengungen als Desinteresse auslegen möchte!

Außerdem haben wir im allgemeinen zu wenig »Gefühl« dafür, wie groß eine Pupille »gerade jetzt« eigentlich sein sollte, um sporadisch ab und zu die Pupillengröße als Signale werten zu können. Letztlich könnte eine Verengung (falls alle Bedingungen bei der Beobachtung erfüllt worden wären!) zwar Desinteresse bedeuten, aber: Wir haben gesehen, daß ein Mensch, der die eben gehörten Informationen »verarbeiten«, (überdenken) möchte, »in Gedanken versinkt«, *wobei dieser Prozeß ebenfalls mit einem Verengen der Pupille einhergeht!* Es ist,als wollte er sagen: »Jetzt im Augenblick bitte keine weiteren Daten, ehe ich über die gegebenen nachdenken konnte.« Dieser Prozeß weist auf *starkes Interesse* hin, denn bei nicht so akutem Interesse könnte er uns weiterreden lassen, ohne »abschirmende« Signale irgendeiner Art auszusenden.

Daraus können wir sehen, wie »exakt« Informationen wie die folgende sind: »Fragen Sie Ihren Partner, ob er Sie liebt und achten Sie bei seiner Antwort auf die Größe seiner Pupille.«

5.4.7 Die Augenmuskeln

Wie schon angedeutet, gibt es zwei Teile des Auges, die wir beachten können[1]: Zum einen die Pupille, zum anderen das Gesamtauge bzw. Bewegungen der Augenlider.
So spricht man z. B. vom »verhängten« Auge, wenn das Oberlid abgesenkt wird. Dieser Blick geht mit einer Einschränkung der Wahrnehmung einher. Diese kann vorübergehend sein (Bruchteil einer Sekunde) oder aber auch länger dauern (mehrere Minuten). Wieder interpretieren viele Autoren hier »Desinteresse« (s. Kap. 5.4.6).
Noch stärker abschirmend als das »verhängte« wirkt das »verdeckte« Auge, bei dem das Oberlid fast geschlossen wird. Auch bei »zugekniffenen« Augen verdecken wir das Sinnesorgan, mit dem wir sehen, z. B. bei Mißtrauen, beim Nachdenken, bei Aggression; also in Augenblicken, in denen wir gerade nicht viel sehen wollen! Was wir jetzt jedoch für die Stirnfaltenbildung gesagt haben, gilt in noch stärkerem Maße für das Auge: Es bewegen sich immer mehrere Muskeln im Verband miteinander. Augenlidbewegungen gehen sowohl mit Augenbrauenbewegungen (Stirnbereich) einher, als auch mit Bewegungen der *Mund*muskulatur! Deswegen gilt auch hier die Regel, daß man lernen sollte, die Primär-Signale der Augen mit diesen Sekundärmerkmalen zu registrieren, erstere bewußt, letztere gleichzeitig, aber unbewußt.
Zum Trainieren der Wahrnehmung eignen sich sowohl schon beschriebene *Experimente* als auch das folgende: Bitten Sie jemanden, Ihnen etwas zu erzählen. Seine Darstellung soll etwas länger dauern, also mehrere Minuten. Fragen wie »Wie war es denn im Urlaub?« oder Erzählungen über einen gesehenen Film eignen sich hervorragend. Nun hat man die Person um die Information gebeten, so daß diese (unbewußt) von der Annahme ausgehen wird, daß man sie während des (aufmerksamen) Zuhörens ansehen wird. Dies aber tun Sie nicht! Auch wenn die Person selbst Sie kaum ansieht, weil sie nachdenkt (s. oben), wird sie bei kleinen Kontrollblicken feststellen, daß kein Augenkontakt zustande kommt. Dies empfindet sie als ein inkongruentes Signal von uns! Sofort wird sie sich unterbrechen bzw. fragen: »Ist was?« oder ähnlich. Nun versichern Sie, daß »nichts sei«, oder bitten: »Sprich nur weiter.«

1 Wobei wir die Fältchenbildung um die Augen außer Acht lassen werden.

Achtung, nach zwei- oder dreimaligem Wiederholen Ihres bewußten Nicht-Hinsehens wird die Person in der Regel verunsichert oder verärgert (zu Recht). Also bitte nicht übertreiben!
Trotzdem schulen solche Versuche unseren Blick enorm, da wir hier *bestimmte Signale gezielt hervorrufen* und für das Sehen-Üben nicht warten müssen, bis sie irgendwann einmal *zufällig* auftauchen!
Wiewohl wir schon Seiten mit der Besprechung des Blickens gefüllt haben, haben wir noch keinen Bruchteil der möglichen Informationen besprochen. Aber auch hier gilt m. E., daß weniger eher mehr ist. Wenn Sie auf die angeführten Aspekte zu achten lernen, dann sehen Sie als Geübter bereits weit mehr als früher!
Technisch gesehen gehört zum Mittelgesicht auch die Nase, sowie der Wangenbereich (und, natürlich die Ohren). Da aber die mimischen Möglichkeiten von Nase und Ohren minimal sind, werden wir hier nicht gesondert auf sie eingehen. Dasselbe gilt für den Wangenbereich, wiewohl ich darauf hinweisen möchte, *daß ein entspannter Mensch im Wangenbereich anders wirkt, als ein angespannter!*
Als letzte Information ein Kombinations-Hinweis:
Man kann die Augenregion nicht entspannen, solange der Mund verkrampft ist, und umgekehrt!

5.5 Der Mund und das Kinn (Interpretation)

Wie unter 5.2.3 schon kurz angedeutet wurde, hat sich der Mund aus dem Ur-Schlund heraus entwickelt, den bereits sehr einfache Organismen aufweisen. Dieser stellt *ihre einzige Verbindung* mit der Außenwelt dar, da sie weder über Augen noch über Ohren oder Extremitäten (mit Tastorganellen) verfügen.
Daher ist es vielleicht nicht verwunderlich, wenn wir beobachten, daß ein akutes Wahrnehmen-Wollen häufig mit einem teilweise oder ganz geöffneten Mund einhergeht. (Auch beim Staunen öffnet sich der Mund.) Umgekehrt kann man beobachten, wie sich die Lippen verschließen, wenn man nicht wahrnehmen will. Der schon erwähnte mißbilligende Zug um den Mund ist ein gutes Beispiel hierfür.
Nun kann ein verpreßter Mund auch darauf hinweisen, daß man nichts

»hinaus« lassen möchte[1], z. B., wenn jemand sich nicht äußern will oder darf oder wenn jemand Angst hat, ein Geheimnis auszuplaudern bzw. wenn jemand sich »auf die Lippen beißt«, damit ein Gedanke nicht »herausrutschen« kann.

Wenn Sie die beiden Experimente zur Stirnfaltenbildung durchführen, werden Sie als Sekundärmerkmal den Mund wahrnehmen. Wenn Sie hingegen auf die Mundstellung achten, gehören die Augen und/oder Stirnsignale zu den mimischen Sekundärmerkmalen.

Unser Experiment zur senkrechten Stirnfaltenbildung wird immer auch den Mund der Versuchsperson mit einbeziehen. Damit Sie noch mehr üben können und mehr »Munition« für die gleichen Versuchspersonen haben, im folgenden ein Experiment, bei dessen Durchführung Sie hauptsächlich auf den Mund achten wollen:

5.5.1 Ein Experiment zum Mundverziehen

Wenn wir uns anstrengen müssen, dann schließen wir oft den Mund. Manche stecken die Zunge etwas heraus, andere verkneifen den Mund (häufig sogar in einer schiefen Stellung). Darauf wollen Sie achten, wenn Sie Ihre Gruppe von Freunden am Bier- oder Kaffeetisch zum nächsten Versuch auffordern: Legen Sie drei Münzen auf Ihre flache Hand und zeigen Sie diese der Gruppe mit folgenden Worten: »Wer kann diese drei Münzen in seiner Hand festhalten, dabei jedoch gleichzeitig die mittlere Münze aus dem Stoß nehmen und nach unten schieben, ohne die Hand bzw. die Münzen irgendwo aufzustützen? D. h. also, daß die Münzen während der ganzen Zeit in einer Hand gehalten werden müssen.« Dann übergeben Sie die Münzen einem Freiwilligen.

Was Sie nun beobachten können sind Signale, die immer bei »normaler« Konzentration auftreten, aber auch in Situationen, in denen jemand etwas zum ersten Mal macht. (Wer solche Versuche noch nie durchgeführt hat, wird nämlich feststellen, wie wenig er die Bewegungen seiner Fingermuskeln unter Kontrolle hat, da er ja gleichzeitig die Handmuskulatur gebraucht, um den Münzenstoß festzuhalten!)

1 Gerade im Verband mit solchen Signalen des Mundes kann die »Sprache der Hände« oft zusätzliche Information bedeuten (s. Kap. 6.3).

5.5.2 Die Mundwinkel

Mit das Wesentlichste an einem Gesichtsausdruck dürften wohl die Mundwinkel sein. Im Folgenden finden Sie drei Gesichter, denen jeweils der Mund fehlt (7b). Diesen sollen Sie selbst einzeichnen, und zwar bei A, B und C jeweils den Mund, der unter a, b und c abgebildet ist:
a: Kaum merkliches Heben der Mundwinkel,
b: weder ein Heben noch ein Senken derselben und letztlich
c: abgesenkte Mundwinkel, ebenfalls kaum bemerkbar!

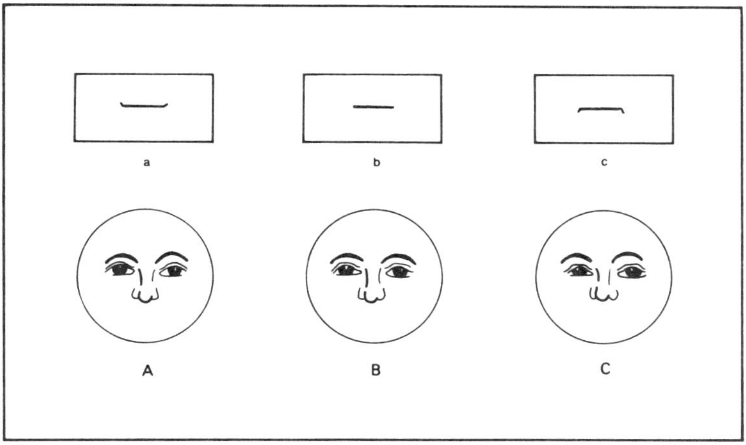

Abb. 8

Ist es schon außerordentlich verblüffend, wie stark der Gesamtgesichtsausdruck verändert wird, dann halte man sich vor Augen:

Im Gesicht gelten mimische Ausdrucksformen der drei Bereiche immer nur im Verband miteinander als Signale, die man interpretieren kann.

Niemand kann nur die Mundwinkel eine Fraktion von einem Millimeter heben oder senken ohne gleichzeitig andere Muskeln im Gesicht bewegt zu haben!

Ein sehr froh-zufriedenes Gesicht und ein unfroh-mißbilligendes unterscheiden sich nämlich hinsichtlich auf die Gesamt-Signale sehr stark voneinander:

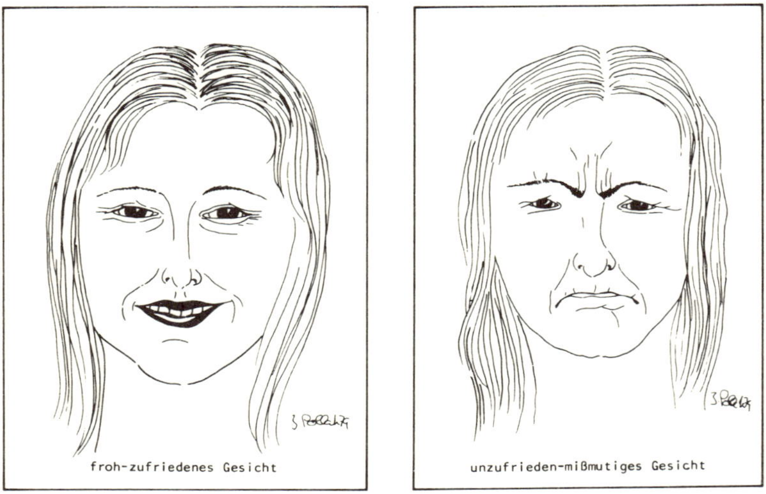

Abb. 9

Deswegen bedeutet die folgende Information, die wir bezüglich der Mundwinkel geben automatisch, daß diese anderen Signale immer »mitlaufen«.

Was der *momentan* verpreßte Mund bedeutet, haben wir ja schon angesprochen. Hier nun soll es uns um Menschen gehen, deren Mund *so häufig verpreßt war,* daß sich tiefe Linien von den Mundwinkeln abwärts gebildet haben (s. Kap. 5.4). Zwar erwähnten wir bereits, daß diese Linien durch Krankheit oder schweres Schicksal hervorgerufen worden sein können (s. Kap. 5.1), aber häufig sind diese Linien das Resultat einer Entwicklung, die man wie folgt beschreiben könnte: In der Jugend hatten diese Menschen noch Illusionen! (Bei jungen Menschen kann man beobachten, daß ihre Mundwinkel eher die Tendenz haben, sich nach oben zu bewegen.) Dann verloren diese Menschen eine Illusion nach der anderen. Sie erlebten Frustrationen, sie wurden unzufrieden, sie merkten mehr und mehr, wie viele ihrer Ziele, Wünsche und Hoffnungen ihnen entglitten. Dies hat sie verbittert. In den mittleren Jahren des Lebens

haben solche Menschen häufig eine dünne Linie dort, wo die Lippen sein sollten. Später wird das Absenken der Mundwinkel chronisch, geht jedoch auch mit einem Zusammenpressen der Lippen einher, ein Akt der *Kraft* kostet und durch Muskel-*Kraft* erzeugt wird. Dieser Prozeß führt dann zu den tief »eingekerbten« Linien von den Mundwinkeln nach unten. So daß dieser chronisch verpreßte Mund häufig einen desillusionierten, unzufriedenen oder unglücklichen Menschen andeuten kann, dem man heute schwerlich etwas »recht« machen kann. Solche Leute haben oft viel Selbstmitleid und finden im allgemeinen alles furchtbar beklagenswert oder »unmöglich« (s. auch Kap. 8.6.1 und 8.6.2).
Aber es gibt noch eine andere Art von verpreßtem Mund, bei dem der »verpreßte« Mund eher schnutenartig zusammengezogen wird, fast so, als wolle man besonders höhere Töne pfeifen.

5.5.3 Der verpreßte Mund

Eric BERNE schlägt in einem seiner Bücher folgendes Experiment vor, in dem nicht nur die Gesichtsmuskeln, sondern auch die Muskeln des Rückens mit den Mundwinkeln im Verband arbeiten: Setzen Sie sich hin (wenn Sie nicht sowieso gerade sitzen) und pressen Sie den Anus-Muskel zusammen. Nun beugen Sie sich leicht vor und versuchen Sie aufzustehen, ohne sich irgendwo aufzustützen und ohne die Kontrolle über den fest zusammengekniffenen Anus-Muskel zu verlieren.

Stop.

Nun, waren Sie neugierig genug, um es zu versuchen? Dann haben Sie bestimmt festgestellt, daß die Verspannung über das Rückgrat hinauf bis zu Ihrem Mund »gewandert« ist. Der sogestalt zusammengezogene und dabei leicht zugespitzte Mund ist eine andere Form des verpreßten Mundes als diejenige, in der wir die Lippen *geradegehalten* zusammenkneifen und die Mundwinkel dabei absenken. Erstere Form wird im amerikanischen mit dem Ausdruck »tight-ass« umschrieben.
Wenn ein Amerikaner von jemandem sagt, er sei ein »tight ass«, dann will er damit verschiedene Dinge andeuten: Zum einen kann dieser Mensch »seelisch verkrampft« sein, also weder offen noch spontan in seinen Äußerungen. Zum anderen kann er übertrieben zurückhaltend (auch

geizig) sein, so daß das Wort »Zurückhaltung« sowohl wörtlich als auch im übertragenen Sinne gemeint ist. Letztlich bezeichnet man auch jene Menschen so, die sich an ein engmaschiges Netz von Moralgeboten halten und gleichzeitig auch allen anderen verbieten, sich freier zu verhalten. Jemand, der eine Aktion »Saubere Leinwand« startet, weil *er selbst* solche »schlimmen« Filme nicht sehen darf (da seine Programme ihm dies verbieten) und der nun dafür sorgen will, daß andere sich *seiner Moral gemäß* verhalten sollen!

Wieder konnten Sie sehen, wie der Volksmund Zusammenhänge von physischer und seelischer Verkrampftheit deutet. Wenn wir diese wechselseitige Abhängigkeit der Physis und der Psyche bedenken – füllt es einen dann nicht mit Erstaunen, wie wunderbar unser Körper funktioniert? (Wobei wir wissen, daß zusätzlich noch *zahllose autonome* Vorgänge mitbeeinflußt werden. So verringert sich z.B. der Hautwiderstand bei Erregungen; die Hormone werden von Stimmungen beeinflußt und beeinflussen wiederum jene, usw.) Deswegen bevorzuge ich die östliche Einstellung, die nicht sagt »ich habe« einen Körper, sondern:

Ich bin mein Körper.

Genau so »ist« der Mitmensch »sein« Körper. Deswegen spricht der Körper ja immer (»mit«), wenn wir kommunizieren (oder alleine sind).

Was nun die Mundwinkel angeht, so stellen sie nicht nur ein Sende-Instrument dar (indem andere von unseren Mundwinkeln unerhört viel »ablesen« können – und wir von ihnen), sondern: Gerade hier ist der Zusammenhang der wechselseitigen *Beeinflussung* von Physis und Psyche mit am leichtesten nachvollziehbar:

5.5.4 Smile!

Im Chinesischen heißt es: »Wer nicht lächeln kann, sollte keinen Laden eröffnen«.

Damit meint der östliche Weise jedoch nicht nur, daß der griesgrämige Ladenbesitzer negativ auf Kunden wirkt (die dann nicht wiederkommen), sondern er will auch über die seelische Verfassung eines solchen Menschen etwas aussagen: Ein Mensch, der nicht lächeln kann, ist auch sich selbst »nicht gut«. Er ist nicht im reinen mit sich, er ruht nicht in sich, er ist unzufrieden usw. Mit so einer Einstellung aber kann man sich nicht erfolgreich selbständig machen, sei es im Handel, in der Industrie, im Dienstleistungsgewerbe oder sonstwo.

Deswegen »feuern« amerikanische Manager nicht nur Verkäufer, die nicht lächeln können (7b), sondern auch Führungskräfte! Man könnte fast sagen: Spätestens ab der mittleren Führungsebene werden kaum Menschen eingesetzt, deren Mundwinkel chronisch »fallen«!

Wieder ein Versuch, der Sie sehr erstaunen wird, wenn Sie ihn durchführen: Das nächste Mal, wenn Sie so richtig »sauer« aus einem Gespräch herauskommen und bald in die nächste Gesprächssituation eintreten müssen, probieren Sie einmal zu *lächeln,* ehe Sie dem nächsten Partner begegnen[1].

Im ersten Ansatz klingt der Rat natürlich absurd. Erstens haben Sie jetzt absolut keine »Lust« zu lächeln und zweitens wissen Sie, daß Sie allenfalls eine Grimasse zustande bringen können, aber kein Lächeln.

Richtig und falsch.

Richtig soweit unsere Bemerkungen auch auf Sie zutreffen. Falsch aus einem anderen Grunde: Auch die »Grimasse«, das »gequälte Lächeln«, das »komische Grinsen«, das nun zustande kommt, zwingt Sie, *Ihre Mundwinkel anzuheben!!!*

Diese Tatsache löst nun eine Kettenreaktion aus, denn Körpersprache und Gefühl bedingen sich immer wechselseitig. Wenn Sie das »Grinsen« *ca. 20 Sekunden lang einhalten,* verändert sich plötzlich und ziemlich abrupt Ihr Gefühl! Als erstes kommt Ihnen Ihr Grinsen »komisch« vor. Damit verändert es sich in ein leicht »gequältes« Über-sich-selbst-Lächeln, was immerhin schon fast ein »echtes Lächeln« darstellt!

Als nächstes werden Sie feststellen, daß Sie nun wieder *klarer denken* können, weil Sie ruhiger werden. Dabei wiederum stellen Sie häufig fest, daß derjenige, der Sie so verärgert hatte, dies entweder nicht wußte, nicht wollte oder aber im Moment auch nicht anders »konnte«.

Inzwischen ist Ihr »Lächeln« wieder eine Nuance »heller« geworden.

Wenn Sie sich danach dem nächsten Gesprächspartner zuwenden, werden Sie ihn nicht unbedingt anstrahlen, aber Sie werden ihm auch keine Mißmutfalten präsentieren (die wiederum seine Reaktionen beeinflußt

1 Wenn alle Stricke reißen, können Sie zwischen den einzelnen Gesprächen ja auch ein stilles Örtchen aufsuchen und den Versuch dort, hinter verschlossener Tür durchführen, um unbeobachtet zu bleiben!

hätten, so daß die Chance, aus diesem negativ-Gefühl herauszukommen, weit geringer gewesen wäre!)
Übrigens sitzt der Yogi oder der Zen-Mönch, wenn er meditiert, mit einem lose geschlossenen Mund da, dessen Mundwinkel eine kaum wahrnehmbare Fraktion nach oben weisen. (Dies können Sie bei den meisten Buddha-Statuen auch sehen.)

5.5.5 Der offene Mund

Denken Sie an unser Experiment zurück, in dem Sie die Mundpartie entspannen wollten. Erinnern Sie sich noch an die Worte FELDENKRAIS' (29), aus denen hervorging, daß ein entspannter Unterkiefer herunterhängen *muß*, wenn gewisse Muskeln ihn nicht bewußt (oder gewohnheitsmäßig unbewußt) nach oben ziehen? Nun entspannt der »zivilisierte« Mensch seinen Mund fast nie. Im Schlaf vielleicht, wobei diese Entspannung so weit gehen kann, daß bei Menschen der Gaumensegel ebenfalls »locker« wird und dabei höchst komische Geräusche entstehen können.
Aber bei wachem Bewußtsein hängt unser Mund nie ganz offen »herum«, wir würden uns an den »Dorfdeppen« erinnert fühlen; eine höchst unangenehme Assoziation. Also schließen wir lieber den Mund gemäß den Programmen, mit denen wir erzogen worden sind. Denn: Der ständig geschlossene Mund ist ein angelerntes Verhalten, kein normaler Zustand des Seins!
In diesem Licht betrachtet, wirken Öffnungen des Mundes, körpersprachlich gesehen, immer in Richtung einer inneren Offenheit. Sei es, um Informationen »herauszulassen« (z. B. wenn man Atem holt und sprechen will), sei es, um Informationen »hereinzulassen«, also z. B. beim interessierten Zuhören. Als mögliche Stimmungshaltungen erwähnt ZEDDIES (94) z. B.:

1. Erstaunen
2. Erschrecken
3. Mitteilungsbereitschaft
4. auf- und einnehmender Geisteszustand.

Gleichzeitig verweist er auf ein »Fehlen der Bereitschaft zu einer zielgerichteten Handlung«, was er bei einem häufig offenen Mund sofort als »schwachen Charakter« auslegt, weil auch er von westlichen Programmen (ein Mund hat zu zu sein!) geprägt ist. Ich erwähne dies im Vorausblick auf Kap. 9, da Sie gerade bei Menschen anderer Kulturkreise zu schwerwiegenden Fehlinterpretationen kommen können, wenn Sie automatisch annehmen, andere reagierten immer wie wir selbst! Zwar kann der offene Mund auf fehlende Bereitschaft zur zielgerichteten Handlung hinweisen (dies hängt natürlich von den Sekundärmerkmalen ab), aber das bedeutet nicht, daß jemand nicht doch zielgerichtet sein könnte,wiewohl sein Mund (zumindest zeitweise) geöffnet ist.

5.5.6 Der bittere Zug um den Mund

Wenn Sie neugierig sind, können Sie ein Mini-Experiment versuchen: Begeben Sie sich vor einen Spiegel und essen Sie etwas Bitteres, bzw. lutschen Sie an einem, in eine bittere Flüssigkeit eingetauchtem, Stück Brot. (Wenn Sie nämlich etwas Bitteres trinken, können Sie Ihre Reaktionen nicht so deutlich sehen, da das Gefäß, aus dem Sie trinken, Ihren Mund verdeckt.)
Beobachten Sie (bei mehrmaligem Probieren) zum einen, was Sie *sehen*, zum anderen, welche Veränderungen Sie innerhalb des Mundes wahrnehmen *(spüren!)* können.

Stop.

Haben Sie es ausprobiert? Dann haben Sie festgestellt, daß sich beim Wahrnehmen eines bitteren Geschmacks die Zunge möglichst weit vom Gaumen entfernt, während man gleichzeitig den Unterkiefer nach unten drückt, wiewohl die Lippen dabei geschlossen bleiben.
Dies verursacht äußerlich einen bestimmten Zug um den Mund, der schwierig zu beschreiben ist und den man den »bitteren« Zug nennt.
Dieser bittere Zug tritt natürlich ebenso auf, wenn wir etwas als »bitter« empfinden, also auch bei unangenehmen Gefühlen wie *Ekel*, Abscheu, Verachtung. Übrigens funktioniert dies bereits bei einer Vorstellung! Wenn Sie intensiv und bewußt gelesen haben, haben Sie u. U. sogar bei der Vorstellung, die das Wort »Ekel« auslöst, einen Augenblick lang diesen bitteren Zug in Ihrem Gesicht verspüren können (falls Sie es wahrgenommen haben).

Menschen, die diesen Zug häufig aufweisen, beschreibt man manchmal als »Bittermienen« deren *leidender Ausdruck im Beobachter ähnliche Regungen hervorruft.* Deshalb meidet man diese Menschen gerne.

5.5.7 Der süßliche Zug um den Mund

Auch hier können Sie zuerst vor dem Spiegel etwas Süßes probieren, um zu fühlen und zu sehen, was Sie wahrnehmen können. (Dann bekommen Sie auch den bitteren Nachgeschmack von vorhin wieder weg . . .)

Stop.

Haben Sie beobachtet, wie Sie die Lippen flach zusammengedrückt und gegen die Zähne geschoben haben?
Natürlich tritt auch dieser Zug bei lustbetonten, angenehmen Situationen auf. Darüber viel zu sagen, erübrigt sich wohl.

5.5.8 Das Kinn

Ähnlich den Signalen von Ohren, Wangenbereich und Nase sind die mimischen Möglichkeiten des Kinns begrenzt und für die meisten Betrachter zunächst kaum wahrnehmbar, insbesondere wenn man nicht das Profil sondern die Frontansicht eines Gesichtes betrachtet. Grundsätzlich kann man sagen: Bei dem Versuch, sich energisch durchzusetzen, reckt man das Kinn nach vorne (probieren Sie es einmal!), während man bei passivem Genießen das Kinn eher zurückzieht.
Zum Abschluß des Bereiches, der sich mit den Mund-Signalen befaßt, sei hier noch darauf verwiesen, daß der Tonfall (s. Kap. 8.) überwiegend mit dem Mund und nur teilweise mit dem Kehlkopf bzw. im Brustraum produziert wird. Also gehört der Aspekt des Tonfalls fast zum Bereich der Mimik: Denken Sie nur an die Mundstellung bei einem ooooo und bei einem iiiii!

5.6 Signale des ganzen Kopfes

Ein Signal des ganzen Kopfes haben wir schon besprochen, nämlich das Einziehen des Kopfes bei einer sich »schließenden« Haltung (s. Kap. 4). Weitere Signale wie ein Kopfschütteln oder ein Nicken sind (innerhalb unseres Kulturkreises) eindeutig genug zu verstehen.
Weniger eindeutig ist das Interpretieren eines schief geneigten Kopfes, da gerade hier kulturelle Unterschiede (bereits innerhalb der westlichen Welt) existieren (s. Kap. 9.). An dieser Stelle sei nur darauf verwiesen, daß Kopfneigungen zur Seite mit Schwerhörigkeit einhergehen können (wie schon in Kap. 5. angedeutet wurde). Weiter gilt zu bemerken, daß ein nach hinten- oder nach unten-Neigen des Kopfes insbesondere bei Brillenträgern einen Versuch darstellen kann, besser zu sehen (z. B. bei Brillen mit Doppelschliff). Gerade solche Signale könnten falsch interpretiert werden, nämlich in Richtung auf »geschlossene« bzw. »geöffnete« Haltung, wenn man vergißt, auf die Sekundärmerkmale zu achten bzw. Erfolgskontrollen durchzuführen!

Kapitel 6
Die Gestik

6.1 Die Sprache der Hände

Wir hatten ja schon einmal erwähnt, daß ein Sprecher (oder Redner) uns um so mehr zu überzeugen vermag, je kongruenter seine Signale auf der Inhalts- und der Beziehungsebene sind. Nun geben gerade die Analog-Signale der Gestik (also die »Sprache der Hände«) recht viel Informationen über den Verbalinhalt hinaus. Insbesondere gilt dies, wenn wir das Gesicht des Sprechers nicht (genau) sehen können, weil er den Kopf abgewendet hat, oder wenn die Lichtverhältnisse das Erkennen der Mimik unmöglich machen bzw. wenn er zu weit von uns entfernt ist. Auch bei Fernsehszenen, die Sie betrachten, um sich im Interpretieren zu üben, wird Ihnen die Gestik immer dann am meisten verraten, wenn die Gesamtfigur zu sehen ist, weil das Gesicht dann meist zu klein erscheint, um Details wahrzunehmen. Wir hatten ebenfalls darauf verwiesen, wie unendlich schwer die Mimik unter Kontrolle zu bringen ist (s. Kap. 5.1). Fast ebenso schwer kann es jedoch sein, mit den Händen zu »lügen«. So mag jemand versuchen, trotz innerer Erregung äußerlich ruhig zu wirken und gar nicht merken, mit welcher Vehemenz er seinen Zigarettenfilter plattdrückt.

In diesem Zusammenhang soll noch einmal auf das Phänomen der Körpermusik bzw. sogar des Körpertanzes verwiesen werden (s. Anhang A, S. 220ff.). Auch die Mikroanalyse zeigt nämlich, daß Haltung, Augenlid und *Hand*bewegungen die wesentlichsten Signale beinhalten.

Was den *Bewegungsumfang* angeht, so muß dieser im Zusammenhang mit dem *Tempo* der Bewegung interpretiert werden (s. Kap. 6.1.1).

6.1.1 Große und kleine Gesten

Große Bewegungen besitzen, wenn sie *ruhig* ausgeführt werden, Pathos und Dringlichkeit. STREHLE (84) nennt sie die Gebärde »des großen Herrn, nicht nur seinem Wesen angemessen, sondern auch seiner Führeraufgabe: Zeichen zu geben, die weithin verstanden werden«. Dieselbe Gebärde wirkt, wenn sie *rasch* ausgeführt wird, völlig anders. STREHLE (84): »(Sie) ist Ausdruck eines lebhaften, unbeherrschten Gefühls (Affekts). So äußert sich der Impulsive, der Froh-Gestimmte, der Begeisterte, der Wütende.«
Weiter sagt STREHLE (84) zu großen Bewegungen:

> »Während sie in ruhiger Ausführung imponierend wirken und in lebhafter Ausführung mitreißend oder einschüchternd, stiften hastig ausfahrende (große) Bewegungen nur Unruhe und Verwirrung. Da große Bewegungen die Aufmerksamkeit auf sich ziehen, bedient sich ihrer natürlich auch derjenige, der *auffallen* möchte: der Protz, der »großspurige« Prahler und Wichtigtuer und der geltungssüchtige, stets übertreibende (Mensch).« (S. 41)

Es leuchtet ein, daß kleine Bewegungen den gegenteiligen Eindruck auslösen. Daher meint STREHLE (84):

> »Wer dagegen nicht auffallen will, bevorzugt kleine, unscheinbare Bewegungen. Zu dieser Gruppe gehören die Anspruchslosen, *Schlichten*, die mehr sind als sie scheinen, die Korrekten, die taktvollen Zurückhaltenden und die innerlich Ergriffenen, die ihre Gefühle nicht zur Schau stellen wollen. Aber auch Vorsichtige und *schlau Berechnende*, Pfiffige und Heimtückische, die auf diese Weise versuchen, einen bescheidenen, harmlosen Eindruck zu machen. Außerdem natürlich die Antriebsarmen und *Schwächlinge* aller Spielarten.« (S. 42)

Diese Formulierung STREHLEs zeigt, daß er die kleine Bewegung sowohl jenen zuordnet, die bescheiden sind und nicht auffallen *wollen* als auch jenen, die *absichtlich einen falschen Eindruck* erwecken möchten, als auch jenen, die aus Schwachheit so gestikulieren, weil sie gar *nicht* anders *können*! Dies zeigt uns wiederum, wie vorsichtig wir sein müssen,

wenn wir ein Signal allein bereits interpretieren wollen, wenn wir also eine »Wörterliste« der analogen Signale zu erstellen suchen. Auf der anderen Seite kann so eine Interpretationshilfe sehr wohl *ein* wichtiger Hinweis sein, der uns hilft, zielsicher zu untersuchen, welche zusätzlichen Hinweise wir finden können, die uns »mehr sagen« werden!
Übrigens zieht STREHLE eine interessante Parallele zu anderen Signalgruppen, wenn er sagt (84):

> »Dem räumlichen Umfang der (Gebärden) entspricht der lautliche: Prahlhänse reißen das Maul gehörig auf, impulsive Menschen pflegen zu ihren großen Gebärden auch laut und lebhaft zu sprechen. ... Wütende toben sich in beiden Ausdruckssphären aus, und die Stimme des aufgeregt Gestikulierenden ist ständig in Gefahr, sich zu überschlagen ...« (S. 42, s. auch Tonfall, Kap. 8.).

So einleuchtend uns Beschreibungen und Interpretationen dieser Art auch sein mögen, wir müssen vorsichtig sein. STREHLE sagt: »Wütende toben sich ... aus.« Zwar bedeutet das Toben eines Menschen wohl meistens, daß er wütend ist, aber nicht jeder Wütende wird immer toben! Deshalb sollte man auf zusätzliche Informationen achten lernen, ehe man zu deuten beginnt. Grundsätzlich aber können wir wohl festhalten:

Je stärker die Gefühle angesprochen werden, desto akzentuierter wird auch die Gestik.

Ob Sie dabei gleichzeitig einen großen oder einen kleinen räumlichen Umfang einnimmt, hängt, wie wir gesehen haben, auch von anderen Faktoren ab.

6.1.2 Kongruenz/Inkongruenz:

Letztlich kann man ein *jedes* Signal auf Kongruenz/Inkongruenz hin untersuchen. Wenn wir noch einmal zu unserem NIXON-Beispiel (s. Einleitung und Kap. 1.) zurückkehren, dann wissen wir, daß er auf der Inhaltsebene behauptete, den Kontakt zu den jungen Leuten zu suchen, während seine Gestik eine andere Nachricht auf der Beziehungsebene aussandte. Nun vermitteln solche Informationen dem Zuschauer (oder dem Leser einer Fallstudie) natürlich zunächst das Gefühl, man habe den Sprecher »durchschaut«, man sei seiner »wahren Meinung« auf die Spur gekommen. Dann meint man gerne, man ließe sich nicht »belügen« oder gar »einwickeln«, man ließe sich nichts »vormachen«, u. ä. Da wir gerade bei den Gebärden solche Nicht-Übereinstimmung zwischen Wort und Körpersprache am leichtesten beobachten können, soll auch gerade hier auf einen Grundsatz verwiesen werden:

Wenn wir inkongruente Signale wahrnehmen, lernen wir lediglich, daß eine Inkongruenz stattgefunden hat, wir wissen aber noch nicht, worauf diese zurückzuführen ist!

Zwar haben wir bei NIXON genau gesehen, daß er abwehrende Handbewegungen ausführte, aber genaugenommen hätte dieses Signal allein nicht genug Information dargestellt, um schon zu deuten. Das heißt: dieses Signal allein gibt uns noch kein Recht auf seine Unehrlichkeit zu schließen. Zwar gab es im Falle NIXONs zahllose *zusätzliche* Hinweise bezüglich seiner Ehrlichkeit (auch schon vor Watergate!), aber im täglichen Leben kommen wir oft zu einem derartigen Schluß, ohne genügend Daten zu besitzen!
Angenommen ein uns völlig unbekannter Redner hätte gesagt: »Meine Damen und Herren! Es freut mich außerordentlich, daß ich heute die Gelegenheit ergreifen kann, gerade zu Ihnen zu sprechen, da ich meine, daß gerade Sie . . .« Nehmen wir des weiteren an, dieser Redner hätte gleichzeitig *genau wie* NIXON gestikuliert, er hätte also eine Arm- und Handbewegung gemacht, die so wirkte, als wolle er etwas von sich wegschieben. Was wüßten wir dann, genau? Was *wüßten* wir wirklich, und welche *Deutung* läge nahe?
Versuchen Sie die Frage vielleicht erst selbst zu beantworten, ehe Sie weiterlesen?

Stop.

Unter Umständen wird meine Antwort Sie verblüffen, vielleicht sogar verärgern. (Im letzteren Fall achten Sie bitte auf Ihre Hände, während Sie sich ärgern!)

Mit Sicherheit wissen wir lediglich, *daß* dieser Redner abwehrende Gebärden gemacht hat, aber wir wissen nicht,wen oder was er wegschieben wollte, bzw. ob er überhaupt etwas »wegschieben« wollte. Das Wegschieben-Wollen wäre also ein Deutungs-Versuch, die Feststellung,daß er diese Gestik zeigte,hingegen eine Beobachtung. (Das besagt ja auch unsere letzte Regel!)
Erinnern Sie sich noch an unser Fallbeispiel (Einleitung), in dem das Wort »Preis« eine Assoziation an »Herrn Dr. Preise« ausgelöst hatte? Auch hier wußte der Berater nicht, *worauf* sich die abwehrenden Signale bezogen hatten, er wußte lediglich, *daß* der Techniker sich eindeutig abgewandt hatte. Da er jedoch meinte, die Signale des Technikers deuten zu können, meinte er auch, den *Grund* für dieselben erraten zu haben, was ihn letztlich 4% von 200 000 Mark gekostet hat!
Kehren wir zu unserem Redner oben zurück: Nehmen wir an, er fühlte sich von einer Fliege belästigt. Dann könnte es durchaus sein, daß er diese unbewußt abwehren will, während er bewußt denkerisch nur den Inhalt seiner Worte mitverfolgt . . .

6.1.3 Offen/Geschlossen:

Wie bei der Haltung (s. Kap. 4) können wir auch bei der Gestik auf den Aspekt der Offen- bzw. Geschlossenheit achten. Dieser Aspekt kann ein, aber eben nur ein Hauptkriterium darstellen. Insbesondere, weil eine geschlossene Haltung häufig mit sich schließenden Gesten einhergeht (als Sekundärmerkmal),bzw. weil sich schließende Gesten einer geschlossenen Haltung vorangehen können (als Primärsignal). So kann es z. B. sein, daß jemand zuerst den Kopf ein- und die Schultern anzieht,ehe er seine Arme bzw. einen Gegenstand (z. B. einen Aktendeckel) als »Schutzschild« an sich drückt. Ebenso aber kann letzteres Signal eine Tendenz zur Geschlossenheit hin ausdrücken, ehe die Person weiß, ob sie sich wirklich »verschanzen« möchte. (Wobei die Person meist *unbewußt* »entscheidet«, wie ihr Körper sich verhalten wird!) So daß wir unter einer geschlossenen Gestik zweierlei verstehen: Erstens, Gebärden die eine geschlossene Haltung *unterstützen* und zweitens, Gebärden die einer geschlossenen Haltung *vorausgehen* bzw. diese einleiten. Allerdings muß im letzten Falle beachtet werden, daß dieses (unbewußt geplante) Sich-Schließen möglicherweise auch *nicht* eintreten kann, dann nämlich, wenn die sich verändernde Situation dieses unnötig erscheinen läßt. In diesem Fall *scheinen* diese schließenden Gesten alleine aufgetreten zu sein. Beispiel: Der Ehemann erzählt seiner Frau, die befürchtet, daß er wegen Überstunden wieder mal ein Wochenende »versauen« wird: »Also, jetzt haben wir festgestellt, daß die ganze rechte Wand noch einmal eingerissen werden muß . . .« (Hier beginnt sie, die Arme zum Körper hin zu bewegen) »allerdings muß die Arbeit diesmal von Kleinmann und seinen Leuten ausgeführt werden.« (Ihre Geste stoppt mitten im Bewegungsablauf.) »Ich werde also dieses Wochenende nicht auf den Bau müssen!« (Ihre Hände bewegen sich wieder auseinander und heben sich leicht während sie sagt:) »Wie schön!«

6.1.4 Gestik zum Kopf hin:

Da ja die Mimik und die Gestik mit am meisten Aussagekraft beinhalten, verwundert es sicher nicht, wenn gerade die Kombination dieser beiden Signalgruppen sehr aufschlußreich sein kann. So können z. B. Handbewegungen zum Mund hin sehr interessant sein. Manche Menschen verdecken ihren Mund häufig, wenn sie sprechen. Erstens sprechen sie dadurch sozusagen »hinter der schützenden Hand« hervor, so daß diese Geste u. U. in Bezug auf Geschlossenheit (wegen der Schutzfunktion der Hand) interpretiert werden kann. Zweitens zwingen sie andere,sich mehr anzustrengen, ihre Worte auch zu verstehen, so daß wir hier den (unter 5.4.5) erwähnten Effekt wiedertreffen: Man muß ihnen *mehr* Aufmerksamkeit (= Energien der Konzentration) zuwenden, als jemandem, der *offen* spricht. Drittens stützen sie sich dabei meist irgendwie auf, so daß vielleicht Aspekte einer geschlossenen Gestik miteinbezogen werden müssen. Letztlich zeigt diese Verbindung zweier Signalarten wieder, daß sowohl der Mund, als auch die Hand mit-spricht, wenn es darum geht, wie viele Informationen wir aus der Umwelt empfangen,bzw. in diese hineinleiten möchten (s. Kap. 5.5). Sicher ist es in diesem Zusammenhang nicht verwunderlich, daß eines der ersten (bzw. unterstützendsten) Signale des sich verbal Abschließen-Wollens eine oft plötzliche Handbewegung zum Mund hin ist. Jemand, der *beinahe* etwas gesagt hätte, was er aber dann doch »schluckt«, indem er sich »auf die Zunge beißt«, wird oft blitzschnell die Hand zum Munde führen. Eine Beobachtung, die wir manchmal machen können, wenn das Unbedachte schon »herausgerutscht« ist, ist ein »Hand-auf-den-Mund-Pressen«, als könne man die Information nachträglich wieder »hineinstopfen«. Manche Menschen schlagen sich in solchen Augenblicken sogar (leicht) auf den Mund, als wollten sie diesen dafür bestrafen, daß er sie »verraten« hat, wobei wir hier das Wort »Verrat« in beiden Deutungen einsetzen können.

6.1.5 Exkurs: Angeborenes oder anerzogenes Verhalten?

Gerade spontane Gebärden werfen die Frage auf, inwieweit analoge Signale angeboren bzw. anerzogen sind. Die wissenschaftlichen Untersuchungen hierzu sind noch lange nicht abgeschlossen, aber es zeichnen sich schon gewisse Informationen ab: Es könnte gewisse angeborene Signale geben, die man einem Instinkt gleichsetzen kann. Wobei wir unter »Instinkt«, nach ARDREY (2), artspezifisches Verhalten meinen, das bei allen Rassen und Menschengruppen auftaucht, ohne durch die Erziehung weitergegeben worden zu sein. Das Sich-Abwenden bei Ekel oder die Bitter-Reaktion (s. Kap. 5.5.6) sind Beispiel hierfür. Trotzdem verwundern gewisse Signale wegen ihrer Universalgültigkeit, während andere wegen ihrer Spontaneität *für angeboren gehalten werden*,aber trotzdem nicht universalgültig sind. Einige Beispiele sollen dies verdeutlichen: Unentschlossenheit geht auf der ganzen Welt häufig mit Handbewegungen zur *Nase* einher. ARDREY (2) schreibt hierzu: »Männer und Frauen legen z. B. den Zeigefinger seitlich an die Nase, während sie über die Situation, in der sie noch keinen Entschluß gefaßt haben, nachdenken. Frauen pudern ihre Nase auch gern in solchen Momenten.«
ARDREY (2) verweist auch noch darauf, daß Menschen in solchen Augenblicken auch gern ihr *Haar* berühren, sowohl bei Entscheidungsproblemen als auch bei Verlegenheit. Es kann z. B. sein, daß man sich am Kopf kratzt, daß Männer (»nachdenklich«) ihren Bart reiben oder daß man sich durch die Haare fährt. Er führt aus: »Es ist dies ein artspezifisches Verhalten,welches m. E. kein Produkt des Lernens sein kann und

welches weit älter, als der moderne Mensch (homo sapiens sapiens)[1] ist, da diese Gestik in allen Rassen vorkommt[2].« Die Auseinandersetzung mit dieser Frage führt jedoch zu Überraschungen bereits angedeuteter Art:

Das Gefühl, das einen ergreift, wenn einem etwas peinlich ist, weil man etwas »Falsches« gesagt oder einen anderen verletzt hat, geht mit einem spontanen »Augenniederschlagen« einher. Dies leuchtet ein, da uns die Situation unangenehm ist. Also »genieren« wir uns jetzt und wollen den anderen deshalb nicht anschauen. Richtig?

Falsch. Denn dieses unerhört spontane Signal, welches anscheinend nur durch Imitation von anderen gelernt wird, gilt in Japan nicht: Ein Japaner, dem etwas peinlich ist, wird blitzschnell die *flache* Hand vor den Mund schlagen (nicht immer sehr zart!) und den Gesprächspartner dabei mit weitaufgerissenen Augen anstarren. Es ist, als wolle er »ablesen«, wie verärgert der andere wirklich ist, bzw. wann er einem wieder vergeben hat. Diese Geste befremdet jedoch den Europäer, so daß dieser wahrscheinlich dazu neigen wird, seine Augen abzuwenden, was wiederum den Japaner befremdet, da dieses Signal *aus seiner Sicht inkongruent ist* (zu seiner Erwartungshaltung nämlich)!

So zeigt uns dieser Vorgriff auf Kap. 9 wieder einmal, daß noch viele Fragen offenstehen, wenn es darum geht festzustellen, welche Signale wirklich angeboren, welche anerzogen sind (s. auch Kap. 7.1).

6.1.6 Zum anderen hin?

Viele Autoren gehen von der Annahme aus, daß die Richtung einer Geste ebenfalls Aussagekraft besitze. Allerdings ist auch hier Vorsicht geboten, denn eine der Aussagen über die Richtung lautet z. B.: »Egoistische Menschen werden mehr zum eigenen Körper hin gestikulieren, als zum anderen hin.« Hier halte ich schon das Etikett »egoistisch« für gefährlich: wie viele »altruistische« Menschen kennen Sie selbst, die mit ihrem »altruistischen« Helfen-Wollen sich in Dinge einmischen, die sie gar nichts angehen? Inwieweit werden hier deren »egoistische« Ziele unter

1 Diese Bezeichnung beschreibt den modernen Menschen der letzten 40 000 Jahre, während »homo sapiens« auf dessen Vorgänger hinweist.

2 S. Kap. 9.1 (Gibt es überhaupt universelle Signale?)

dem Mäntelchen des »Ich-will-dir-ja-nur-helfen« verdeckt (s. auch Kap. 7.5)?
Trotzdem *kann* uns die Richtung einer Gestik innerhalb einer spezifischen Situation u. U. mehr Aufschluß geben, z. B. wenn jemand ständig auf sich deutet, während er »Du«, »Sie« oder »die anderen« sagt. Oder wenn jemand ein Stück Schokolade anbietet, indem er sie verbal offeriert, sie gleichzeitig jedoch zum eigenen Körper hinzieht, als wolle er sie am liebsten selber essen, u. ä.

6.2 Passende Signale

Diesmal wollen wir uns einer anderen Art der Inkongruenz zuwenden, als den bisher besprochenen Möglichkeiten, nämlich: Passen die Signale zur Person?
Dieser Unterschied ist nicht immer klar herauszuarbeiten, aber wir wollen es versuchen: Ein Mensch, der bewußt die Unwahrheit spricht, wird sich vielleicht unbewußt durch inkongruente Signale verraten. Vielleicht behauptet er, er möchte *gerne* noch ein Stück des hausgemachten Kuchens, schüttelt dabei jedoch den Kopf. (Achtung vor kulturellen Unterschieden, Kap. 9). Oder behauptet, wie gut dieser Kuchen ihm schmecke, wiewohl wir beobachten können, daß ihm »die Zähne lang« werden (vgl. die Bitter-Reaktion, Kap. 5.5.6).
In beiden Beispielen haben wir eine Inkongruenz zwischen der Inhalts- und der Beziehungsebene festgestellt. Anders verhält es sich bei der Inkongruenz zur Person.

6.2.1 Inkongruenz zur Person:

Wenn ein Mensch körpersprachliche Signale aussendet, die »nicht zu ihm passen«, dann sprechen wir von der Inkongruenz zur Person. Dies kann man beobachten, wenn jemand einen anderen, vielleicht ein Vorbild, bewußt nachahmt. Tausende von Mitgliedern gewisser Elvis-PRESLEY-Fan-Clubs haben ihre eigene Persönlichkeit weitgehend aufgegeben, indem sie ihr Idol in allem, bis hin zur Körpersprache imitieren (inkl. der

Kleidung, natürlich[1]!). Nun könnte man natürlich auch argumentieren, daß diese Menschen a priori nicht viel »Persönlichkeit« zum Aufgeben gehabt hätten, da ein Mensch mit einer »ausgeprägten Persönlichkeit« dieselbe nie freiwillig »aufgeben« würde. Trotzdem könnte man einmal darüber nachdenken, wie man zu der Tatsache steht, daß immer mehr Organisationen aus dem Boden schießen, die eben diese Gleichförmigkeit ihrer Mitglieder wünschen, wie z. B. Jugendsekten. Wenn man bedenkt, daß die Wissenschaft noch keine *klare* Antwort auf die Frage, inwieweit die Umwelt den Menschen mit-schafft, geben kann, dann ist die genannte Entwicklung u. U. ein deutliches Signal unserer Zeit! Ich meine hier speziell diejenigen Orgnisationen, denen es darum geht, ihre Mitglieder in Kleidung und/oder Seele zu uniformieren, und die jene,bei denen dies nicht gelingt, ausstoßen (oder töten!).

Nun muß die Inkongruenz zur Person nicht mit einer totalen Nachahmung einhergehen. Es gibt auch momentane Gesten, die in diesem Augenblick inkongruent erscheinen. Wenn Bundeskanzler SCHMIDT z.B. plötzlich WEHNER-isch oder STRAUSS-isch gestikulieren würde, dann würden wir die Inkongruenz sofort bemerken! Ähnlich kann man in vielen Firmen »ablesen«, welcher von drei Assistenten am meisten auf den Stuhl des »Alten« hofft, da dieser den Chef nämlich z.T. stark nachahmt, und zwar *unbewußt*! D. h., er tut dies nicht, um dem Chef damit zu imponieren, sondern er merkt gar nicht, wie sehr er ihm zuzeiten ähnelt. Ein ähnliches Phänomen wird auch im Anhang A erwähnt (S. 220ff.), indem darauf hingewiesen wird, daß jeder von uns die Gesten eines anderen bis zu einem gewissen Grade übernimmt, wenngleich die-

1 Viele Autoren sehen in der *Kleidung*, die man trägt, wie auch in dem Wagen, den man fährt, klare Signale, die sie der Körpersprache zurechnen. Es würde unseren Rahmen sprengen, auf solche Hinweise eingehen zu wollen. Außerdem gilt gerade auf diesem Gebiet, daß zahllose Faktoren sich gegenseitig beeinflussen bzw. bedingen, da Aspekte der Mode, des Geldbeutels, der Erziehung, Wünsche anderer Familienmitglieder etc. solche Entscheidungen ja ständig mitbeeinflussen können und wir beim Hinsehen nicht wissen, ob jemand diese Krawatte trägt, weil sie ihm gefällt, oder weil er heute abend die Erbtante treffen wird, die sie ihm geschenkt hat! Während die Analog-Signale unseres *Körpers* in weit stärkerem Maß von uns selbst »produziert« werden, wiewohl auch hier gewisse Programmierungseinflüsse der Erziehung sowie unseres Kulturkreises eine Rolle spielen. Neulich hatte ich Gelegenheit jemandem zuzuhören, wie er aufgrund des Autos auf dessen Fahrer schloß, zur Bewunderung aller Anwesenden, bis der Fahrer sich vor Lachen nicht mehr halten konnte: Sein Wagen war kaputt und die Werkstatt hatte ihm den heutigen freundlicherweise ohne Gebühr zur Verfügung gestellt . . .

ser Mechanismus im allgemeinen für das bloße Auge gar nicht wahrnehmbar ist!
Nun besagt ein Wort von RALPH WALDO EMERSON: »Der ist groß, der das ist, was er von Natur aus ist, und der uns nie an andere erinnert.« Wenn man einmal gewisse Gruppen von Menschen beobachtet, z. B. deutsche Schlagersänger(innen), dann stellt man z. T. mit Entsetzen fest, wie sehr sie einander gleichen! So daß wir EMERSONs Aussage zwar für überspitzt halten mögen, uns seiner Nachricht aber doch nicht ganz entziehen können. Wollen wir es wie folgt formulieren:

Je mehr jemand »er selbst« ist, desto geringer ist die Wahrscheinlichkeit, daß wir bei ihm Signale registrieren, die inkongruent zu seiner Person sind.

So ein Mensch wirkt »wie aus einem Guß«, da gibt es keine Signale, die nicht zu passen scheinen. Es spricht eben »der ganze Mensch« und das überzeugt uns letztlich.
Übrigens kann man auch den Aspekt der Bewegungsgröße (s. Kap. 6.1.1) in Bezug auf Kongruenz zur Person sehen. Jemand, dessen Signale überwiegend mit seiner Person bzw. Persönlichkeit im Einklang stehen, wird selten Gebärden ausführen, die wir als »zu groß« oder »zu klein« empfinden, wobei dieses Attribut sich sowohl auf die meßbare Größe einer Gebärde beziehen als auch im übertragenen Sinne angewendet werden kann. Wobei ich es für ein Vorurteil halte, daß die Größe einer Gebärde in direkter Relation zur Körpergröße stehen müsse, daß also nur großgewachsene Menschen sich »großer Gesten« bedienen dürften, und kleingewachsene Menschen »klein« gestikulieren müßten. (Allerdings kann ich bezüglich dieser Frage nicht besonders »objektiv« sein[1].)

1 Wer mich persönlich *gut* kennt, darf jetzt lachen!

6.2.2 Gestik, die »keine« ist:

Bis jetzt haben wir die Signale der Gestik immer auf ihren Nachrichtengehalt hin überprüft. Nun gibt es jedoch ein Phänomen, das kurz erwähnt werden soll: Haben Sie nicht auch schon Menschen beobachtet, deren Gebärden keinerlei Nachricht enthalten (außer der Nachricht, daß sie keine Nachricht enthalten)? Menschen die völlig unmotiviert herumfuchteln, deren Hände sich abgehackt auf- und abbewegen? Abrupte Bewegungen, die nur dem Rhythmus der eigenen Sprache angepaßt sind (s. auch Anhang A!)?
Diese mechanische Schein-Gestik kann man z. B. manchmal beobachten, wenn Redner ihre Texte ablesen. Oft meint man gar, sie sähen ihren Text in diesem Augenblick zum erstenmal (was sicherlich auch ab und zu der Fall ist). Aber auch Menschen innerhalb einer kleinen Gesprächsrunde haben diese Eigenart manchmal »an sich«. *Ein* möglicher Deutungs-Versuch besagt natürlich, daß so ein Mensch (in diesem Augenblick) nicht wirklich »er selbst« sei. Vielleicht plappert er etwas nach, was er gehört/gelesen, aber geistig/emotional noch nicht wirklich verarbeitet hat? Ich kenne z. B. einen Industrietrainer, der Material anderer vorträgt, ohne es wirklich verarbeitet zu haben, wobei er häufig solche Gestik – die keine ist – anwendet und natürlich auch nicht wirklich zu überzeugen vermag.
Auch kann man diese Schein-Gestik beobachten, wenn jemand nur redet, um sich reden zu hören, wiewohl er eigentlich gar nichts zu sagen weiß, was er mit Überzeugung, mit seiner ganzen Persönlichkeit also, sagen könnte. Manchmal kann diese Schein-Gestik auch ein Signal dafür sein, daß jemand innerlich »ganz woanders« ist, sich aber einer Gesprächsrunde im Moment nicht entziehen kann. Dann scheint es, als spreche er mechanisch die erwarteten Worte, ebenfalls ohne »echte«, lebendige, kongruente Gestik, die zu seiner Person paßt.

6.3 Körper-Sprache

Wenn wir wieder davon ausgehen, daß der Mensch seinen Körper nicht »hat«, sondern daß er sein Körper *ist*, dann ergibt sich daraus ebenfalls, daß sein So-Sein und sein Körper-Sein in enger Beziehung stehen müssen.

Nun gibt es Kinetiker, die den gesamten Körper auf Signalwirkung hin interpretieren, wobei sie sämtliche unten aufgeführten Signale den Gebärden zurechnen, weil sie sagen: »Ausdrucksformen des Gesamtkörpers, die auf darunterliegende Prozesse schließen lassen, sind sozusagen *Gebärden* dieses Körpers«. Was für Signale beobachten sie und um welche »darunterliegenden Prozesse« könnte es sich dabei handeln?

6.3.1 Gesundheit und Krankheit:

Wir wissen, daß ein kranker Mensch »schlecht aussieht«, d. h. daß seine Haut sich anders »gebärdet« als sonst: Sie kann blaß oder rot werden, einen gräulichen Schimmer haben, besonders trocken oder fett sein, usw. Außerdem verändert sich die Haltung einer kranken Person: Die Spannung läßt nach, die Flexibilität der Bewegungen verringert sich. Weiter verändert sich die Qualität der Gestik: Ein kranker Mensch wird »müde« und »schwach« gestikulieren, etc.

Mit die meisten Hinweise scheint jedoch die Haut selbst zu liefern. Dies sollte nicht allzusehr verwundern, denn sie ist »sowohl das größte als auch das vielseitigste Organ unseres Körpers« (61). Weiterhin stellt sie die Grenze zwischen »außen« und »innen« dar, so daß sie auf äußerliche wie innerliche Einflüsse oder Prozesse reagieren wird. Wenn wir uns verbrennen, kam der Reiz von außen, trotzdem bilden wir Brandblasen. Wenn wir an einer Vergiftungserscheinung leiden, war der Reiz zwar »innen«, trotzdem kann es zu Pickeln und anderen Hautreaktionen kommen. Des weiteren reagiert der Hautwiderstand auf kleinste Gefühlsregungen, indem er bei Erregungen absinkt und bei Ruhe/Gelassenheit wieder steigt.

Falls Sie Ihre Augen auch in bezug auf solche Signale schulen wollen, hier einige wenige Beispiele. Wir behaupten nicht, sie seien »unbedingt wahr«, aber sie könnten durchaus »wahr« sein:

Ungewöhnliche Veränderungen der Hautfarbe deuten physiologische Prozesse an. So geht z. B. ein Erschrecken oft mit einem Erbleichen einher.

Ungewöhnliche Farbtöne zwischen Nase und Oberlippe sollen auf

Krankheiten des Verdauungstraktes hinweisen, insbesondere, wenn ein Grau-ton beobachtet werden kann. Verfärbungen unterhalb der Augen sollen auf Kreislaufprobleme hinweisen. Sollte diese Verfärbung sogar ins violette abweichen, besteht die Gefahr einer Tuberkulose.
Relativ dunkle Augenränder (um das gesamte Auge) sollen auf Herzprobleme hinweisen, insbesondere dann, wenn gleichzeitig die Haut der Nase und Lippen trocken wirken.
Es kann aber auch sein, daß Sie jemandem begegnen, der nach einem Blick auf Ihre *Fingernägel* feststellt: »Sie leiden seit ca. 3 Wochen an einem akuten Kalziummangel[1].« Gehen Sie dann zum Arzt, wird er Ihnen dies wahrscheinlich bestätigen. Warum? Erstens, weil auch die Nägel zur Haut gehören, zweitens, weil ein Nagel ca. 6 Monate braucht, um vom Hautansatz bis über die Fingerkuppe hinweg zu wachsen, so daß man hier sogar »kalenderartig« etwas über Zeiträume aussagen kann. Wohingegen ein beobachteter Grauton im Gesicht keinerlei Hinweise darauf gibt,ob er erst seit Tagen oder schon seit Wochen dagewesen war.
Kurzfristige Signale der Haut erleben wir auch, wenn uns die »Haare zu Berge stehen« (Haare gehören zur Haut), wenn wir eine Gänsehaut bekommen, wenn es uns »kalt den Rücken hinunterläuft« (oder heiß). Langfristig »schreibt« die Haut aber auch Störungen »auf«, so daß ein Fachmann sie mit einem Blick schnell »ablesen« kann.
Trotzdem braucht man jahrelange, ständige Übung (mit laufenden Erfolgskontrollen über Labortests), um wirklich »den Blick« für diese Signalgruppen zu schulen. Ähnlich schwierig ist es, den »richtigen« Blick für andere Signale der Körper-Sprache zu entwickeln, um z. B. aus der Spannung der Haut, dem Muskeltonus u. ä. Informationen ablesen zu wollen. Allerdings: so manche Mutter, mancher (Land-)Arzt, mancher Pfarrer haben diesen Blick, im Gegensatz zu vielen Psychologen, Psychiatern und Schulmedizinern!

6.3.2 Signale der Seele

Wir hatten unter Kap. 4.2 schon einmal das japanische Konzept des *Hara* erwähnt und auf DÜRKHEIMs faszinierendes Buch mit demselben Titel (22) hingewiesen. Hier ein Zitat aus diesem Werk:

1 Weiße Flecken auf den Nägeln weisen darauf hin.

»Brust heraus – Bauch herein ... ›Ein Volk, bei dem dieser Spruch zu einer allgemeinen Anweisung werden konnte, ist in großer Gefahr‹ – so sagte mir ein Japaner im Jahre 1938.
›Brust heraus – Bauch herein‹ ist die kürzeste Formel für eine grundsätzliche Fehlhaltung des Menschen, genauer gesagt: für die Körperhaltung, die eine falsche innere Haltung nahelegt und fixiert.
(Denn) das ›Brust heraus – Bauch herein‹ verleitet zu einer Haltung,die den *Aufbau der natürlichen Ordnung verfehlt.* Wo sich der Schwerpunkt ›nach oben‹ verlagert und die Mitte abgeschnürt wird, wird auch das natürliche Verhältnis von Spannung und Lösung durch ein Mißverhältnis verdrängt. Es wurzelt der Mensch als *Lebewesen* nicht in sich selber.« (S. 11)

Während wir im Kapitel 4.2 die Haltung bereits auf *eine* Signalwirkung hin untersuchten, geht DÜRKHEIMs Analyse einen Schritt weiter, indem sie grundsätzlich die Haltung als Signal der Seele auffaßt. Dies zeigt das folgende Zitat, indem DÜRKHEIM (22) sogar dem *Sinn des Lebens* nachspürt und diesen in Bezug zur Haltung setzt:

»(Wenn die rechte Mitte fehlt) ... dann verschiebt sich das Gleichgewicht seiner (= des Menschen) Kräfte, und das *aufgeblasene Ich verstellt den Weg in die Höherentwicklung* ... Dem wahren Sinn alles menschlichen Lebens kann das Ich als Zentrum unseres natürlichen Bewußtseins nur dienen, wenn es, statt sich zum Herren aufzuspielen, Diener bleibt eines Größeren Lebens. Wo ›Brust heraus – Bauch herein‹ die Devise (ist), setzt das kleine Ich sich auf den Thron ...« (S. 6)

Wir sehen also, daß der Begriff »Körpersprache« weit mehr umfassen kann, als das Interpretieren einer Signalgruppe auf das Hier und Jetzt bezogen. Sowohl die Signale der Haut als auch die Signale der Seele sagen mehr über uns, unabhängig von diesem kleinen Augenblick. Vorausgesetzt es gibt jemanden, der auch solche Signale zu deuten wagt.
Ich habe wiederholt festgestellt, daß Deutungs*versuche* dieser Signale der Seele mit *nachfolgender Erfolgskontrolle* im Sinne der gezielten Frage *im Freundeskreis* zu unerhört faszinierenden Diskussionen führen kann, aus denen man z.T. recht nachdenklich heraus kommt. Falls Sie dies selber testen wollen ...

6.4 Handlung als Signal

Wir hatten ja schon einmal darauf verwiesen, daß nicht jede Handlung eine Hand-lung darstellen muß. Wollen wir uns beiden Arten von Verhalten zuwenden.

6.4.1 Handlungen

Viele Kinesiker interpretieren *jedes Verhalten* im Sinne einer »Gebärde«. Wobei gerade psychoanalytisch ausgerichtete Verhaltensforscher hier oft FREUDianische »Deutungen« heranholen. So wird das Vergessen einer versprochenen Handlung als ein Nicht-Wollen derselben interpretiert. Ein Versprechen wird als FREUDsche Fehlleistung nach dem eigentlichen Sinne hin untersucht, den der Versprecher zu offenbaren scheint. (Z. B. wenn jemand sagt: »Ich will, daß meine Frau einen Liebhaber nimmt« während er »keinen« sagen wollte.) Weiter zählen wir zu den FREUDschen Fehlleistungen z. B. das häufige Zerbrechen von Geschirr beim Abwaschen, u. ä. häufig auftretenden »Pannen«, als Signal dafür, daß man diese Handlung eigentlich nicht ausführen möchte.
Wiewohl man sich gerade in dieser Interpretations-Variation sehr »vertun« kann, meine ich,daß sie, wenn man nicht übertreibt, durchaus *einen* legitimen Ansatz zur Interpretation der Körpersprache darstellen kann. Allerdings ist hier die Gefahr besonders groß, daß man meint, den anderen »durchschaut« zu haben, d. h. daß man vergißt, eine Erfolgskontrolle vorzunehmen! Deshalb führt gerade diese Art der Analyse dazu, daß so viele Menschen sich zu Recht gegen die »Überpsychologisierung« wehren, insbesondere da so manche schulpsychologische Deutung sehr umstritten ist. Wenn man solche Signale jedoch als Ansatz nimmt, um *ein offenes Gespräch* mit dem anderen herbeizuführen, so kann dies einer guten Kommunikation durchaus dienlich sein, allerdings unter der Voraussetzung, daß der andere dieses offene Gespräch auch *wünscht!*
Angenommen ein Gastgeber springt des öfteren abrupt auf, um *noch etwas* für seine Gäste heranzuholen. Hier könnte diese Handlung durchaus als Signal gewertet werden und zu der Fragestellung führen: Warum läuft er andauernd weg? Wenn man nun im Freundeskreis die Möglich-

keit sieht, eine solche (Kontroll-)Frage auch zu stellen, kann es sein, daß man höchst interessante Dinge herausfindet!
Oder stellen Sie sich vor, Sie sitzen in einer netten Runde bei einem Ihrer Freunde beieinander und merken plötzlich, wie häufig die Frau Ihres Gastgebers *das Gespräch unterbricht*, um zu *fragen*, ob noch jemand etwas essen, trinken, rauchen, möchte? Hier wäre es m. E. besser, darüber nachzudenken, welches *Signal* sie uns damit sendet, statt sich lediglich darüber zu ärgern und irritiert wieder zu unserem Gespräch zurückzukehren. Vielleicht fühlt sie sich ausgelassen, übersehen? (Nicht selten das Los der Ehefrau, wenn *er* »Männer« eingeladen hat!) Vielleicht behaupten wir zwar, sie in das Gespräch einbeziehen zu wollen, zeigen aber durch unsere ewige Fachsimpelei, daß wir auf ihre Bemerkungen keinen Wert legen, falls sie unser Fachchinesisch nicht versteht? (Dann wäre unsere Handlung nämlich ebenfalls auf Signalwirkung hin interpretierbar!) Vielleicht wartet sie seit geraumer Zeit darauf, daß wir ein Thema beenden, das wir schon seit langem »breittreten«, weil es ihr peinlich ist (d. h. weil es ihr Pein verursacht)?
Oder denken Sie an die Handlung eines Menschen, der durch ein Auf-die-Uhr-Sehen zu verstehen geben möchte, daß er weg muß, während wir unbekümmert weitersprechen?
Sie sehen also, daß gerade *Handlungen, die öfter wiederholt werden*, relativ leicht auf Signalwirkung hin interpretiert werden können, wenn man, statt irritiert zu sein, fragt: »Warum handelt der andere (jetzt) so?«

6.4.2 Hand-lungen

Kehren wir noch einmal zur Situation eines Gastgebers zurück: Angenommen ein Gastgeber bietet im Verlauf eines Gespräches ab und zu hübsch dekorierte »Häppchen« an, tut dies jedoch, indem er die Platte jeweils so unvermittelt und plötzlich unter die »Nase« des Gastes stößt, daß dieser unwillkürlich zurückweichen muß – dann können wir diese Hand-lung durchaus auf Signalwirkung hin untersuchen. Wobei erst weitere Signale uns helfen werden zu erraten, ob der Gastgeber wohl derzeit verärgert sein mag, oder ob er das heiter findet (so manche Scherze sind in den Augen ihrer Urheber am witzigsten!) oder ob er vielleicht kein »Gespür« für die Intimzone eines anderen besitzt (s. auch

Kap. 7), was manche Autoren wiederum als Egoismus auslegen würden! Vielleicht aber will er auch auf sich aufmerksam machen, d. h. daß ähnliche Deutungen wie oben, unter 6.4.1 zum Tragen kommen könnten.

In diesem Zusammenhang seien auch Hand-lungen erwähnt, die andere verwirren oder verunsichern können. Ein Beispiel hierzu war die Mutter, die ihrem Töchterchen den Mantel zuknöpfte, nachdem sie verbal behauptet hatte, sie hätte *Vertrauen,* daß das Kind dies auch alleine könne (s. Kap. 2.3). Zahllose weitere Beispiele liefern Eltern, Lehrer, Ausbilder und Erzieher täglich, wenn sie nicht auf den Lernenden eingehen können, weil sie ungeduldig sind, weil sie gewohnt sind,alles selber zu machen, u.ä. So sitzt z.B. der Vater neben dem Sohn auf dem Teppich und will ihm »helfen«,einen Stecker wieder zusammenzuschrauben. Während der Junge jedoch noch überlegt, was der nächste Schritt sein sollte, *deutet* der Vater auch schon! Wie kann der Sohn feststellen, ob er es selbst gewußt hätte? Wie kann er Vertrauen in sich und sein Können entwickeln, wenn man ihm die Erfolgskontrolle unmöglich macht? (Denken Sie bitte an den Pygmalion-Effekt, den wir in der Einleitung erwähnten? Siehe auch Anhang B, Seite 226ff.)

6.4.3 Körpersprache beim Autofahren?

Viele Seminarteilnehmer kommen auf das Thema zu sprechen. Sie wollen wissen, inwieweit die Art und Weise,wie jemand fährt (die Autofahr-Handlungen sozusagen), Signalwirkung hätten. Hier gilt es m. E. zweierlei zu bedenken: Erstens, inwieweit findet ein Mensch es wichtig, was andere über ihn denken? D. h. inwieweit macht sich der Fragesteller *Sorgen* darüber, wie andere ein Fahrverhalten »analysieren« werden? Zweitens: Ein Mensch in einem Wagen befindet sich in einem Schutzpanzer, was seine Reaktionen *bis zu einem gewissen Grade* verändern muß. (Dies erklärt wahrscheinlich auch, warum manche Autofahrer hinter dem Steuer viel »frecher« sind, als ohne diesen Schutzwall.) Trotzdem kann man *bis zu einem gewissen Grade* davon ausgehen, daß auch das Autofahr-Verhalten »typisch« für einen Menschen ist. Wenn ein Fahrer z. B. auf der Autobahn »stur« links fährt und dem hinter ihm kommenden Fahrer belehrend jedes Schild zeigt, auf dem die Geschwin-

digkeit derzeit auf 120 km/h begrenzt ist, dann manifestiert er sicherlich einen bestimmten Wesenszug seines Seins. Sicher belehrt er auch außerhalb des Fahrzeugs gerne!
Wenn Sie also beim Autofahren auf Signalwirkung hin achten wollen, müssen Sie erstens beachten, daß Kontrollfragen nur in den allerseltensten Fällen möglich (oder wünschenswert) sind. Weiter muß Ihnen klar sein, daß wir gerade im Straßenverkehr oft sehr subjektiv und emotional gefärbt wahrnehmen und (ver-)urteilen! Wenn in unseren Augen Ampelschleicher sowieso »Idioten« sind, werden wir ihren möglichen Hang zur Sparsamkeit nie erraten. (Wobei es völlig unwesentlich ist, ob man »objektiv« mehr spart, wenn man zur Ampel schleicht. Die Tatsache, daß viele Menschen dies glauben, könnte für sie die Entscheidungsgrundlage, d. h. ihr Motiv, in diesem Fall, sein.) Oder: Wenn wir uns über einen Fahrer ärgern, der (in unseren Augen) *zu* schnell oder *zu* langsam startet, wenn die Schranke vor uns endlich hochgegangen ist, werden wir sein Verhalten natürlich nie auf Signale hin untersuchen können, die er tatsächlich durch sein Verhalten »gesendet« hat!
Also wiederum: Vorsicht beim Deuten, wiewohl das gezielte Beobachten gerade in diesem Bereich sehr viel Spaß machen kann, *wenn* man die nötige Distanz (innerlich) einnehmen kann!

Kapitel 7
Zone und Abstand

Mit die faszinierendsten Beobachtungen kann man machen, wenn man lernt, bewußt wahrzunehmen, wie Menschen mit dem Raum, der sie umgibt, umgehen.
Nun findet die Wissenschaft[1] zum Thema dieses Kapitels immer mehr Daten, die darauf hinweisen, daß gerade in bezug auf Abstandsverhalten gewisse *Instinkte* beim Menschen angelegt zu sein scheinen (bzw. daß Abstandverhalten wenn nicht durch Instinkte, dann doch zumindest auf einer weitgehend unbewußten Ebene »geregelt« wird, s. auch Anhang A). Kinetiker sprechen gern von »ungeschriebenen« Gesetzen, die unser Zonenverhalten regulieren. Wenn jedoch die *neueren Daten der Gen-Biologen, Anthropologen* und *Neurologen* »richtig« wären, dann wären diese Gesetze sehr wohl aufgezeichnet, in der DNS innerhalb des genetischen Codes nämlich.
Wie Sie wissen, lassen wir nicht jeden Menschen gleich nahe an uns heran. Um über die Distanz, die uns vom anderen jeweils trennt,sinnvoll sprechen zu können, teilt man den Raum, der uns umgibt,in vier Zonen ein. Diese heißen Intimzone, persönliche, soziale und öffentliche Zone (nach HALL, 38b).

7.1 Die Intimzone

Im angelsächsischen wird die Intimzone auch »bubble« genannt, was soviel wie »Blase« bedeutet. *Sie umgibt unseren Körper wie eine zweite Haut.* Innerhalb unserer Blase fühlen wir uns sicher. Personen, die

1 Allerdings nicht nur die Kinesik, sondern auch andere Fachbereiche!

unsere Intimzone nicht betreten dürfen, halten wir uns ca. eine halbe Armlänge[1] »vom Leibe«, damit sie uns nicht allzusehr »auf die Pelle« (= Haut) rücken können.

Abb. 10

Wie lautet nun die Bedingung, unter der wir jemanden in unsere Blase eintreten lassen?

Die Bedingung, unter der wir jemanden freiwillig in unsere Intimzone eintreten lassen, ist Vertrauen.

Dieser Satz darf hingegen nicht umgekehrt werden: Nicht jeden, dem wir vertrauen, lassen wir auch freiwillig in unsere Intimzone hinein! Wenn wir jemanden aber hereinlassen, dann nur, weil wir Vertrauen haben.

1 Es gibt kulturelle Unterschiede, siehe unten.

Das Schlüsselwort der letzten Regel ist »freiwillig«. Sie wissen, daß in der täglichen Praxis nicht nur Menschen in unsere Intimzone eintreten, die wir freiwillig so nahe an uns herangelassen haben. So und so oft passiert es, daß jemand uns zu nahe rückt, daß wir uns von jemandem bedrängt oder gar bedroht fühlen. Wir mögen es nicht, wenn jemand »unerlaubt« auf »Tuchfühlung« mit uns geht. Wir möchten gerne selber bestimmen, mit wem wir so »intim« sein wollen und mit wem nicht. Daher löst jemand, der die unsichtbare Grenze einfach überschreitet, Unlustgefühle bei uns aus:

Jemand, der die Intimzone eines anderen mißachtet, mißachtet gleichzeitig auch die Person.

Nun scheinen manche Menschen es besser zu vertragen als andere, wenn man ihre Intimzone betritt. Prinzipiell aber können wir festhalten: Je mehr es uns stört, desto mehr Kampfhormone produzieren wir, da wir innerlich auf Abwehr »umschalten«. Diese Streßhormone sollen dem Organismus helfen, wenn er kämpfen oder fliehen muß. Wenn wir uns innerlich also auf Kampf- oder Fluchtverhalten einstellen, weil uns jemand zu nahe getreten ist, dann bedeutet dies: Falls wir uns nicht wehren können, weil weder Kampf noch Flucht möglich ist, dann speichern wir diese Streßhormone in unserem System. So daß dieser Mensch uns nicht nur einen »psychologischen«, sondern einen konkret physiologischen, meßbaren Schaden zufügt[1]! Da die meisten von uns sich ihres Zonenverhaltens nur höchst vage bzw. unbewußt klar werden, können sie nur in den seltensten Fällen ihr Recht fordern, indem sie ihre Gefühle *verbalisieren*. Gerade deshalb geben uns die nichtsprachlichen Signale die besten Hinweise!

Wahrscheinlich ist der berühmte Satz des DIOGENES an ALEXANDER DEN GROSSEN als Bitte, die Intimzone DIOGENES' zu verlassen,zu interpretieren. Er sagte zu dem Feldherrn: »Geh mir aus der Sonne!« Und der »große« ALEXANDER achtete den »kleinen« DIOGENES genügend,um dieser Bitte sofort zu entsprechen!

1 S. »Freude durch Streß« (7a)

7.1.1 Die Größe der Intimzone

Eine Seifenblase kann größer oder kleiner werden, so auch unsere Intimzone. Prinzipiell gibt es kulturelle Unterschiede (siehe Kap. 9), d. h. die Intimzone ist bei manchen Kulturen eine halbe Armlänge, bei anderen Völkern eine ganze Armlänge weit (vom Körper) weg.
Darüber hinaus gibt es Unterschiede innerhalb eines Kulturkreises: Die relative Größe unserer Intimzone jetzt, heute, in einem spezifischen Moment, hängt von zwei Faktoren ab: Erstens, vom *Status* des Gesprächspartners und zweitens, von der momentanen *Stimmung* des einzelnen. Je sicherer sich jemand fühlt, desto näher kann er andere an sich heranlassen. Umgekehrt verhält es sich bei einem Menschen, dessen geschlossene Haltung (s. Kap. 4) oder abschließende Gestik (s. Kap. 6) uns zeigt, daß er sich derzeit nicht besonders »gut« fühlt: So ein Mensch möchte sich schützen können, falls nötig. Wie aber kann er das, wenn sein Gesprächspartner zwei Zentimeter vor seiner Nase steht? Er hat ja nicht den nötigen Raum, um Schutzgesten auszuführen. Außerdem muß man Zonenverhalten m. E. auch unter dem Aspekt der *Zeit* sehen: Je weiter jemand von mir entfernt ist, desto mehr Zeit habe ich, auf etwaige Angriffe seinerseits eine Kampf- oder Fluchtstrategie zu planen!
Wollen wir beide Aspekte, Status bzw. Sicherheitsgefühle und Intimzone einzeln betrachten, beginnend mit letzteren.

7.1.2 Sicherheit und Intimzone

Leider wird die Sicherheit eines Menschen häufig angegriffen, indem man in seine Intimzone eindringt. Dies ist eine Sünde, die von vielen Menschen begangen wird, insbes. von folgenden Menschengruppen: Chefs (s. Kap. 7.1.3), Verkäufer, Dienstleistenden sowie erziehende, ausbildende, lehrende Personen und Familienmitglieder bzw. engere Freunde, die »fast schon Familie sind«.
Als ich in Amerika einmal eine Mutter beobachtete, wie sie ständig an ihrem ca. neunjährigen Sohn herumfingerte, der sich wand und die Augen verdrehte, um aller Welt zu signalisieren, wie unangenehm er dies fand, fragte ich die Mutter schließlich, warum sie dies tat. Was meinen

Sie wohl, antwortete diese? Sie sagte: »Aber, das ist *mein* Sohn!« Ebenso meinen viele Eltern, sie hätten das *Recht*, jederzeit in die Intimzone ihrer Kinder einzudringen (selbst wenn diese inzwischen erwachsen sind), nur weil sie die Eltern seien. Viele Partner glauben, der andere habe nun kein Recht mehr auf eine Intimzone, weil er in diese Partnerschaft eingetreten sei. Zahllose Kinder leiden unter dem »Wangenkneifen« bzw. dem »männlichen Schulterschlag« gewisser »Freunde der Familie«, die mit Kindern nicht umgehen können. Interessanterweise werden solche Eingriffe in die Intimzone häufig von Bemerkungen wie »Mein Gott, was ist er (sie) doch gewachsen!« begleitet, also von einer Bemerkung, die *nicht an das Kind* gerichtet ist, sondern die eine Aussage *über* das Kind macht, als sei es nicht anwesend (wiewohl man doch gleichzeitig des Kindes Intimzone verletzt!!!). Ähnlich verhält es sich in der Schule: Mit welchem Recht fassen Lehrer ihre Schüler, denen sie sich gerade von hinten genähert haben, auch noch an, indem sie ihnen (väterlich bzw. mütterlich) die Hand auf die Schulter legen?! Wohlgemerkt, viele Kinder freuen sich über diese Geste – aber so manches Kind leidet unter diesem Eingriff in seine »Bubble«, wagten es jedoch nicht, *dies zu sagen.* Aber seine Körper-Sprache »spricht« sich eindeutig dagegen aus, nur daß viele Lehrer diese Signale nicht interpretieren können. Ähnlich ergeht es zahlreichen Auszubildenden mit ihren Ausbildern.

Ich möchte hier nicht mißverstanden werden: Natürlich kann ein Mensch einen anderen berühren. Wir wollen diese Berührung nicht per se negativ beurteilen[1]. Wir müssen uns darüber klar sein, daß man einen Menschen nicht berühren kann, ohne in seine Intimzone eingedrungen zu sein. Je unsicherer ein Mensch ist, desto mehr *leidet* er u. U. unter einem solchen Einbruch. Da erziehende Personen aber häufig gerade die Unsicheren »aufmuntern« wollen, verstärken sie durch ihre gutgemeinte Handlung die Ängste des Kindes oder Jugendlichen. Deshalb sollte man sich im Interpretieren der Abstand-Signale üben, um sicher zu sein, daß dieses spezifische Kind meine *freundliche* Geste auch wirklich als positive empfindet! Denn, ein Mensch, dessen Intimzone man verletzt, fühlt sich auch als Mensch mißachtet. Nicht umsonst ist der bewußte Einbruch in die »Blase« des anderen eine Strategie bei Gefangenenverhören, in denen

1 Im Gegenteil, wie aus »Freude durch Stress« (7a) ersichtlich ist, plädiere ich im Zweifelsfall für *mehr* Nähe, um *mehr Berührungen* und *Zärtlichkeit!* Aber hier geht es um einen anderen Aspekt.

es gerade darum geht, den anderen zu zwingen, sich zu »unterwerfen«. Jeder zweite Kriminalfilm im Fernsehen wird Ihnen solche Szenen vorführen. Weiterhin benützen Menschen, die andere »ducken« wollen, ebenfalls das bewußte Eindringen in die Intimzone dessen, der es nicht wagt, sich zu wehren, als Teil ihrer Strategie. Sie ist erfolgreich, eben weil jemand, dessen »Blase« man *uneingeladen* betritt, darunter *leidet!*

Wir erwähnten auch Dienstleistende, die nicht die nötige Distanz zum Kunden finden. Diese Gefahr ist insbesondere bei Berufen vorhanden, in denen der (die) Dienstleistende in der Intimzone des Kunden arbeiten muß, z. B. beim Haareschneiden, beim Massieren, bei der Kleideranprobe usw. Je sensibler solche Personen für die Abstands-Signale ihres Clientels werden, desto geringer wird die Gefahr, daß sie Menschen verletzen. Bei der Kleideranprobe habe ich z. B. beobachtet, daß geschickte Schneider(innen) erst fragen: »Darf ich?«, dann das Nicken (das nichtsprachliche Signal) abwarten, ehe Sie den Kunden berühren.

Und wir erwähnten Verkäufer(innen). Wiewohl jede beratende Person theoretisch *den Abstand immer vom Kunden bestimmen lassen sollte,* tun dies die wenigsten! Wenn der Kunde noch »König(in)« wäre, wäre dies anders! Deshalb ziehen viele Kunden, die eine größere »Blase« mit sich herumtragen, eine Beratung vor, bei der die beratende Person hinter einem Tresen stehen muß! Denn hier ist die Gefahr eines Eindringens geringer geworden (wiewohl ich schon Personal am Tresen beobachtet habe, das sich so weit vorlehnt, daß der Kunde sich nach hinten neigen muß, um seine Intimzone intakt halten zu können!).

Leider meinen auch viele Chefs in die Intimzone ihrer Mitarbeiter eindringen zu dürfen, weil sie »der Chef« seien. Das bringt uns zum nächsten Punkt:

7.1.3 Status und Intimzone

Wir hatten gesagt, die derzeitige Größe der Intimzone hinge von zwei Faktoren ab: der eigenen Stimmung (bzw. Sicherheit) und dem Status des Gesprächspartners. Hier sollte man vielleicht ab und zu an die alte Regel denken: »Was du nicht willst, daß man dir tu, das füg auch keinem anderen zu!« Denn so mancher Chef nimmt sich »Dinge heraus« (indem er seinen »Leuten« zu nahe rückt), die er selbst sich energisch verbitten würde. Dinge, die er selbst oft nur zähneknirschend von *seinem nächsthöheren* Chef akzeptiert, wenn auch dieser die Intimzone seiner Untergebenen mißachtet. Denn: bezüglich Status gibt es eine Regel, die aber nicht umgekehrt werden darf:

Je höher der Status einer Person, desto größer wird die Intimzone, die andere ihm zugestehen.

Was natürlich nicht heißen soll, daß der Ranghöhere dem anderen nur »Null Intimzone« zugestehen darf.

Neue Rekruten in der U. S. Army werden oft von den längerdienenden gefragt: »Weißt du, unter welchen Umständen du einem Offizier eine vor den Latz knallen darfst, ohne daß man dich bestrafen könnte?« Nun, die Antwort liegt in einer Bestimmung, in der es heißt, daß auch ein Ranghöherer einen Rangniedrigeren *nicht berühren darf,* wenn er zuvor nicht um Erlaubnis gebeten und diese auch bekommen hat! Will also ein »Spieß« die Handhaltung am Gewehr korrigieren, muß er (theoretisch) erst fragen. Natürlich wird diese »Regulation« in der täglichen Praxis nicht immer befolgt, aber die nachfolgende »Regulation« wird immer angewendet. »Sollte ein Soldat sich gegen so eine Berührung wehren, auch körperlich, so gilt dies als Selbst-Verteidigung und *kann nicht bestraft werden!«*

Leider gibt es in unseren Firmen meines Wissens kein solches *Gesetz*, auf das sich die Mitarbeiter berufen könnten, deren Intimzone man verletzt. Aber, ein »Chef«, der seinen Mitarbeitern in dieser Weise zu nahe tritt, sollte sich darüber klar sein, daß diese Eingriffe (unsichtbare) Folgen haben: Wenn der Mitarbeiter innerlich auf Kampf- oder Fluchtverhalten »umschaltet« (d. h. dementsprechende Streßhormone produziert), gleichzeitig aber meistens nicht wagt, zu kämpfen oder zu fliehen, dann verbleiben diese Hormone im System und schaden dem Körper. Sie sind, wenn sie nicht bald abreagiert werden können, reines *Gift* für den Organismus. Wir könnten ihm genausogut ein wenig *Arsen* zu trinken geben, nur daß wir uns dann der schädigenden Wirkung wohl bewußt wären. Die meisten Chefs haben jedoch keine Ahnung davon, wie sehr ihr gedankenloses Handeln andere verunsichern, verärgern oder verletzen kann! Je mehr man also auf die nichtsprachlichen Abstand-Signale zu achten lernt, desto geringer wird die Gefahr, daß man sich »uneingeladen« in die Intimzone eines anderen begibt. Denn: Gegen Nähe an sich ist, wie schon erwähnt, nichts einzuwenden, *solange keiner der beiden Beteiligten unter dieser Nähe leidet.* Die »Einladung« erfolgt jedoch in Form von körpersprachlichen Signalen, genau so wie die Nachricht, daß der andere einem zu sehr auf die »Pelle« gerückt ist.

Zum Thema Status und Intimzone kann man auch kurz an Büroeinrichtungen und Schreibtische denken: Je größer der Schreibtisch, desto höher im allgemeinen der Status des Besitzers. Je größer aber der Tisch, desto größer wird zwangsläufig auch der Abstand, der den Gesprächsteilnehmer von seinem Besitzer trennt. Deshalb haben viele Führungskräfte zwei Gesprächsmöglichkeiten: Einmal ihren Schreibtisch, den sie nur bei »formellen« Anlässen benutzen. Zum zweiten eine Sitzgruppe, Sitzecke oder einen Konferenzraum, in dem man sich »näher« kommen kann, als über den großen Schreibtisch hinweg.

Wenn aber Gespräche mit anderen an diesem Schreibtisch geführt werden, dann kann man auf einen weiteren Aspekt achten: Ist die hintere Kante, also die dem Besucher zugewandte, frei oder belegt? Ist sie nämlich so vollgelegt, daß der Besucher keinen Zentimeter dieses Tisches zum Ablegen seiner Unterlagen verwenden darf, so daß er alles auf den Knien balancieren muß, so könnte man auch dies als *Signal* werten. Entweder der Schreibtischbesitzer will nicht, daß man auf »seinem« Tisch auch nur ein Feuerzeug ablegt. Oder er will den anderen in eine Position bringen, in der er sich unwohl fühlt. Oder aber er hat *keinerlei Einfühlungsvermögen* und weiß überhaupt nicht, was er seinem Besucher »antut«. Es würde sich m. E. lohnen, *wenn jede Führungskraft einmal ein zehnminütiges Gespräch mit jemandem führen würde, bei dem der Gesprächspartner den eigenen Platz einnimmt, und sie selbst einmal erlebt, wie ihre Besucher sich fühlen müssen!* So mancher Chef hat nach diesem Versuch dafür gesorgt, daß der Besucher einen kleinen Beistelltisch zur freien Verfügung hatte (oder aber seine hintere Schreibtischkante freigeräumt).

Wir hatten gesagt, daß einem Menschen eine um so größere Intimzone eingeräumt wird, je höher sein Status ist. Dies können Sie direkt beobachten: Wenn Sie auf der Weihnachtsfeier Ihrer Firma oder bei ähnlichen Anlässen,bei denen die unterschiedlichsten hierarchischen Ebenen sich in einem Raum aufhalten,scharf beobachten, werden Sie feststellen, daß der Abstand zu Ranghöheren ein größerer ist, wenn sie sich mit Untergebenen unterhalten. Sollten Sie eine Gruppe von Fremden beobachten, z. B. wenn Sie mit mehreren Herren und/oder Damen

gleichzeitig verhandeln müssen, dann wird ein guter Blick für Abstand und Abstands-Signale sich tausendfach bezahlt machen. Oft meinen Sie zunächst, eine bestimmte Person sei Ihr hauptsächlicher Gesprächspartner. Dann stellen Sie fest, daß eine andere Person von den Anwesenden weit mehr Platz zugestanden bekommt. Wenn Sie diesen Hinweis als Anlaß zum gezielten Suchen nach mehr Information ansehen, werden Sie bald auch andere Signale sehen, die Ihnen zeigen, wer in dieser Gruppe das meiste »Sagen« hat. Vgl. auch, was wir über N-N-Kontakt gesagt hatten (Kap. 4.2.4). Oft ist es nicht die Person, die laut Organigramm der Firma (also auf dem Papier), die Entscheidungen trifft[1]!
Nun hatten wir verschiedentlich auf Abstands-Signale hingewiesen, ohne dieselben jedoch bisher zu identifizieren. Wie zeigt jemand, daß man ihm zu nahe tritt? Es liegt auf der Hand, daß *fliehendes Verhalten* mit Zurücklehnen, Zurücktreten u. ä. gekoppelt sein wird. Auch abschirmende Gesten bzw. das Bauen einer »Wand« aus Gegenständen kann eintreten. *Kämpferisches Verhalten* wird das Gegenteil aufweisen: Man wird dem anderen »entgegentreten«, sich »behaupten« oder vielleicht sogar verbal unwillig reagieren.
Da gerade diese Signale so wichtig sind, können Sie wieder am meisten über sie lernen, wenn Sie, gleich einem Wissenschaftler, Ihre Umwelt dazu verleiten, Abstands-Signale *zu produzieren*, so daß Sie diese *gezielt beobachten* können. Hierzu schlage ich Ihnen vor, das unten aufgeführte Experiment (s. Kap. 7.1.5) selbst durchzuführen.

1 Über Status, Statussymbole, Rituale und Körpersprache ließe sich ein ganzes Buch füllen. Übrigens hat dies schon jemand getan! Es handelt sich um das Buch eines englischen Anthropologen, der jeweils einige Monate im Urwald bei afrikanischen Stämmen und dann anschließend einige Monate in großen Konzernen wie z. B. bei IBM zugebracht hat. Die Parallelen, die er zieht sind höchst verblüffend und äußerst amüsant beschrieben. Bezeichnenderweise heißt das Buch: »Managen wie die Wilden« (66). Es ist ein faszinierendes und m. E. sehr lesenswertes (Taschen-)Buch.

7.1.4 Intimzone am Tisch

Wenn Sie mit einer Person an einem Tisch sitzen, gilt zunächst das »ungeschriebene« Gesetz:

> **Wenn zwei Personen einen Tisch teilen, betrachtet zunächst jede den halben Tisch als Teil ihrer Intimzone.**

Ausnahmen sind schüchterne Menschen, da sie dem anderen mehr »Status« zugestehen als sich selbst, sowie Situationen, in denen der eine wirklich einen höheren Status innehat.

Nun schildert Julius FAST (28),wie jemand mit ihm experimentierte:

7.1.5 Ein Experiment zur Intimzone (nach FAST)

»Vor kurzem aß ich mit einem Freund, einem Psychiater, zu Mittag. Wir saßen in einem netten Restaurant an einem kleinen Tisch. ... Er nahm eine Zigarettenschachtel, zog eine Zigarette heraus, welche er anzündete, und legte die Schachtel dann dreiviertel der Tischgröße von sich entfernt vor meinem Teller nieder.
Dabei sprach er weiter und ich hörte ihm zu, aber in einer vagen Art und Weise fühlte ich mich unwohl, wiewohl ich nicht feststellen konnte, warum dies so war. Dieses Gefühl verstärkte sich, als er begann das Besteck herumzuschieben, indem er es neben seiner Zigarettenschachtel plazierte, meine Tischseite mehr und mehr einnehmend. Dann lehnte er sich über den Tisch mir zu,indem er nachdrücklich etwas sagte. Ich habe nicht wirklich registriert was er sagte, da ich mich zu diesem Zeitpunkt so stark unwohl fühlte.
Schließlich erbarmte er sich meiner und sagte: »Ich habe dir gerade, körpersprachlich sozusagen, eine Demonstration eines Grundzugs der nichtsprachlichen Kommunikation gegeben!«
Verwundert fragte ich: »Welchen Grundzug?«
»Ich habe dich aggressiv bedroht und dich dadurch herausgefordert.

Ich brachte dich in eine Position, in der du dich durchsetzen müßtest, und das hat dich gestört.«

Noch immer nicht verstehend fragte ich: »Aber wie denn? Was hast du getan?«

»Zuerst habe ich meine Zigarettenschachtel bewegt«, erklärte er, »durch ein ungeschriebenes Gesetz ist der Tisch halbiert, d. h. er ist zur Hälfte dein Tisch und zur Hälfte meiner«.

»Ich war mir einer solchen Unterteilung aber nicht bewußt.«

»Natürlich nicht. Trotzdem gibt es die Regel. Jeder von uns hat das Revier geistig ›abgesteckt‹. Normalerweise würden wir den Tisch dieser Regel gemäß ›geteilt‹ haben. Ich habe jedoch mit meiner Zigarettenschachtel in deiner Tischhälfte diesen ungeschriebenen Vertrag verletzt. Wiewohl du bewußt nicht mitbekommen hast, was ich tat, fühltest du dich unwohl ... Dann folgte mein nächster Einbruch, indem ich mein Besteck und meinen Teller umherschob. Schließlich folgte mein Körper, als ich mich vorneigte ... Du fühltest dich mehr und mehr unwohl und wußtest noch immer nicht, warum eigentlich.« (S. 16)

Um das Experiment mit anderen wiederholen zu können, müssen Sie zunächst einen Blick dafür erwerben, wie man sein »Revier« begrenzen kann, manche Leute tun dies nämlich sehr eindeutig (wenn auch meist unbewußt). *Je ausgeprägter die Etablierung einer Intimzone am Tisch zu beobachten ist, desto akuter wird jemand auf Einbrüche später reagieren.*

Einige Beispiele:

Gegenstände werden benützt, um die Grenze zu »ziehen«. Dies können sowohl vorhandene Gegenstände (Salz- und Pfefferstreuer, Zuckerdose, Aschenbecher) als auch mitgebrachte sein (Rauchwaren, Feuerzeug, Schreibuntensilien).

Ellbogen werden manchmal benützt, indem man sie so breit wie möglich auf dem Tisch plaziert, insbesondere wenn man verhindern will, daß der andere sich daneben setzt, denn die Intimzone ist einem Vis-à-vis gegenüber leichter zu verteidigen, wie wir noch sehen werden!

Hände können eingesetzt werden, um »seinen Bereich« abzudecken, insbesondere kurz nach dem Hinsetzen, während das Revier sozusagen noch etabliert wird.

Wenn Sie nun das Experiment, das FASTs Freund mit ihm durchführte, wiederholen, wollen Sie lernen *erste* Abstand-Signale zu erkennen, anhand derer Ihr Gegenüber Ihnen signalisiert, daß Sie ihm zu nahe kommen. *In dem Augenblick, da Sie ein solches Signal (s. unten) wahrnehmen, nehmen Sie Ihre letzte Maßnahme zurück und beobachten die erleichterte Reaktion Ihres Gesprächspartners. Kurz darauf wiederholen Sie die letzte Maßnahme und beobachten erneut!* Nur so lernen Sie das nötige »Fingerspitzengefühl« für Abwehrsignale zu entwickeln.

Welche Signale können Sie beobachten? Nun, wir deuteten ja schon an, daß die Kampfhormone entweder Kampf- oder aber Fluchtverhalten »finanzieren« sollen, also werden Sie *Kampf-* bzw. *Flucht*-Signale sehen! FAST (28) selbst scheint auf keinerlei *Fluchtverhalten* umgeschaltet zu haben, als sein Freund mit ihm experimentierte. Aber er fühlte sich unwohl und sein Freund konnte dies beobachten! Das heißt: Erste Signale von Flucht zeigen sich bereits in minimalen Haltungs-Änderungen bzw. in mimischen Ausdrücken, die man erkennen lernen kann, wiewohl sie schwer zu beschreiben sind. Es kann jemand die Augen oder den Mund schließen, er kann aber auch den Augenkontakt unterbrechen oder eine Barriere aufbauen, ehe er sichtbar »flieht«, indem er sich betont zurücklehnt. Durch dieses Zurücklehnen, was an einem bestimmten Punkt immer auftaucht, *wenn* der andere zu Fluchtverhalten tendiert, hat der andere einen interessanten Vorteil erreicht: Wiewohl er nicht weggelaufen ist, hat er doch seine Intimzone wieder vergrößert, so daß die offene Flucht nun nicht mehr nötig erscheint. Diese »Luft« zwischen ihm und dem Tisch vergrößert einerseits seinen Bereich und hat den weiteren Vorteil, daß man in diesem Raum nichts einbringen kann, außer der eigenen Hand bzw. den eigenen Körper, indem man sich sehr weit vorneigt (wie FASTs Freund es am Ende tat[1]. Wenn Sie dies nun probieren, werden Sie oft feststellen, daß der andere seinen Stuhl weiter nach hinten rückt, um sich danach weit zurückzulehnen. Jetzt müßten Sie quasi auf dem Tische liegen, um wiederum in seinen Bereich einzudringen. Also ist er nun (ziemlich) sicher!

Kampfverhalten äußert sich völlig anders: Zuerst wird der andere, häufig noch unbewußt, beginnen, die Gegenstände die Sie in seinem Bereich plaziert haben, *zurückzuschieben*. Sie wiederum schieben Sie wieder in

1 Deshalb ist es einem Vis-à-vis gegenüber leichter, die Intimzone zu verteidigen, als einem nebenan sitzenden Gesprächspartner. Hier müßte man sich seitlich wegdrehen, was unbequem und auffälliger wäre.

seinen Bereich und er schiebt sie wieder Ihnen zu. Dies kann ein, zwei oder drei Male passieren, bis sich der andere des Prozesses bewußt wird. Dann wird er »kämpfen«, z. B. indem er aggressiv (s. Tonfall, Kap. 8) sagt: »Nun *laß* das doch endlich!« oder indem er einen der Gegenstände betont aggressiv in Ihren Bereich »knallt« u. ä.
Je öfter Sie dieses Experiment durchführen, desto exakter lernen Sie alle möglichen Nuancen bewußt wahrzunehmen und zu interpretieren!

7.1.6 Variationen des Experiments

Natürlich können Sie auch ohne Tisch Ihre Versuche ausführen: Wenn Sie in einer Schlange auf irgend etwas warten, können Sie dem anderen unmerklich zu nahe rücken, erste Reaktionen beobachten und »einen Rückzieher« machen. Aber gelernt haben Sie wieder etwas! Dieses Experiment können Sie fast immer ausführen, wenn Sie sich mit jemand unterhalten. Insbesondere mit neuen Gesprächspartnern kann es aufschlußreich sein, *aber erst, wenn Sie sicher sind, daß Sie bereits allererste Unmutssignale sofort erkennen* und sich »rückziehen« können! Sonst würden Sie den Gesprächspartner natürlich verärgern, das versteht sich von selbst!
Wenn Sie öfter in dieser Weise experimentieren, können Sie einmal darauf achten, inwieweit Sie meine *Vermutung* bestätigt finden: Ich habe den Eindruck gewonnen, daß gerade dieses Experiment einen gewissen Aufschluß darüber zu geben vermag, ob ein neuer Gesprächspartner wohl eher zur Flucht oder zu Kampf neigt, wenn seine Streßhormone »fließen« (7a). Jemand, der im Zweifelsfall eher aggressiv reagiert, wird auch bei Ihrem Experiment eher unwillig reagieren während als jemand, der im Zweifelsfall eher zur Flucht neigt. Wenn meine Vermutung sich als korrekt erweisen würde, wäre dies u. U. ein vorzüglicher Hinweis für neue Gesprächspartner. Denn, wie in »Psychologisch richtig verhandeln« aufgezeigt (7b), bringen »Flucht-Typen« uns manchmal in Schwierigkeiten, wenn sie *verbal aber indirekt* fliehen, z. B. *indem sie Zugeständnisse machen, die sie später nicht einhalten können.* Wenn man also einen Hinweis darauf hätte, daß jemand vielleicht ein Flucht-Typ ist, könnte man gerade in bezug auf Absprachen, Versprechen u. ä. besonders vorsichtig sein. Ein Verkäufer erzählte mir einmal, daß er nach dem

Erlernen dieses Beobachtungs-Tricks weit weniger Stornierungen hatte. Weil er nun wesentliche Signale, die auf Fluchtverhalten deuten ließen, bewußt beachtete und bei diesen Gesprächspartnern mehr verbale Erfolgskontrollen einbaute, ehe er zur Unterschrift bat (z. B. durch Formulierungen wie: »Wenn ich noch einmal zusammenfassen darf, sind wir uns einig, daß Sie . . . wollen und daß Sie bereit sind . . .« o. ä.).
Außerdem hat das Experiment, wenn Sie es häufig durchführen, noch einen weiteren Vorteil für Sie: Sie lernen erste Unlust-Signale der Mimik erkennen, da diese als Sekundärmerkmale jeden Einbruch in die Intimzone begleiten. Diese Signale schneller zu erkennen, kann in jeder Gesprächs-Situation nur von Vorteil sein, beruflich wie privat!

7.2 Die persönliche Zone

Abb. 11

Wir hatten gesagt, der äußere Rand der Intimzone befindet sich zwischen einer halben und einer ganzen Armlänge vom Körper entfernt. Nun beginnt die persönliche Zone immer da, wo die Intimzone endet: Um den Personenkreis zu definieren, der sich in unserer persönlichen Zone aufhalten darf, können wir sagen:

In unsere persönliche Zone lassen wir freiwillig all jene Personen hinein, mit denen wir nicht so intim sind, daß sie unsere Intimzone betreten dürfen, die uns aber auch nicht so fremd sind, daß sie in unserer nächstweiteren Zone verbleiben müßten.

Also: gute Freunde, Familienmitglieder, Kollegen mit denen uns ein herzliches Verhältnis verbindet, sowie all jene Mitmenschen, mit denen wir »gut« und gerne kommunizieren.
Die persönliche Zone definiert auch jenen Bereich, in dem Chefs, Ausbilder und Lehrer sich aufhalten dürfen, *wenn* sie einen besonders guten Kontakt zum anderen haben. Normalerweise ist jedoch erst die nächste Zone ihr »Aufenthaltsort«. Je mehr Sie also durch häufiges Experimentieren über die Abwehr-Signale lernen, desto leichter wird es Ihnen fallen, den richtigen Abstand zum anderen zu finden.
In diesem Zusammenhang verweist Michael BIRKENBIHL (6b) auf *das berühmte NIETZSCHE-Beispiel von den Stachelschweinen: Um nicht zu frieren, rücken sie zusammen. Kommen sie sich dabei aber zu nahe, stechen sie sich gegenseitig mit ihren Stacheln. Also gilt es, die Nähe zu finden, bei der man nicht »friert«, und jene Intimität zu vermeiden, die im speziellen Falle »verletzt«!*
Nun gibt es ein interessantes Phänomen, welches sowohl die persönliche Zone als auch den äußeren Bereich der Intimzone betrifft: Wenn wir nämlich *notgedrungen* einem anderen so nahe rücken müssen, daß wir uns in seiner (äußeren) Intimzone oder (inneren) persönlichen Zone befinden, dann verhalten wir uns . . .
Wie verhalten wir uns dann? Versuchen Sie die Antwort vielleicht erst selbst zu formulieren: Wie verhalten wir uns normalerweise, wenn wir uns in einer Warteschlange, in einem Aufzug, in der Straßenbahn zu nahe kommen müssen?
Stop.

Haben Sie einen Formulierungsversuch gemacht? Hier ist unserer:

Wenn wir einem anderen notgedrungen zu nahe kommen müssen, behandeln wir ihn laut ungeschriebenem »Vertrag« als Non-Person.

Dieser »ungeschriebene« Vertrag ist allerdings *anerzogen* und daher auch kulturell verschieden. Manche Volksgruppen (z. B. Japaner) leiden unter einem Gedrängle weniger, als andere (s. auch Kap. 9). In unseren westlichen Kulturkreisen (Westeuropa, Nordamerika) gilt jedoch dieses »Gebot«, das Kinder erst lernen müssen: Wir vermeiden Augenkontakt, wir versteifen uns, wir sprechen nicht oder nur kaum miteinander (und wenn, dann nur das Allernötigste). Kinder hingegen starren die dicke Frau im Aufzug noch ungeniert an oder fragen den »Onkel« sogar, wem er die schönen Blumen schenken will, die er (vielleicht sogar leicht verlegen) in der Hand hält . . .

Stellen Sie sich fünf Manager vor, die sich nicht kennen. Alle halten sich in demselben Hotel auf, weil sie an einem Seminar teilnehmen sollen. Sie wissen noch nicht, daß sie in wenigen Minuten feststellen werden, daß sie zur selben Gruppe gehören werden. Nun warten sie auf den Aufzug. Jeder kam einzeln aus dem Frühstücksraum, bewegt sich jetzt auf den Aufzug zu, sieht, daß dieser noch unterwegs ist und wartet.

Deutsche oder amerikanische Manager werden sich (meist in dunklen Anzügen) wie fünf Pinguine schweigend neben- und hintereinanderstellen, dabei so viel Abstand halten wie möglich und meist gebannt die Anzeigelämpchen beobachten, die den Weg des Lifts signalisieren. Wenn die Türe sich öffnet werden sie einsteigen, ohne sich zu berühren, und sich sofort so auf die Kabine verteilen, daß jeder seine Intimzone möglichst weitgehend schützen kann. Sie stehen stocksteif, warten mit unbewegter Miene bis der Lift sich in Bewegung setzt und starren wiederum gebannt auf das kleine Lämpchen. Öffnet sich die Türe endlich, verlassen sie den Lift, lesen die Tafel, die einem jeden zeigt, daß sie sich zu Raum Nr. 15 begeben müssen und bewegen sich nun vorwärts, wiederum denselben Abstand voneinander einnehmend. Im Seminarraum angekommen, suchen sie zuerst ihren Platz (wir nehmen an, daß Namenstafeln diesen anzeigen). *Jetzt erst* werfen sie erste Blicke umher. Jetzt erst anerkennen sie den Fakt, daß sie sich untereinander schon fast ein wenig kennen, denn sie werden einander mit einem leichten Kopfnicken (vielleicht sogar mit einem angedeuteten Lächeln begrüßen), ehe sie ihre Augen schweifen lassen und die anderen, die »ganz Fremden« kurz betrachten.

Weil wir gerade beim Seminar sind, wollen wir kurz auf ein Phänomen hinweisen, das auf Revier-Verhalten beim Menschen schließen läßt. Spätestens nach der ersten Kaffeepause hat jeder sich auf »seinen« Platz eingestellt. Ohne auch nur eine Sekunde zu zögern, steuert er diesen Platz nach der Pause wieder an. Ich habe in manchen Seminartypen während der Pause die Namensschilder und die Unterlagen der Einzelnen an andere Plätze gebracht, um der Gruppe zu demonstrieren wie »sauer« bzw. unwillig oder unangenehm berührt die meisten Menschen in einer solchen Situation reagieren! Denn: Wir hatten gesagt, daß wir uns innerhalb unserer »Blase« (Intimzone) sicher fühlen. Dasselbe gilt aber auch für »unseren Platz«, er wird zu unserem Revier, d.h. zu unserer erweiterten Intimzone. Deshalb ist ja das Tisch-Experiment (s. Kap. 7.1.5) so interessant und aufschlußreich. Übrigens machen hier Ober und Bedienungen oft grobe Fehler, indem sie sich auf den Tisch aufstützen oder einfach einen Aschenbecher, ein Salzfäßchen u. ä. wegnehmen, ohne zu fragen. Ob der Gast dies(en) nun benötigt oder nicht, ist von keiner Bedeutung. Er empfindet dieses Hineingreifen in sein Revier als unangenehm. Wenn Sie das nächste Mal auswärts essen, können Sie gerade diesbezüglich recht interessante Beobachtungen machen.

Die persönliche Zone, in Verbindung mit diesem Revierverhalten, kann man auch in Büchereien gut beobachten. Jeder sucht sich einen Platz der von den anderen mindestens so weit getrennt ist, daß der Abstand der persönlichen Zone entspricht. Setzt sich nun jemand dichter heran, als das ungeschriebene Gesetz erlaubt, wird er Abstands-Verhalten beobachten können. Diese Abwehrsignale werden um so stärker ausgeprägt sein, je leerer der Lesesaal ist, d. h. je mehr Platz zur Verfügung steht (28)!

7.3 Die soziale Zone

Dies ist der Bereich, der an die persönliche Zone angrenzt. Wer sollte diese Distanz zu uns einnehmen?

Unsere soziale Zone ist für soziale Kontakte oberflächlicherer Art reserviert, z. B. für Bekannte, die meisten Kollegen und die meisten Chefs!

Hier *sollte* ein Chef sich aufhalten, es sei denn, seine Beziehung zum Mitarbeiter ist eine überdurchschnittlich gute! Hier halten sich auch die meisten Kollegen auf und hier *sollten sich alle Berater solange aufhalten, bis der Kunde eindeutig signalisiert, daß man ihm näher treten darf!*

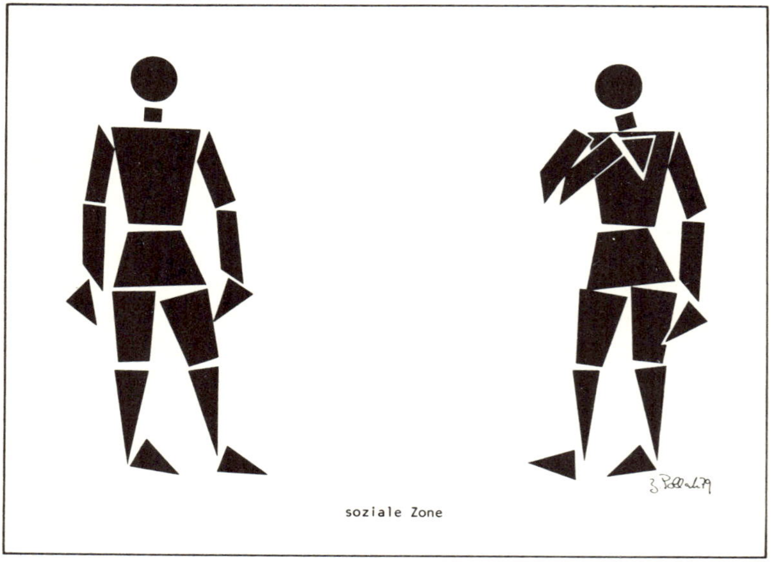

Abb. 12

Die Grenze zwischen der persönlichen und der sozialen Zone können Sie spielerisch ermitteln lernen: Wenn Sie in einer Gruppe sind, deren Mitglieder sich z. T. sehr gut, z. T. nur oberflächlich kennen, dann kann sich je ein Spieler in die Mitte des Raumes stellen. Je ein zweiter geht langsam auf ihn zu, bis der andere ihm durch das Wort »Stop« zeigt, daß es »nah genug« ist. Falls sie und Ihre Freunde mehr lernen wollen, kann die Aufgabenstellung auch sein, daß der in der Mitte Stehende *nichtsprachlich* zum Ausdruck bringen muß, wann es »nah genug« ist und daß der zweite Spieler sich im Beachten eben dieser Signale übt! Hierbei könnte der Mittelspieler den anderen hinter seinem Rücken (z. B. mit der Hand) ein klares Signal geben, damit die Zuschauer (die hinter ihm plaziert sind) sehen,wann der andere »nah genug« war und wie viele Schritte dieser andere Spieler weiterging, bis er es selbst merkte.

Ich möchte jedem, der in einer beratenden Tätigkeit arbeitet, raten, solche Übungen so oft wie möglich zu machen. Diese Spiele können einerseits sehr lustig werden, andererseits aber wiederum das Auge für jene Signale schärfen, die viele Kunden aussenden (und sich verärgert fühlen, weil man sie nicht beachtet!). Dabei muß klar sein, daß die meisten Kunden ebenso *unbewußt* mit *vagen unangenehmen Gefühlen* reagieren, wie JULIUS FAST (Zitat auf Seite 148) so schön beschreibt. Das bedeutet, daß der Ärger, den der Kunde verspürt, sich Momente später oft auf den Inhalt der Worte des Beraters zu beziehen *scheint.* So erlebte ich z. B. einmal ein Arztgespräch eines Pharmareferenten. Der Arzt hatte uns im Gang empfangen, da beide Behandlungszimmer, sowie sein Büro von wartenden Patienten besetzt waren. Der Pharmareferent rückte dem Arzt zu nahe, dieser sandte Signale aus, welche nicht beachtet wurden. Die Stimme des Arztes wurde immer aggressiver (s. auch Kap. 8) was der Pharmareferent zum Anlaß nahm, seinerseits nachdrücklicher (mit mehr Nach-DRUCK also) zu sprechen. Dann sagte der Arzt plötzlich: »Hören Sie? Ich habe grundsätzlich etwas dagegen, alles mit Enzympräparaten behandeln zu wollen! Außerdem habe ich jetzt sowieso keine Zeit!« Damit verschwand er in einem der Zimmer. Als wir die Praxis verließen,meinte der Berater, *der Zorn des Arztes hätte sich auf seine Ausführungen zum Indikationsbereich der Enzympräparate bezogen.* Eine spätere Nachprüfung meinerseits in einem Gespräch mit dem Arzt bestätigte hingegen meinen Eindruck (meine Erfolgskontrolle also): Er sagte: »Wissen Sie, ich kann Leute, die einem so auf die Pelle rücken, nicht ausstehen!« Das heißt erstens, daß dieser Arzt sehr wohl wahrgenommen hatte, daß ihn das Abstandsverhalten geärgert hatte, wenngleich er dies nicht verbal zum Ausdruck gebracht hatte als der Pharmareferent noch anwesend war. Zweitens: Gerade in solchen Situationen geht der Arzt oft unbewußt davon aus, daß ihm schon aus Status-Gründen ein größerer »Freiraum« zugestanden werden müßte. (Ich glaube, daß dieser zweite Aspekt unserem Arzt nicht wirklich bewußt geworden war, aber ich kann mich irren. In diesem Punkt wollte ich aus offensichtlichen Gründen keine Kontrollfrage stellen!)

7.4 Die öffentliche Zone

Im angelsächsischen Bereich verwendet man nach Prof. HALL (38b) die Zonenbegriffe, derer wir uns hier bedienen. Nun lautet der Name für diese vierte Zone »public zone«, wobei das Wort »public« zwar »öffentlich« bedeutet, in seiner semantischen Bedeutung jedoch etwas vom deutschen Sprachgebrauch abweicht. Bei uns scheint »öffentlich« immer mit »Öffentlichkeit« verbunden zu werden. Wir denken also eher an *»die Gesamtheit von Menschen* . . . im Gegensatz zu (einem Bereich) der nicht allen zugänglich ist« (DUDEN).
Unter der »öffentlichen« Zone verstehen wir jedoch *jeden Abstand, der über die persönliche Zone hinausgeht* (auch wenn zwei Personen, die sich kennen, sich in diesem Abstand miteinander unterhalten, z. B. *Nachbarn* über einen Gartenzaun hinweg).

Abb. 13

Mit öffentlicher Zone meinen wir überdies den Abstand, der einen Lehrer von seiner Klasse, einen Chef von seinen Konferenzteilnehmern trennt (wenn er vor der Gruppe steht), sowie die Distanz zwischen einem Redner und seinem Publikum. Was die Größe dieser Zone angeht, so könnte man etwas überspitzt formulieren: Die Größe der öffentlichen Zone kann (fast) bis ins Unendliche gehen, nämlich so weit wie Kameras Bilder von Menschen übertragen können.
Derzeit also kann die öffentliche Zone sozusagen bis zum Mond gehen,

da dies bisher der am weitesten entfernte Ort war, von wo uns live Fernsehaufzeichnungen erreichten.

Es mag verwunderlich scheinen, daß wir die Kamera in unsere (von HALL abweichende) Definition hineinnehmen, aber das hat einen spezifischen Grund: Viele Schauspieler sowie Menschen aus dem »öffentlichen Leben« klagen, daß ihr Publikum ihnen »zu nahe« tritt, wenn es ihnen begegnet. Dies gilt sowohl in bezug auf körperliche Distanz als auch im übertragenen Sinn: Zum Beispiel erzählte ein Schauspieler, der jahrelang den Vater einer deutschen »Fernsehfamilie» gespielt hatte, in einem Interview: »Da lesen die Leute was über mein Privatleben in der Illustrierten. Dann erkennen sie mich im Supermarkt und wagen es, mir Ratschläge bzw. Kritik bezüglich meines Privatlebens zu geben! Mit welchem Recht tun die Leute das?!«

Nun, sie haben natürlich kein Recht dazu, aber es gibt ein Phänomen, welches dieses Verhalten zumindest erklären kann: Überlegen Sie einmal mit: Dieser Schauspieler agiert oft Woche für Woche in Ihrem *Wohnzimmer*[1], d. h. in Ihren engeren Zonen. *Aus seiner Sicht* gehören Sie in seine öffentliche Zone. Sie sind ein Zuschauer aus dem fernen TV-Land, den er nicht persönlich kennt (und vielleicht auch nicht kennen möchte). Er hingegen war schon so oft »bei Ihnen«, in Ihrem Wohnzimmer, daß Sie ihn als »näher« empfinden, als er sich Ihnen gegenüber fühlen wird!

Nun haben wir an diesem Beispiel gesehen, daß man einem anderen sowohl im Sinne körperlicher Distanz als auch im übertragenen Sinne zu nah kommen kann. Zwar sind die wissenschaftlichen Untersuchungen in diesem Punkt noch nicht abgeschlossen, noch nicht einmal intensiv begonnen worden, aber ich möchte doch eine Hypothese in den Raum stellen, die ich für sehr wahrscheinlich halte:

Es gibt einen direkten Bezug zwischen der Mißachtung der räumlichen Zone des anderen und dem ihm im übertragenen Sinne zu nahe kommen!

1 Für den Deutschen kann ein ganzer Raum, ja seine ganze Wohnung zur »Intimzone« werden, so daß dieser Schauspieler aus Ihrer Sicht sogar in Ihrer Intimzone (im übertragenen Sinn) agiert (s. auch Kap. 9).

Ich meine wiederholt festgestellt zu haben, daß Leute, die keinen Sinn für die *Intimsphäre* eines anderen haben, auch seine *Intimzone* betreten, ohne seine Abwehrsignale zu registrieren! Und ich meine, daß Leute, die anderen körperlich zu nahe treten (z. B. Chefs, die sich in der persönlichen Zone aufhalten), *ihnen auch seelisch oft zu nahe treten!* Es ist, als hätten sie einen Panzer, so daß sie von den »Stacheln« anderer nicht verletzt werden können, während sie häufig andere verletzen, wenn wir das Stachelschwein-Beispiel NIETZSCHEs noch einmal als Analogie verwenden! (Vgl. S. 153.)

7.5 Signale des Abstandes

Nun erleben wir eine interessante Kombination: Je mehr jemand über die Abwehrsignale des Abstandes lernt, desto eher wird er m. E. *dieselben Signale* erkennen lernen, wenn er jemandem *seelisch »auf die Füße tritt«*, wiewohl er sich vielleicht dreieinhalb Meter entfernt in einem anderen Sessel befindet!
Ein aktives Erüben gerade der Abstands-Aspekte wird daher in vielen Situationen (beruflich wie privat) Früchte tragen, in denen man dem anderen *im übertragenen Sinne* zu nahe zu treten droht! Dies geht viele Familienväter ebenso an wie Mütter, Geschwister, Freunde und Menschen, die ja »nur helfen wollen«, oft aber nicht merken, daß sie dabei »zu weit« gehen und den anderen verletzen. Wie in »Psychologisch richtig verhandeln« (7b) schon angedeutet, ist gegen einen Rat, den ich jemandem gebe, um ihm zu helfen, nichts einzuwenden, solange ich nicht *beleidigt* reagiere, wenn er ihn nicht annehmen will!! Gerade letztgenannte Reaktion zeigt oft, wie »egoistisch« so manches »Helfen-Wollen« in Wirklichkeit ist, bzw. wie schwer es sein kann, sich einer Person zu erwehren, die einem zu nahe tritt, weil sie uns ja nur »helfen« wollte!

Kapitel 8
Tonfall

Erinnern Sie sich noch? Wir hatten im Vorwort darauf hingewiesen, daß ein bewußtes Sich-Auseinandersetzen mit der Körpersprache in gewisser Weise die *Beschreibung der Welt* verändern kann. Wenn ich nämlich lerne, nichtsprachliche Signale wahrzunehmen, sie zu beschreiben und zu deuten, dann nehme ich sozusagen eine »andere Wirklichkeit« wahr. Auch den Kinesikern war es so gegangen. Nachdem ihr Interesse für nichtsprachliche Aspekte der Kommunikation geweckt war, begannen sie diese zunächst so exklusiv zu studieren, daß sie dabei das gesprochene Wort völlig außer acht ließen. BIRDWHISTELL, den viele als den »Vater der Kinesik« bezeichnen würden, sagt hierzu (5e):

> »Die frühen Arbeiten der Kinesik waren zunächst darauf konzentriert, einzelne Kineme, Kinemorpheme und komplexe kinemorpheme Konstrukte zu isolieren, die man in der nichtverbalen Kommunikation entdeckte.« (S. 133)

Dann aber veränderte sich dies, als nämlich immer mehr Kommunikationsforscher, die sich sowohl mit semantischen als auch mit kinetischen Aspekten befaßten, begannen, *beide* Aspekte *gleichzeitig* zu beachten. BIRDWHISTELL beschreibt diese neue Art der Wahrnehmung (5e):

> »Zunächst wurde (die Sprache) lediglich als Teil der mikrokinetischen Aufzeichnung notiert, eingebettet im komplexen (Ganzen) ... Als sich die Forschung jedoch der *Korrelation* zwischen dem gesprochenen Wort und der kinetischen Signale (der Bewegungen) zuwandte, begann das *Wort* in einer völlig neuen Art signifikant zu werden ...« (S. 114)

In der nächsten Phase wurden Inhalt und Körpersprache korreliert, so daß wir sagen können: Es wurden beide Kommunikationsebenen, die des Inhalts und die der Beziehung (nach WATZLAWICK, 88), *parallel* interpretiert. Aber dann stellte man fest, daß der »Ton die Musik mache«, d. h. daß die Art und Weise, wie die Worte gesprochen werden können, Auswirkungen auf *beiden* Ebenen haben kann!
Zwei Beispiele, um dies zu illustrieren:

1. Wenn ich einmal »*fünf*undvierzig« und einmal »fünfund*vierzig*« sage oder schreibe, dann will ich auf der *Inhaltsebene* klarstellen, daß ich im ersten Falle »fünfundvierzig« von »vierundvierzig« bzw. »sechsundvierzig« abheben möchte, während ich im letzteren Falle »fünfundvierzig« von »fünfundfünfzig« bzw. »fünfundsechzig« trennen will. Sicher haben Sie gemerkt, daß der letzte Satzteil schwerer zu lesen war, weil ich absichtlich auf das Hervorheben verzichtet habe. Dieses Hervorheben, das im Schriftlichen z. B. durch Kursivdruck bzw. Unterstreichungen erreicht werden kann, symbolisiert eine *Betonung* der hervorgehobenen Worte, Silben oder Wortteile.
2. Wenn ich hingegen in einem Satz das ganze Wort »fünfundvierzig« betone, so kann dies auch geschehen, weil ich auf der Beziehungsebene »sende«, z. B. »Wieso hast du *fünfundvierzig* Kopien gemacht, ich wollte doch *fünfzig*!!« Hier geht es also *nicht nur* um die sachliche Information, wenn ich gleichzeitig meinen Ärger durch den Nach-*Druck* zum Aus-*Druck* bringe, insbesondere, wenn dieser Ärger den anderen auch wirklich beein-*druckt* bzw. be-drückt!

Solche Überlegungen führten dann in der Kinesik dazu, daß man ver-

INHALTS-EBENE	INHALT/WORT	»Aber MUTTER.«
	TONFALL	(wird durch spezielle Signale notiert)
BEZIEHUNGS-EBENE	SPRECHGESCHWINDIGKEIT	(wird oft auch festgehalten)
	MIMIK	(wird immer notiert)
	HALTUNG	(wird immer notiert)
	GESTIK	(wird immer notiert)
	PAUSEN	(werden immer notiert)

suchte, beide Signalarten in der mikrokinetischen Aufzeichnung zu erfassen. Eine solche Aufzeichnung versucht, Kommunikation auf mehreren Ebenen gleichzeitig festzuhalten, z. B.: indem sie die Signale der Inhalts- und der Beziehungsebene in Sub-Ebenen unterteilt. (S. Kasten, S. 162.)
So ein Transkript finden wir bei BIRDWHISTELL (5e) auf Seite 284:

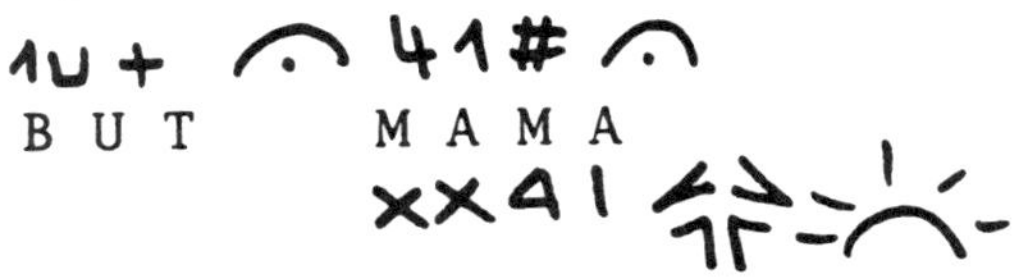

Gleichzeitig werden alle Beobachtungen auch verbal beschrieben (s. auch unsere Übungen in Teil I!):

> »Der Junge protestierte laut, ballte beide Fäuste und zog sie empathisch gegen seine Brust. Gleichzeitig zog er seine Beine an (und drückte dadurch) gegen die Hand der Mutter, die versuchte ihn (auf dem Sitz) festzuhalten. Seine Mundwinkel waren herabgezogen und seine obere Gesichtshälfte drückte ein (zusammengezogenes) frown[1] aus.«

Diese kleine Darstellung sollte Ihnen ein Gefühl dafür vermitteln, wie Kinetiker vorgehen, wenn sie sich mit den Aspekten beschäftigen, um die es uns in diesem Kapitel gehen soll! Denn, wie wir unter 2.2 gesagt hatten, werden *wir* unter Tonfall alle Erscheinungen meinen, die sich beim Sprechen manifestieren, insofern unsere Analyse sich nicht auf den Inhalt des Gesagten konzentriert . . . ebenso Lautäußerungen ohne verbalen Inhalt, wie z. B. das Schnalzen mit der Zunge, Seufzen, Stöhnen, etc.
Ehe wir auf die einzelnen Aspekte eingehen, noch ein grundsätzlicher Gedanke: Wir hatten ja schon in Form einer Regel festgehalten, daß man »im Zweifelsfall der Körpersprache glaubt, wenn diese inkongruent zum verbalen Inhalt ist«. Aber wir können, auf den Tonfall (inkl. Betonungen, Sprachmelodie, Sprechrhythmus) bezogen, auch sagen: Wenn diese Beziehungsebene »getrübt« ist, wird derjenige, der diese »Trübung« empfindet, *mehr auf den Tonfall als auf den verbalen Inhalt einer Nachricht achten!* Angenommen Ihr Gesprächspartner ist plötzlich verärgert, und Sie sagen: »Ich wollte Sie nicht verletzen, Herr Sowieso«, oder: »Sie,

1 Das Wort »frown« wird zwar im LANGENSCHEIDT mit »Stirnrunzeln« übersetzt, beinhaltet jedoch gleichzeitig die zweite Übersetzung eines »finsteren Blicks« und geht immer mit einem *mißmutigen* Gesamtausdruck des Gesichtes einher!

das habe ich aber nicht böse gemeint«, oder: »Es tut mir leid, wenn Sie sich jetzt verärgert fühlen« u. ä. Bei solchen Nachrichten *informiert* nur Ihr »Ton, der die Musik macht«. *Was* Sie in solchen Momenten sagen,ist relativ gleichgültig,solange Ihr *Tonfall* ausdrückt, *daß* es Ihnen leid tut, *daß* Sie ja nicht verletzen wollten, *daß* Sie ihn aus dem Bereich der negativen Gefühle wieder »herausziehen« wollen.

Häufig müssen wir auch Situationen überbrücken, in denen wir am liebsten gar nichts reden würden, z. B. mit Fremden, die den Nebensitz im Flugzeug einnehmen, auf so manchen Parties oder Betriebsfeiern oder weil wir zu müde sind, um ein »echtes« Gespräch zu führen. Dieser Umstand hat Eric BERNE veranlaßt, Gespräche, deren Inhalt unwichtig ist, die sozusagen nur vom Tonfall »leben«,als *Zeitvertreib* zu beschreiben (4). Als Definition könnten wir sagen:

Zeitvertreib stellt eine Kommunikationsform dar, in der nicht der verbale Inhalt unserer Worte, sondern allein unser Tonfall es ist, der eine Nachricht sendet.

So kann man z. B. die Verlegenheit, die man empfindet, weil man sich gegenseitig in der Intimzone »herumsitzt« in Bus oder Flugzeug (s. auch Kap. 7) dadurch überbrücken, daß man »blabla« redet. Hier signalisiert der *Tonfall* sozusagen: »Ich will dich ja nicht bedrohen, wiewohl ich dir gezwungenermaßen zu sehr auf die Pelle rücken muß«. Zwar hatten wir gesagt, daß man in solchen Situationen nicht oder nur das Nötigste miteinander spricht, (z. B. im Aufzug), aber wenn man stundenlang so eng »aufeinandersitzen« muß, fühlen viele Menschen sich wohler[1], wenn sie ein wenig *Zeitvertreib* einsetzen können, eben weil sie ihre »friedlichen Absichten« durch den Tonfall zum Ausdruck bringen können.

Ein Beispiel dafür, daß man oft *nur den Tonfall* wahrnimmt, lieferte Mark TWAIN (7e):

Er kam verspätet zu einer Party, weil er beweisen wollte, daß die Leute

1 WATZLAWICK (90b) deutet an, daß Amerikaner es fast unmöglich finden, mit einem fremden Nachbar *nicht* zu sprechen, was Deutschen leichter zu fallen scheint (s. auch Kap. 9).

oft nicht zuhören (d. h. nicht auf den Inhalt seiner Worte achten),weil sie zu häufig aneinander vorbei,statt miteinander redeten. Die Gastgeberin hatte sich inzwischen Sorgen gemacht, ob ihr Ehrengast noch erscheinen würde, ehe ihr Truthahn verbrannt wäre. Sie erlebte also unangenehme Gefühle, d. h. für sie war die Beziehungsebene »getrübt«, als es endlich klingelte, sie das Dienstmädchen zur Seite schob, selbst zur Türe lief und er da stand.

Nun erwartete sie eine Entschuldigung, die sie auch bekam: »Gnädige Frau, es tut mir so leid, daß ich zu spät komme«, sagte Mark TWAIN, *aber ich mußte meiner alten Tante noch den Hals umdrehen, und das dauerte etwas länger als ich angenommen hatte.«* »Wie *reizend*, daß Sie dennoch gekommen sind«, sagte die Gastgeberin.
Nun habe ich Sie angelogen! Ich habe im obigen Fallbeispiel einen Satz versteckt, der genaugenommen nicht der Wahrheit entspricht. Können Sie ihn entdecken?

Stop.

Haben Sie ihn gefunden? Es sind natürlich die Worte: »Nun erwartete sie eine Entschuldigung«, denn die Gastgeberin erwartete nicht einen entschuldigenden verbalen *Inhalt,* sondern einen entschuldigenden *Tonfall.* Den bekam sie auch und deshalb nahm sie den *Inhalt* seiner Worte gar nicht wahr. Hätte er hingegen eine wunderbare Entschuldigung (z. B. Autopanne) in einem Tonfall gebracht, der ihren Erwartungen *nicht* entsprochen hätte, dann wäre sie sofort »hellwach« (d. h hell-hörig) geworden!

Woraus Sie ersehen können, wie wichtig der Tonfall (inkl. der Sprachmelodie, der Sprechgeschwindigkeit, des Sprachrhythmus etc.) sein kann, wenn wir (unbewußt) auf Kongruenz achten!

Dies können Sie testen: Das nächste Mal, wenn Sie jemandem begegnen, den Sie ruhig einmal »hereinlegen« dürfen,ohne daß er böse wird, sagen Sie in *dem* Tonfall, *der seinen Erwartungen entspricht, nicht:* »Wie nett, Sie (Dich) wiederzutreffen« *sondern:* »Wie blöd, Sie (Dich) wiederzutreffen.« Die meisten Menschen merken dies nicht! Wenn Sie die letzten Gäste auf der nächsten Einladung im Freundeskreis mit dem »richtigen« Tonfall und so einer »falschen« Information begrüßen, werden sich alle kranklachen,und der arme Freund weiß überhaupt nicht warum, bis Sie es ihm erklären werden!

So, und nun wollen wir uns einigen Aspekten des TONFALLs[1] zuwenden.

8.1 Sprachrhythmus und Sprachmelodie

Dies ist ein Aspekt, bei dem wir das Wort »Tonfall« in seiner normalen Bedeutung verwenden werden.
Verschiedenste Forschungsansätze deuten immer klarer an, daß der Sprach*rhythmus* für uns noch wichtiger ist, als die Sprach*melodie*, wobei letztere den Tonfall selbst mit am meisten beeinflußt. Wollen wir uns beiden Aspekten einzeln zuwenden.

8.1.1 Der Sprachrhythmus

Probieren Sie einmal folgendes Experiment mit einem Freund: Bitten Sie ihn, eine Melodie zu erkennen, deren Rhythmus Sie auf dem Tisch klopfen werden! Wenn Sie nun einfache, gut bekannte Lieder nehmen, werden Sie feststellen, daß der andere das Lied meist erkennen kann (vorausgesetzt, Sie haben den Rhythmus »sauber« geklopft). Wollen wir dies einmal versuchen, soweit dies innerhalb eines geschriebenen Textes »machbar« ist. Welches Weihnachtslied stellt folgender Rhythmus dar:
PaRaaPaPaam,
Pa RaaPaPaam,
PaRaPaPaaPaa
PaaPaa
Oder, falls Sie den Rhythmus selber klopfen wollen, und die Notenschrift kennen:

1 Da wir einerseits alle diese Aspekte zusammengefaßt der Einfachheit halber als »Tonfall« bezeichnen, werden wir in Zukunft das Wort in Großbuchstaben schreiben, wenn wir das *Gesamtspektrum* meinen, das Wort »Tonfall« als *Einzelaspekt* jedoch normal setzen, um die beiden Ausdrücke zu unterscheiden!

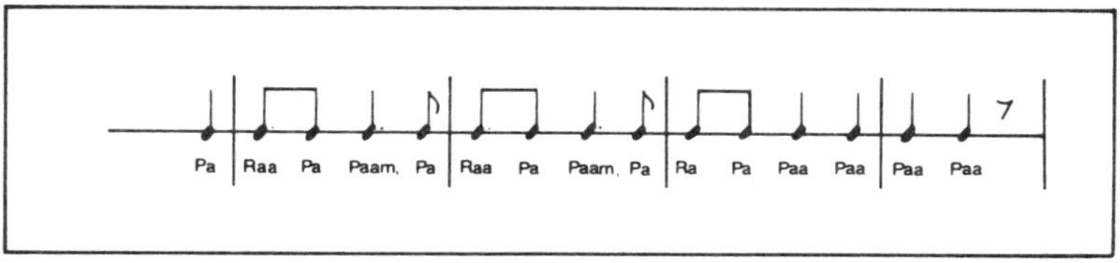

Abb. 14a

Wahrscheinlich haben Sie es erraten können[1]. Nun versuchen Sie das gleiche Experiment, aber andersherum. Sie singen die richtige Melodie zu einem »falschen« Rhythmus. Für die Notenleser unter Ihnen ein Vorschlag:

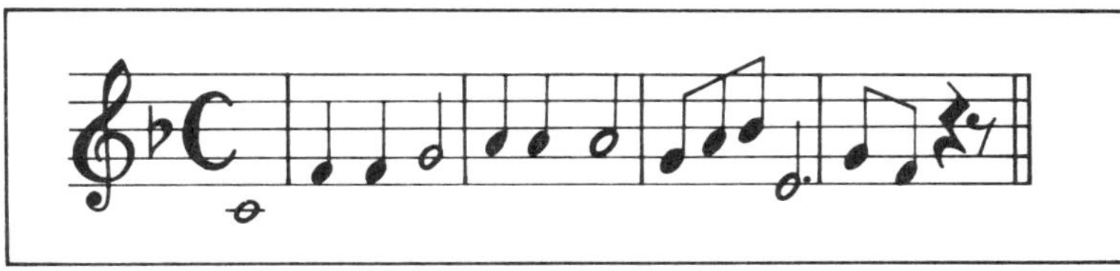

Abb. 14b

Natürlich machen Sie das zweite Experiment mit einer anderen Person bzw. wählen jeweils ein anderes Lied pro Experiment. Dann können Sie feststellen, daß *kaum jemand* eine Melodie erkennen kann, die »richtig« vorgespielt/gesungen/gepfiffen wurde, wenn der Rhythmus »falsch« ist, während das umgekehrte in den meisten Fällen gelingt! (Wie wichtig der Rhythmus in der menschlichen Kommunikation ist, zeigt auch das Experiment am Ende des Anhangs A, auf Seite 220 ff.!)
Nun nehmen wir den Sprachrhythmus einer Person solange nicht wahr, wie dieser kongruent (zu unseren Erwartungen) ist. Anders verhält es sich bei Ausländern oder Sprechern mit starker Dialektfärbung, denn hier werden wir von einem unerwarteten, »anderen« Sprechrhythmus überrascht. Neuere Forschungen deuten an, daß dies einer der (vielleicht sogar der wichtigste) Gründe (Grund) dafür sein könnte, daß Kommunikation zwischen verschiedenen (Sub-)Kulturen oft so »schwierig« erscheint, bzw. daß Aussagen von Ausländern uns »komisch« vorkommen.

1 Natürlich »oh Tannenbaum«

Ich werde nie vergessen, wie ich mit meinen Eltern und einem griechischen Freund der Familie an einem See beim Kaffeetrinken war und es ans Zahlen ging.
Mein Vater und Panajotis »stritten« sich freundschaftlich, wer nun zahlen »dürfe«. Schließlich sagte mein Vater zu der Bedienung: »Bitte geben Sie *mir* die Rechnung, der Herr ist mein Gast!« Panajotis hingegen erklärte ihr energisch: »Nein, nein, lassen Sie mich bezahlen, der Herr ist Ausländer«, worauf die Dame in helles Lachen ausbrach und meinem Vater die Rechnung übergab. Warum hat sie das getan? Das Deutsch des Griechen war exzellent, seine Aussprache deutlich und durchaus »hochdeutsch« klingend, trotzdem hatte sie ihn blitzartig durchschaut bzw. durch-hört! Betrachten wir den Rhythmus des Satzes: Sie hatte folgenden Rhythmus erwartet:

der Herr ist Ausländer

Aber gehört hatte sie:

der Herr ist Ausländer

Noch ein Beispiel, aus dem hervorgeht, daß wir selbst Worte, die wir kennen und können u. U. nicht verstehen, nur weil ihr Rhythmus sich geringfügig verändert hat: Als ich das zweite Mal in Kairo war, konnte ich mich schon ein wenig verständigen, wiewohl ich an und für sich nicht ägyptisch, sondern die »Hochsprache«, d. h. die Sprache des Q'urans lernte. Nun unterscheiden sich die beiden z. B. dadurch, daß die Alltagssprache gewisse grammatikalische Endungen »fallenläßt«, was ich ja schon *wußte*. So daß z. B. aus dem Wort CHUBSun (Brotfladen) das Wort CHUBS wird, wobei auch im Hocharabischen die Betonung auf CHUBS liegt. Der Unterschied der beiden Worte ist also geringfügiger, als es zunächst auf dem Papier erscheinen mag.
Eines Nachts hörte ich früh um vier, daß Leute durch die Gänge rannten, an die Türen pochten und eindringlich immer wieder ausriefen:
aN-NaaR! aN-NaaR! aN-NaaR!

Ich meinte zunächst, das Wort überhaupt nicht zu kennen, reagierte aber auf den TONFALL, d. h. auf den Tonfall der Dringlichkeit, auf die Lautstärke, auf die Sprechgeschwindigkeit und auf die Tatsache, daß die Stimmen der Rufenden sich fast überschlugen. Alle diese TONFALL-Signale deuteten auf Panik hin. Also verwarf ich erste Gedanken an Betrunkene (die es auch in den arabischen Ländern, insbesondere in Hotels gibt!) und öffnete meine Zimmertür. Gottseidank. Denn das Hotel brannte!

Ich hatte ein Wort ohne Endung trotz der fast gleichen Aussprache nicht erkannt, das ich bereits in meinem *ersten* arabischen Text vor Jahren gelernt hatte und das mir an und für sich *sehr vertraut* war: aN-NaaR heißt nämlich »Feuer«.

Auf demselben Effekt beruhen auch Wort-Spielereien, wie die folgenden: Man sagt zu jemand: »Was heißt ›Dikurannte Bissifiel‹?« wobei der Rhythmus wie folgt klingt:

Kaum jemand erkennt den Satz »Die Kuh rannte, bis sie fiel«, wenn Sie es richtig »falsch« machen. Ähnlich kann man mit »Blu*men*to *Pferde*« spielen, wenn man bei dem betonten *»men«* mit der Stimme etwas heraufgeht und die »Pferde« akustisch hervorhebt. Aber gerade das letzte Beispiel »spielt« bereits unter Einbeziehung der Sprachmelodie!

Kommen wir noch einmal auf Ausländer oder Dialektsprechende zurück: Wenn unser Eindruck richtig ist, dann würde dies eine Erklärung dafür abgeben, warum die Intelligenzija eines jeden Landes oder Reiches immer dafür gesorgt hatte, daß sie sich frei von mundartlichen Rhythmus-Veränderungen, einer gemeinsamen »Schriftsprache« bediente. Dies schloß nämlich das Unbehagen weitgehend aus, das wir empfinden, wenn Fremde einen »anderen« (uns daher unangenehmen) Sprachrhythmus durchklingen lassen. Dies galt für das Römische Reich genau so, wie für das Hocharabisch, mit dessen Hilfe ein gebildeter Tunesier sich mühelos mit einem gebildeten Ägypter oder Saudi unterhalten kann! Aber bereits im Deutschen sehen wir dies: Je stärker die mundartliche Färbung eines Preußen oder Bayern (bzw. eines Schwaben, Rheinländers, Franken usw.) den Sprachrhythmus verändert, desto unangenehmer »fällt er auf«. Diese Rhythmusänderung scheint in weit stärkerem Maße wahrgenommen zu werden, wenn auch unbewußt, als sprachmelodische Verschiebungen, die allerdings den nächstwichtigsten Faktor darzustellen scheinen. Wenn Sie einmal beim Fernsehen gut zuhören, werden Sie feststellen, daß Rhythmusverschiebungen u. a. mit einem Buchstabenaustausch einhergehen. Jemand der sagt: »Die Kinder heißen Paula und Irmgard, hat einen anderen Sprachrhythmus als jemand, der sagt:

Di Ginder heisen Baula und Ermgard.

Vielleicht kennen Sie den Witz von dem Sachsen, der seine Kinder nach dem Alphabet benannte, was jedoch hier und da zu Schwierigkeiten führte[1]. Er erzählt uns (weitgehend »hochdeutsch«):

> »Also, das erschte, des war a Junge, den haben wir *Arnscht* genannt, für A. Dann ein Mädchen, des isch die *Baula*, für B. Dann ein Junge, für ze (so klingt »C« nämlich), des isch der *Zigfied*. Dann kam wieder ein Junge, des isch der *Deodor*. Für E, das war wieder ein Mädchen, des isch die *Ermgard* und dann für F ein Junge, der *Fiktor*. Aber mit dem letzten haben wir Brobleme, des isch nämlich wieder ein Junge und den haben wir Ginder (er meint natürlich »Günther«) genannt. Nur, wenn ich »Ginder« ruf, dann komme se alle gelaufen! (Weil sie eben »Kinder« verstehen).

Wenn Sie also das nächste Mal mit Menschen zu tun haben, deren Sprachrhythmus von Ihrem eigenen abweicht, dann verstehen Sie vielleicht besser, warum uns dieser gerne »gegen den Strich« geht, ohne daß der andere weiß, daß (bzw. warum) er unangenehme Gefühle in uns hervorrufen kann!

Falls Sie (oder Ihre Kinder) sich hingegen mit einer *Fremdsprache* herumschlagen und Sprech-Probleme haben, dann müssen Sie wissen: *Solange Sie den Sprachrhythmus nachahmen können, werden kleine Fehler in der Aussprache einzelner Phoneme so gut wie gar nicht wahrgenommen.* Solange Ihr Sprachrhythmus jedoch ein deutscher ist, wird auch die beste Aussprache von Einzelphonemen Ihnen nichts nützen! Beispiel: Im Deutschen sagen wir –

1 Für diese Story danke ich Herrn HERIBERT WAGNER aus Immenstadt.

Philosop**hie**, Biolo**gie**, Psycholo**gie**.

Als Rhythmus ausgedrückt, sagen wir also:

Parapa**paam**, parapa**paam**, parapa**paam**.

Der Angelsachse hingegen spricht diese (und ähnliche) Worte in einem völlig anderen Rhythmus, nämlich:

Pa**raa**papam, pa**raa**papaam, pa**raa**papam.

Das heißt, daß er diese Worte selbst wie folgt spricht:

phi**lo**sophy, bi**o**logie, psy**cho**logy

(fi-**lo**-sofi, bei-**o**-lodschi, sei-**ko**-lodschi[1].

Wenn Sie Sprechrhythmus-Übungen machen würden (werden?), dann würden (werden!) Sie bald feststellen, daß sich die Sprachmelodie bereits mit-verändert! Die beiden Faktoren gehen in einer Weise miteinander einher, daß wir keinen allein verändern können.
So daß alle folgenden Bemerkungen ebenfalls gewisse Rhythmusverschiebungen implizieren, wiewohl wir auf sie nicht mehr eingehen werden.

8.1.2 Sprachmelodie

Die Sprachmelodie definiert die Art und Weise, in der wir unsere Stimme heben und senken. Bei einer Frage heben wir die Stimme an, bei einem Komma (d. h. einer kurzen Sprechpause, s. auch Kap. 8.3) heben wir sie ebenfalls, aber »anders«. Da es diesen Rahmen sprengen würde, solche Nuancen verbal beschreiben zu wollen, gehen wir anders vor: Lesen Sie bitte die nachfolgenden Sätze *laut*, wenn nötig mehrmals, und achten Sie dabei auf Ihre Sprachmelodie. Satzzeichen werden Ihnen dabei als »Sprechanweisungen« dienen, wie immer, wenn wir gesprochene Sprache schriftlich andeuten wollen.

1 Wie Sie aus der Lautschrift ersehen, wird das »p« in »Psychology« *nicht* gesprochen. Trotzdem gilt folgende Regel: Wenn ein Deutscher (psei-*ko*-lodschi) spricht, fällt dies so gut wie nicht auf, sagt er hingegen (seikolo-dschi) stutzt jeder Engländer oder Amerikaner sofort: sein ganzer Körper bewegt sich ruckartig, eine zwar kleine aber in Filmstreifen deutlich sichtbare Bewegung, weil es »ihn reißt«, wie der Bayer sagen würde!

1. Sind Sie Frau Müller?
2. Sind Sie Frau *Müller?*
3. Sind Sie die Frau Müller, die gestern angerufen hatte?

Haben Sie unterschiedliche Stimmhebungen bei dem Wort »Müller« feststellen können? Haben Sie gemerkt, wie solche Veränderungen die Sprachmelodie verändern?
Alle Sprachmelodie-Veränderungen bezogen sich jedoch auf die *Inhaltsebene.* In Beispiel 1 ging es uns darum festzustellen, ob die angesprochene Frau Müller sei (im Gegensatz zu einer Frau Meier vielleicht). Im zweiten Beispiel wollten wir feststellen, ob sie Frau Müller sei (im Gegensatz zu Frau Mühler vielleicht). Und im dritten Beispiel hoben wir bei dem Wort »Müller« die Stimme, um anzudeuten, daß wir noch weitersprechen würden[1].
Wie aber steht es mit folgenden Beispielen, bei denen das Wort, um das es uns gehen wird, *kursiv* gedruckt sein wird.

4. Jemand hat gerade festgestellt, daß die Kaffeemaschine nicht funktioniert. Er wendet sich an eine andere Person und sagt: »Es war Frau *Müller,* die die Maschine zuletzt bedient hat!«
5. Ein Schriftsteller, dessen Sekretärin Frau Müller ist, sagt zu seinem Freund in deren Beisein: »Also, ohne die Frau Müller hätte ich den Abgabetermin *niemals* geschafft!«

Sicher haben Sie gemerkt, worum es uns ging: Im Beispiel vier wird *durch die Sprachmelodie Verärgerung* ausgedrückt, also ein Signal der *Beziehungsebene* gesendet. In einem »sachlichen« Tonfall hätte derselbe Satz lediglich »sachlich« die Tatsache festgestellt, daß jene Frau Müller die Maschine zuletzt bedient hatte. (Es ist natürlich fast unmöglich solche Nuancen schriftlich festzuhalten, ohne auf ein kinetisches Notierungs-System zurückzugreifen, aber wir wollen es trotzdem versuchen!)
Das letzte Beispiel hingegen hat die Frau Müller *betont herausgestellt* und ihr ein Signal der Beziehungsebene (Dankbarkeit) gesendet, wiewohl sie erstens nicht direkt angesprochen wurde und wiewohl zweitens das Wort »Müller« selbst *nicht betont* hervorgehoben wurde. Sprachmelodisch wurde nur das Wort »niemals« hervorgehoben!
Diese wenigen Beispiele zeigen schon, daß die Sprachmelodie zahlreiche

1 wobei die letzte Nachricht auch der Beziehungsebene zugerechnet werden könnte.

Signale sowohl auf der Inhalts- als auch auf der Beziehungsebene senden kann! Wiewohl gerade hier die Forschungsarbeiten noch kaum begonnen haben, können wir vorläufig sagen:

Sprachrhythmus hat kaum Informationswert, fällt aber sofort (unangenehm) auf, wenn er den Erwartungen nicht entspricht, während die Sprachmelodie zahlreiche Informations-Einheiten beinhaltet, und zwar sowohl auf der Inhalts- als auch auf der Beziehungsebene.

Wenn Sie also lernen, auf Sprachmelodie zu achten, werden Sie z. B. *am Telefon* eine Vielzahl zusätzlicher Informationen gewinnen können, da hier sichtbare körpersprachliche Signale fehlen! Denn der TONFALL (insbesondere die *Sprachmelodie*), wird Ihnen oft weit mehr sagen, als der Sprecher beabsichtigte.
Ein weiterer Aspekt des TONFALLs kann ebenfalls zusätzliche Informationen beinhalten, deren sich der Sprecher nicht bewußt war, die Sprech-*Geschwindigkeit* nämlich!

8.2 Sprechgeschwindigkeit

Bei der Geschwindigkeit müssen wir unterscheiden: Nennen wir eine Sprechweise »schnell« oder langsam im Sinne einer absoluten Beschreibung oder in bezug auf die »normale« (= durchschnittliche) Sprechgeschwindigkeit *dieser* Person?

8.2.1 »Absolute« Geschwindigkeiten

Da Sprechgeschwindigkeiten von 200 bis 500 Silben pro Minute (53) registriert wurden (in indo-europäischen Sprachen),können wir sagen:

ca. 200 Silben pro Minute ergeben ein relativ langsames Sprechen[1],
ca. 350 Silben pro Minute ergeben ein relativ »normales« Sprechen,
ca. 500 Silben pro Minute ergeben ein relativ schnelles Sprechen[1].

Allerdings müssen wir hier schon wieder zur Vorsicht raten, weil z. B. Franzosen und Italiener eine schnellere »Normalgeschwindigkeit« gewöhnt sind als Deutsche. Deswegen muten uns Filme, die aus dem Italienischen bzw. Französischen ins Deutsche übersetzt wurden, so »eigenartig« an: Die Synchronisierung wird enorm schwer, da in jenen Filmen pro Sprecheinheit mehr Worte untergebracht waren, als im Deutschen möglich wäre. Also müssen die Übersetzenden entweder schneller sprechen, als deutsche Zuschauer »normal« finden, oder aber weniger Worte benützen, d. h. einen Teil der Information ausfiltern. Auf der anderen Seite bestehen diesbezügliche Probleme in weit geringerem Maß mit englisch/deutschen Übersetzungen.

8.2.2 Relative Geschwindigkeiten

Solange wir uns mit anderen in unserer Muttersprache unterhalten, bewegen wir uns *innerhalb unserer Geschwindigkeitsnorm,* stellen aber trotzdem fest, daß es noch immer große Geschwindigkeitsunterschiede geben kann, und zwar einmal *von Sprecher zu Sprecher* und zum zweiten *bei demselben Sprecher von Moment zu Moment.*

Was die Unterschiede von Sprecher zu Sprecher angeht, so möchte ich auf sie hier nicht eingehen. Zu viele Fragen hängen m. E. noch unbeantwortet im Raum (wiewohl manche Autoren meinen, eine endgültige Antwort gefunden zu haben), z. B. »Spricht ein Mensch um so schneller, je intelligenter er ist?« Oder: »Inwieweit ist die Anlage zur Sprechgeschwindigkeit angeboren bzw. wird sie in den ersten Kindheitsjahren von der Umwelt maßgeblich geprägt?« Ich meine, daß Deutungsversuche innerhalb der Psychologie bzw. der Kinesik noch zu weit auseinanderliegen, als daß ich schon einzelne anbieten möchte. Anders hingegen verhält es sich mit der *relativen* Sprechgeschwindigkeit eines Sprechers, die zu verschiedenen Momenten sehr unterschiedlich sein kann!

1 Geschwindigkeiten *unter* bzw. *über* diesen Werten würden dann dementsprechend als »extrem langsam« bzw. »extrem schnell« auffallen.

In »Biologische Grundlagen der Sprache« von LENNEBERG (53) fand ich eine hochinteressante Beobachtung hierzu:

> »Wie schnell spricht jemand (gerade)? Auf diese Frage gibt es natürlich keine einfache Antwort ... Die höheren Geschwindigkeiten (von mehr als 500 Silben p/min) werden insbes. dann erreicht, wenn der Sprecher *häufig vorkommende Redewendungen oder Klischees* gebraucht. Anscheinend hängt der wichtigste ... Faktor mit den *kognitiven* Aspekten der Sprache zusammen und *nicht mit der physischen Fähigkeit, die Artikulationsbewegungen auszuführen* ... Außerdem spielt die *Übung* eine Rolle. Man muß bestimmte Worte (mehrmals) gebraucht haben, *ehe man sie mühelos (i.e. schnell) aussprechen kann.* (S. 116/117, Hervorhebungen meine).

Vereinfacht könnte man also sagen, daß ein Mensch in einer bestimmten Situation um so schneller (relative Geschwindigkeit für diesen Menschen) sprechen wird, je häufiger er *diese* Aussagen bereits gemacht hat! Ich kenne z. B. einen Schriftsteller, der *so* schnell spricht, daß man bei einer Messung wahrscheinlich mehr als 600 Silben pro Minute erfassen würde. Wenn man nun sämtliche »geschluckten« Silben (und vergessenen Wörter) subtrahiert, die man zunächst ergänzt hatte (d. h., die man »gehört« zu haben glaubte), würden wahrscheinlich immer noch mehr als 500 Silben pro Minute übrig bleiben. Warum aber kann man die fehlenden Silben oder gar Worte mühelos »ergänzen«, warum merkt man nicht sofort, daß sie gar nicht vorhanden sind? Weil er im Grunde bei jedem Gesprächsbeginn das gleiche erzählt: Welcher Artikel derzeit wo publiziert wird, woran er derzeit arbeitet, u. ä. D. h., solange er solche Informationen bringt, würde es vollständig genügen, wenn er sagen würde: »Derzeit ... Thema Küche ... in XXX-Zeitschrift ... Thema Sex ... Serie ... Buchthema Hausapotheke ...«. Denn auch dieser Mensch spricht wesentlich langsamer, wenn die Thematik ihm neu oder wenn sie noch nicht »eingeschliffen« ist.
Praktisches Beispiel: Viele Telefonistinnen großer Firmen sprechen die Firmenidentifikation dermaßen schnell (wobei auch sie Silben »verschlucken«), daß der arme Kunde überhaupt nicht weiß, ob er richtig »verbunden« ist. Noch schlimmer ist es m. E.,wenn die Firma mich anruft, da ich hier ja nicht raten kann! Z. B. klingelt dann bei mir das Telefon, ich hebe ab und höre:

»Wischafeban Disulle Deuschlan, Stugard – ich verbinde mit Herrn Hanawa . . .« (Dies soll heißen: Wirtschaftsverband Industrieller, Deutschland . . . Herrn Hannawalder!)

Da diese Damen nach den Worten »ich verbinde« ihre Drohung auch *sofort* in die Tat umsetzen, habe ich meist nicht einmal die Möglichkeit zu fragen: »Wer spricht bitte?« Sollte ich diese Frage jedoch stellen können (selten!), passiert meist folgendes: Dieselbe verstümmelte Nachricht wird im gleichen Sprach*rhythmus*,wenn auch minimal langsamer wiederholt, wobei die Sprach*melodie* jedoch jetzt *Beziehungssignale* sendet: Die Dame ärgert sich, daß der automatische Verbindungsakt verzögert und sie aus der Routine herausgeworfen wurde! *Sollten Sie selbst Führungskraft oder gar Besitzer eines solchen Unternehmens sein, kann ich Ihnen nur raten, öfter mal Kontroll-Anrufe in Ihrer eigenen Firma zu machen.* Nehmen Sie die Verstümmelung Ihrer Firmenidentifikation ruhig auf ein Band auf und spielen Sie dies verschiedenen Personen vor. Dann nämlich werden Sie feststellen: Sie selbst haben die fehlende Information meist automatisch ergänzt, glauben also »verstanden« zu haben, was andere Menschen *nicht* verstehen, wenn Sie es ihnen vorspielen! (Sie könnten z. B. fünf große Firmen hintereinander anrufen und Vergleiche anstellen. Bei mindestens drei werden Sie höchstwahrscheinlich feststellen, daß viel zu *schnell* gesprochen wird[1]!)
So daß wir eine Regel bezüglich der relativen Sprechgeschwindigkeit eines Individuums formulieren können:

Je öfter jemand die gleiche Aussage gemacht hat, desto höher wird seine relative Sprechgeschwindigkeit.

Bei Film- und Tonbandaufzeichnungen meiner Vorträge kann man z. B. feststellen, daß Beobachter *aus der Geschwindigkeit, mit der ich eine Frage beantworte, richtig* erraten können, ob diese eine *»Routinefrage Nr. 17 oder 18«* darstellt, oder ob diese Frage *selten* auftritt bzw. noch *nie* aufgetreten war! (Wenn Sie Freunde haben, die Ihnen erlauben, einen »geselligen Abend« einmal auf Band aufzunehmen, würde ich Ihnen

1 Sie wissen wahrscheinlich, daß man einer Person *vorher* sagen muß, sie werde auf Band aufgenommen, aber in diesem Fall wird dies problematisch, da Sie überhaupt keine Chance dazu haben, ehe die Firmenidentifikation (manchmal plus Begrüßungsformel) gesagt wurde. Also können Sie nur im Nachhinein informieren!

dazu raten: Sie werden erstaunt sein, welche Geschwindigkeitsveränderungen Sie wahrnehmen lernen, wenn Sie dieses selbe Band später *mehrmals* aufmerksam abhören!)

Da wir beim Sprechen immer mehr als hundert Muskeln koordinieren müssen (LENNEBERG)[2], leuchtet es sicher ein, daß *Übung* ein sehr wesentlicher Faktor sein wird. So daß sowohl die Übung in bezug auf die derzeit gesprochenen Worte bzw. Sätze (Floskeln) zum Tragen kommt, als auch das Üben des Sprechens schlechthin: Ein Redner, ein Sprecher, der also häufig stundenlang sprechen muß, wird bei ihm bekannten Themen schneller sprechen können, als ein Mensch,der überwiegend schriftlich kommuniziert, auch wenn der Redner *diese* spezifischen Worte in ihrer Zusammensetzung nicht zum fünfzigsten Male ausspricht!

Sollten Sie Hemmungen haben, weil Sie glauben, Sie sprächen »zu langsam«, dann gibt es nur eine Möglichkeit: Üben, üben, üben. Je mehr Sie sprechen, desto »geölter« wird der Bewegungsablauf und die Koordinierung all dieser vielen Muskeln. (Wobei ich hier ausdrücklich darauf hinweisen möchte, daß man *seinen Stil nicht grundsätzlich* zu verändern suchen sollte! Aber wenn jemand ab und zu eine Präsentation in der Firma machen muß, dann könnte er,*bezogen auf diese* Präsentation,seine Sprechgeschwindigkeit um ein geringes anheben, *wenn* er sie mehrmals *laut* geübt hat!)

Auf die Sprechgeschwindigkeit müssen m. E. besonders diejenigen Berater achten, die meinen, Verkaufen sei eine Sache der »glatten Präsentation«. Also diejenigen, die »rhetorische Fähigkeiten« als Hauptfaktor des Erfolges sehen! Gerade sie neigen nämlich dazu, ihre Aussagen »herunterzuspulen«. Dies irritiert immer den Hörer, der diese (oder ähnliche Worte zum erstenmal hört, wenn er nicht so schnell mit-denken kann, wie der andere spricht! Übrigens leidet so mancher »brillante« Vortrag (eines Redners) auch dadurch, eben *weil* er inhaltlich brillant ist! Dies führt uns zur nächsten Regel:

Je unbekannter Ihrem Zuhörer Ihre Informationen sind (oder zu sein scheinen), desto langsamer müssen Sie das Material präsentieren!

1 ». . . die Muskeln der thorakalen und abdominalen Wände, des Nackens und Gesichts, des Kehlkopfes, des Pharynx und der Mundhöhle . . .« (53)

Wohlgemerkt: Das Material langsam präsentieren heißt nicht, daß Sie unbedingt langsamer sprechen sollen! Das gleiche erreichen Sie auch, indem Sie ab und zu pausieren (s. Kap. 8.3), indem Sie Kontrollfragen stellen, indem Sie Beispiele einbauen, die Ihre »theoretischen« Informationen »verbildlichen« (s. auch digitale und analoge Signale, Einleitung).
Haben Sie es hingegen mit einem Gesprächspartner zu tun, der Sie »langweilt«, weil er Ihnen zu langsam spricht (weil Sie viel schneller denken bzw. über seine Informationen auch schon vor dem heutigen Gespräch nachgedacht haben), dann besteht die Gefahr, daß *Sie ihm* durch körpersprachliche Signale anderer Art (Mimik, Gestik, Haltung, Augenkontakt) zu verstehen geben, daß er Sie langweilt. Sollte dieser andere ein Verkäufer sein, der Ihnen etwas »aufschwatzen« will, dann können Sie natürlich ruhig solche Signale senden (und beobachten, wie »stur« viele diese nicht wahrnehmen). Wenn dieses Gegenüber jedoch ihr Chef ist, dann ziehen u. U. Sie dabei den kürzeren, falls er Ihre Signale registriert. Wenn es gar Ihr Partner oder Ihr Kind ist, dann *verletzen* Sie den anderen, d. h. Sie *vergiften* dadurch die Beziehungsebene (s. Einleitung)! Darüber sollten Sie sich zumindest im klaren sein, *wenn* Sie »sich nicht beherrschen« können oder wollen! (Das Sich-Beherrschen wäre ein Aspekt des Aktiv-Körpersprechens, s. Kap. 2.10.)
Zum Abschluß des Themas Geschwindigkeit sei noch darauf verwiesen, daß der *Eindruck* der Sprechgeschwindigkeit auch von *Pausen* mitbeeinflußt wird (s. unten). Wenn jemand z. B. *zögernd* spricht, kann es sein, daß seine einzelnen Pausen zu kurz sind, um vom anderen als »Pause« registriert zu werden, wiewohl der Gesamteindruck »langsam« wird! Gerade solche Menschen reagieren meist sehr sensibel auf körpersprachliche Signale der *Ungeduld*, sie werden durch diese verunsichert, d. h. noch *langsamer* (vgl. auch Pygmalioneffekt, s. Einleitung und Anhang B).

8.3 Pausen

Pausen können aus den unterschiedlichsten Ursachen heraus gemacht werden. Z. B.

Jemand pausiert, um den folgenden Worten mehr Nach-Druck zu verleihen, vielleicht weil er den *Nach*druck nicht durch Nach-*Druck* aus-*drücken* möchte.

Viele Menschen, die einerseits mit Dringlichkeit sprechen möchten, andererseits selten ihre Stimme *erheben*, setzen (unbewußt) dieses Strategem ein, mit dem sie ihr Ziel auf elegantere Weise erreichen, als jemand, der mit der Stimme nach-drückt!
oder:

Jemand pausiert, weil er nachdenken möchte.

Diese Pause stellt also kein Signal dar, das an den anderen gerichtet ist, kann aber *vom anderen als Signal interpretiert werden,* nämlich als Information über den Sprecher (er denkt nach).
Oder:

Jemand pausiert, um dem anderen Gelegenheit zu geben, sich zu äußern.

Dies kann sowohl eine Erfolgskontrolle dritter Art (s. Kap. 1.8.3) darstellen, also ein Schweigen in das andere meist hineinsprechen; es kann aber auch pausiert werden, weil der Sprecher körpersprachliche Signale seines Gegenübers wahrgenommen hat, die darauf hindeuten, daß der andere sprechen *will.* Zum Beispiel ein Luftholen und Mundöffnen, vielleicht verbunden mit einem sich Vorlehnen, vielleicht auch mit entsprechender Gestik. (Oft hebt man z. B. eine Hand, ehe man sprechen will!)
Oder:

Jemand pausiert, weil er abgelenkt wird.

Wenn uns plötzlich etwas »einfällt«, kann es zu dieser Pausenart kommen. Meistens folgt dieser Pause ein (oft noch nachdenklich gesprochenes) »Übrigens . . .« oder »Apropos XY«[1].
Dann gibt es natürlich noch die *Verlegenheitspausen,* in denen man hofft, der andere möge sprechen, im Gegensatz zur *strategischen,* in der die Hoffnung, der andere möge etwas sagen, einer völlig anderen Motivation entspringt. So daß wir wieder eine Regel formulieren können:

1 *Übrigens* erkläre ich hierzu im Seminar immer, daß derartige Gedanken nie *übrigens* oder *beiläufig* (vgl. Englisch: by the way) und daß sie selten wirklich *apropos* sind. Sie sind indes immer *wichtig* (in den Augen des Senders zumindest)!

Wiewohl die Pause inhaltlich ein »Nichts« darzustellen scheint, beinhaltet sie oft weit mehr Information als Worte hätten enthalten können.

Also lernen Sie, die Pausen zu *hören*, das Schweigen zu interpretieren! Es ist dies eine Informationsquelle, die sich am Telefon bezahlt macht! Aber auch im persönlichen Gespräch ist sie wertvoll, gerade weil weitere körpersprachliche Signale mit der Pause einhergehen und zusätzliche Information liefern.
Bezüglich der Pausen sind Bundestagsdebatten ein vorzügliches Gebiet, sich im Interpretieren zu üben, sowohl bei einer Radioübertragung (ähnlich wie am Telefon) als auch im Fernsehen!

8.4 Lautstärke und Deutlichkeit

Wie oft sagen wir, wir hätten etwas »laut und deutlich« zum Ausdruck gebracht! Wollen wir uns beiden Aspekten kurz zuwenden.

8.4.1 Lautstärke

Laut*stärke* kann zwei Ursachen haben: Entweder man will sich kämpferisch »stark« machen, weil man ein Ziel, das man erreichen will, gefährdet sieht! Also eine Kampfreaktion, die von Streßhormonen ausgelöst wurde! Man kann aber auch *engagiert* sein, d. h. nach-drück-lich,*aber nicht aggressiv-kämpferisch* vorgehen wollen! Interessanterweise wird auch solches Verhalten von Kampfhormonen »finanziert«, da diese immer extra-Energien liefern, wenn uns ein Ziel wichtig ist! Je mehr uns etwas also am Herzen liegt, desto eher neigen wir dazu, nach-drück-lich vorzugehen[1]! Eine Ausnahme stellen jene Menschen dar, die selbst im Zorn »gefährlich« leise werden. Sie neigen dazu, ihre überschüssigen Energien (sprich: Kampfhormone) nach innen zu leiten, was im ungünstigen Falle zu den sog. Streßkrankheiten führen kann. Denn: Je mehr Energie der Organismus für eine Zielerreichung zur Verfügung gestellt hat, desto mehr Energie muß »ausgelebt« werden, sei es nun kämpferisch oder »engagiert«.

Nun gibt es ein interessantes Phänomen: Da eine höhere Lautstärke ja immer bedeutet, daß man mit »Stärke«, mit Nach-druck (oder einfach mit Druck) sprach, kann es durchaus sein, daß jemand, der *engagiert-nachdrücklich* spricht, auf andere aggressiv-*kämpferisch wirkt*. Dies ist wieder ein Beispiel dafür, wie ambivalent viele körpersprachlichen Signale (für sich allein interpretiert) sein können, und die Lautstärke ist ja nur *ein* Signal bzw. nur ein Signalelement!

Jetzt verstehen wir vielleicht auch, warum manche Menschen auf andere aggressiv wirken, wiewohl sie sich *nicht* aggressiv-*kämpferisch* fühlen[2]. Je größer das »Energiepotential« eines Menschen, d. h. je mehr Energie er grundsätzlich zur Verfügung hat, desto größer ist die Gefahr, daß er zu nach-*drück*-lich auf ruhigere Mitmenschen wirken kann! Weiß man dies jedoch, kann man sich *verbal* helfen: Wenn ich mit ruhigeren Menschen zu tun habe und beginne, gewisse Signale zu empfangen, aus denen hervorgeht, daß ich ihnen zu »laut« vorkommen könnte, spreche ich das Thema *direkt* an und erkläre meine Position. Dann einigen wir uns darauf, daß sie mir jederzeit Bescheid geben dürfen, wenn ich ihnen »zu laut« werde. Damit ist die Gefahr, daß ich »falsch« interpretiert werde, gebannt.

Sollten Sie also zu besonders ruhigen bzw. zu besonders »lautstarken« Menschen gehören, dann wissen Sie, daß Sie mit Personen der anderen Seite des Spektrums u. U. in der Vergangenheit »Probleme hatten«, die Sie in Zukunft vermeiden können. Allerdings möchte ich wiederum

1 Diese Prozesse wurden in »Psychologisch richtig verhandeln« (7b) und in »Freude durch Streß« (7a) ausführlich geschildert, um ihre Wichtigkeit in bezug auf das verbale Geschehen in einer Verhandlung bzw. bezüglich Streßkrankheiten aufzuzeigen. In beiden wurde erwähnt, daß die sog. *Frustration* nichts anderes ist, als das Leiden unter *der* Energie, die der Körper uns zur Zielerreichung zur Verfügung gestellt hatte (Kampfhormone), wenn wir uns vergeblich (= Lat. frustra) bemüht haben, weil ein Umstand oder eine Person unsere Bedürfnisbefriedigung verhinderte. Solche Energien »finanzieren« auch jene Nach-*drück*-lichkeit, die z. B. zu Laut-*Stärke* führen kann.

2 Wer mich gut kennt, darf jetzt wieder lachen!

davor warnen, seine Persönlichkeit umfunktionieren zu wollen: Tausend Vorsätze, in Zukunft »leiser« zu sprechen, werden durchbrochen, wenn Sie wirklich engagiert sind! Bzw.: Tausend Vorsätze, »lauter« zu sprechen, werden ebenso durchbrochen, weil Ihre Art zu Sprechen *ja Teil* von Ihnen *ist* (und m. E. bleiben soll). Nur wenn sich die Persönlichkeit »von innen heraus« verändert, was bei manchen Menschen im Zuge gewisser Entwicklungen, die sie durchlaufen, möglich ist, würde sich auch die Art des Sprechens z. B. bezüglich der Laut-Stärke ändern, ohne daß man diesen Aspekt bewußt beeinflussen wollte.
Wenn unsere Diskussion jedoch dazu führt, daß Sie einige »unnötige Probleme« der Vergangenheit besser, oder in Zukunft Menschen der gegenteiligen Art *verstehen* können, dann ist dies schon ein Vorteil für die tägliche Praxis, meinen Sie nicht?

8.4.2 Deutlichkeit

Wir hatten angedeutet, daß Stotterer (oder extrem leise bzw. nuschelnd sprechende Menschen) ihre Umwelt zwingen, ihnen mehr Aufmerksamkeit zu »schenken«, als man ihnen normalerweise geschenkt hätte (s. Kap. 5.4).
Desgleichen kann jemand durch das besonders *leise* Aussprechen einzelner Worte Ihre Aufmerksamkeit auf diese lenken. Dies geschieht oft bewußt (oder »unbewußt bewußt«) als Strategem.
Wie aber verhält es sich, wenn jemand *undeutlich* spricht? Hier müssen wir nun unterscheiden, ob er *immer*, oder ob er nur einzelne Wörter undeutlich ausspricht.
Jemand, der *immer* undeutlich, zu leise, nuschelnd u. ä. spricht, bewirkt damit einen ähnlichen Effekt wie der Stotterer. Nun sollte man vorsichtig sein, ehe man diese Sprechweise interpretieren will, wiewohl manche psychologischen Schulen davon ausgehen, so ein Mensch *wolle letztlich nicht* gut verstanden werden! (Eine ähnliche Deutung gibt es natürlich auch bezüglich unleserlicher Schriftzüge.) Ich persönlich meine, daß »da bestimmt was dran« ist, aber für erwiesen darf man diese Meinung trotzdem (noch) nicht ansehen. Es kann auch physiologische[1] Gründe hierfür

1 Insbesondere des Hormonhaushaltes und des Energiepotentials.

geben; das Teilgebiet ist noch nicht genügend erforscht, um dies eindeutig auszuschließen.

Wenn jemand jedoch *einzelne Wörter oder Sätze* besonders leise, undeutlich oder nuschelnd spricht (vielleicht noch hinter der vorgehaltenen Hand hervor, s. Kap. 6.1), dann können wir dies m. E. sehr wohl als Einzel-Signal werten. Wenn wir z. B. an Kinder denken, die normalerweise laut und deutlich sprechen *können*, dann beobachten wir häufig, daß sie leise und undeutlich sprechen, wenn ihnen etwas *peinlich* ist: »Hast du ferngesehen, obwohl wir es verboten hatten?« – (unverständliches Gemurmele) – »Sprich lauter bitte?!« – (noch immer unverständlich) – »Ich verstehe dich nicht! Hast du – oder hast du nicht – ferngesehen?« (kläglich:) »Ja.«

Nicht nur Peinlichkeits-Gefühle können zur Undeutlichkeit (und zu der *Hoffnung, nicht gut verstanden zu werden)* führen, auch Unsicherheit im Gebrauch von Worten, die man zwar häufig gehört/gelesen, selbst jedoch noch kaum angewandt hat. So sagte z. B. ein Seminarteilnehmer immer »Moti*vi*tion«, aber niemand bemerkte es (bis zum vierten Seminartag),weil er dieses Wort immer so undeutlich ausgesprochen hatte!

Also können wir festhalten:

Je sicherer jemand seines Themas ist, bzw. je weniger negative Gefühle vorhanden sind, desto klarer wird die Aussprache einzelner Worte im allgemeinen sein.

Bei einem Vortrag stellte ich z. B. fest, daß der Redner alle Aussagen bezüglich des Themas *Kostenbeitrag* undeutlich »in sich hinein« murmelte, bis jemand ihn dann ganz gezielt »angriff«,worauf er antwortete: »Sie haben recht, das ist der schwache Punkt in meinem Referat. Ich habe ihn nur auf Drängen des Herrn Sowieso mithineingenommen, bin selbst aber nicht versiert darin. Mein Fachgebiet ist eben XXX und YYY und ZZZ, also die Hauptthemen des heutigen Abends!« Und, auf diesen Gebieten war er ein ausgezeichneter Fachmann, der klar und deutlich enunziierte und auch hinten im Saal noch ausgezeichnet verstanden werden konnte!

Angenommen, Sie unterhalten sich mit einem Mitarbeiter, einem Kollegen oder einem Familienmitglied über Tätigkeiten, die der andere auszuführen verspricht. *Wenn* Sie ein Gehör für die Deutlichkeit entwickeln, können Sie oft im vorneherein schon ahnen, bei welchem Aspekt der andere vielleicht Schwierigkeiten vermutet bzw. welcher Aspekt der Arbeit ihm »nicht schmeckt«. Hier können rechtzeitige Auseinandersetzungen, ausgelöst durch Ihre Erfolgskontrolle (s. Kap. 1.8), viel Ärger vermeiden, den später *beide* Parteien empfunden hätten: Die eine, weil sie meint, »schimpfen« zu müssen, die andere, weil sie »geschimpft« wird!

Sollten Sie jemandem etwas beibringen wollen oder müssen, sei es im beruflichen oder privaten Bereich, werden Sie bei Erfolgskontrollen anderer Art (in dem Sie um verbale Rückkoppelung bitten, um zu hören, inwieweit Ihre Erklärung oder Anweisung verstanden wurde), ebenfalls den Aspekt der Deutlichkeit miteinbeziehen können. Die noch nicht ganz begriffenen Worte oder Konzepte werden meist undeutlicher ausgesprochen oder beschrieben!

Und *Sie* selbst? Sollten Sie regelmäßig gewisse Aussagen machen, sei es in der Firma, beim Kunden oder zu Hause, dann könnten Sie Ihre »Rede« auch einmal auf Band (mit-)schneiden und in bezug auf Deutlichkeit abhören! Als ich mit Beratern medizinisch-technischer Geräte ins Gebiet reiste, stellte ich immer wieder fest: Wenn ich bemerkt hatte, daß ein Berater bei einer bestimmten Thematik zur Undeutlichkeit neigte, fragte ich hinterher gezielt danach. Z. B.: »Ich habe bei der Demonstration leider nicht verstanden, wodurch sich nun der Interferenz-Strom wirklich vom anderen, wie nannten Sie den doch wieder? – unterscheidet. Könnten Sie mir dies noch einmal erläutern?« Interessanterweise stellte sich nun häufig heraus, daß der Berater *dieses Thema als »Schwachstelle« empfand* und zugab, wie erleichtert er sei, wenn der Arzt diese Frage nicht stellen würde!

Also kann nicht nur die Deutlichkeit anderer Ihnen viele wertvolle Information vermitteln, sondern auch Ihre eigene, falls Sie diese einmal testen wollen!

8.5 Das Lachen

Das Lachen stellt, wie bereits an anderer Stelle (7a) angedeutet, einen enormen Anti-Streß-Faktor (genauergenommen: Anti-Distreß-Faktor) dar, da sich in ihm aufgestaute Spannungen (= Kampfhormone) lösen

können. Lachen ist also wirklich, im ursprünglichsten Sinne des Wortes, gesund bzw. sogar gesundmachend (heilend)!
Interessanterweise gibt es bei uns ein »ungeschriebenes« Gesetz, welches Lachen immer nur in Gruppen »erlaubt«, wobei natürlich die kleinste Gruppe die Dyade (Zweiergruppe) ist. Ich bin schon mehrmals aufgefallen, wenn ich etwas komisch genug fand, um stark zu »grinsen« bzw. sogar laut zu lachen, wenn ich alleine war (z. B. indem ich an einem Tisch im Café ein Buch las, das mich erheiterte). Wenn Ihnen einmal ähnliches passieren sollte, können sie höchst interessante Studien über die Körpersprache Ihrer Mitmenschen betreiben: Vom Stirnrunzeln über böse Blicke bis hin zur Verwunderung oder, sehr selten ein kurzes Zögern, gefolgt von einem Lächeln oder gar Lachen der anderen – wiewohl letzteres meist ein Hehe darstellt (s. Kap. 8.5.2).
Nun kann die Qualität des Lachens jedoch sehr unterschiedlich sein: Man kann lachen, weil man etwas lustig oder komisch findet, (auch wenn man sich verrät, weil jemand einen Scherz macht,und wir zu früh schon lachen). Es gibt aber auch ein höhnisches, ein boshaftes, ein spöttisches oder gehässiges Lachen, ebenfalls ein schadenfrohes (SPIETH, 82) usw. Letztlich gibt es auch ein künstliches Lachen, d. h. eine Nachahmung des Lach-Prozesses, das mit einem Lachen kaum noch etwas gemein hat. Wollen wir uns einigen Lach-Arten zuwenden, und zwar indem wir die übliche Unterteilung benutzen, die die »Lacher« nach ihrem Vokalwert klassifiziert.

8.5.1 Das Lachen auf A: Haha

Ein Haha läßt auf *Lebenskraft* schließen, auf *Energie,* auf Spannungen, die sich lösen. Diese Spannung kann z. B. durch einen Witz erzeugt worden sein, um sich dann nach der Pointe im Lachen zu lösen. (Vgl. »Warum ein Witz witzig ist« in: »Kommunikationstraining«, 7d.) Das Lachen auf A ist m. E. das ursprünglichste Lachen, das Wort Lachen beinhaltet ja auch das »a« (ebenso: laughter). Hieraus spricht Freude, also Eustreß! (s. 7a: »Freude durch Streß«.)
Anders verhält es sich bei den anderen Lach-Arten:

8.5.2 Das Lachen auf E: Hehe

Ein Hehe klingt völlig anders und löst im Zuhörer auch völlig andere Gefühle aus. Während ein Haha »ansteckend« ist und andere oft mitreißen kann, ist dies bei einem Hehe kaum noch der Fall. Hier lacht man *über* jemanden, hier lacht die Schadenfreude. Hehe hört man auch, wenn Leute über etwas lachen, was sie nicht verstehen!

Auch gilt der Zuruf »He!« nicht als höflich, eher wirkt er abfällig. Das Abfällige drückt sich auch in einem Hehe aus, so daß diese »meckernde Lache« mit »Verachtung, Verhöhnung oder einer Herausforderung« assoziert werden kann (ZEDDIES, 94).

Manchmal kann man dieses Lachen jedoch auch bei Menschen beobachten, die es nicht wagen, voll herauszulachen, bei »verklemmten Typen« also. Man hat ab und zu direkt den Eindruck, daß sie es beim Lachen nicht wagen, den Mund aufzureißen, so daß sie deswegen kein Lachen auf A produzieren können . . .

8.5.3 Das Lachen auf I: Hihi

Ein Hihi wiederum ruft andere Gefühle beim Zuhörer hervor als ein Haha oder ein Hehe. Ein Hihi deutet eher auf ein »Kichern«, auf unterdrückte Schadenfreude« hin (ZEDDIES, 92). Auch hier enthält das englische Wort für Kichern ebenfalls das »i«: »to giggle«.

Oft aber verschluckt man das »i«, so daß eher ein Chchch gehört werden kann als ein ausgeprägtes Hihi, insbesondere wenn man seine Gefühle[1] unterdrücken will, einem dies aber nicht vollständig gelingt.

8.5.4 Das Lachen auf O: Hoho

Ein Hoho nun wird von ZEDDIES (94) mit »Erstaunen, Hohn« assoziiert. So ein Lachen kann also ausbrechen, wenn der Lacher vorher

1 Besonders gilt dies für Gefühle, die wir einerseits erleben, andererseits aber einer Zensur unterwerfen wollen, weil wir sie laut unserer Programme für »albern« oder »unreif« halten!

keine Ahnung hatte, daß etwas Witziges ihn »überraschen« würde. Aber es ergibt sich m. E. auch dann, wenn man eigentlich nicht wirklich lacht, sondern eher ein !ho !ho herauspreßt (wobei das Ausrufezeichen hier die Zwerchfellspannung symbolisieren soll, die dazu nötig ist). Ein eigenartiger Laut, für den ich keine »Interpretation« anbieten kann, da er zu sehr vom Gesamtkontext einer Situation abhängig ist. Er kann z. B. produziert werden, wenn eine Person einer anderen *nicht glaubt*, was diese behauptet durchführen zu wollen (jetzt lerne ich aber wirklich jeden Tag Französisch!), da sie schon zu viele ähnliche Ansätze in der Vergangenheit scheitern sah.

8.5.5 Das Lachen auf U: Huhu

Denken wir zunächst einmal an das »Huuuuuh!« mit dem man jemanden erschrecken kann. Es ist dies auch der Laut, den man mit einem Geist assoziiert. Denken wir dann an das »Hu!« das jemand sagen kann, der selbst gerade erschrocken ist. Dann sehen wir, wie wenig dieser Laut mit Lachen zu tun hat.
Sollte jemand trotzdem lachähnliche Geräusche produzieren, die auf »U« auslauten, dann liegt ZEDDIES (94) Interpretation von »Furcht, Angst« sehr nahe. Aber, ein *Lachen* kann man es kaum nennen. (Wir haben es nur so genannt, um der üblichen Einteilung der »Lacherei« zu folgen!)

8.6 Lautäußerungen ohne verbalen Inhalt

Eigentlich hätten wir schon das Lachen selbst in diese Kategorie einordnen können, aber hier soll es uns um andere Geräusch gehen, die wir mit dem Munde produzieren.

8.6.1 Das TzTzTz, Seufzen, Stöhnen, etc.

Es gibt eine Menge von Lautäußerungen, wie das Zungenschnalzen (TzTzTz), Seufzen oder Stöhnen, die je nach Gesamtsituation verschiedene Bedeutungen haben können. Was uns interessiert, sind Äußerungen dieser Art, die *häufig* auftreten und dabei der Person, die sie produziert, oft gar nicht bewußt werden. So gibt es z. B. Menschen, die alles so unsäglich traurig finden, daß sie ständig seufzen und/oder stöhnen, ohne dies zu merken. Psychoanalytische Deutungen sprechen hier von einem tiefen, aber nicht ver- oder aufgearbeitetem *Schmerz.* Ein Leiden, das den Menschen tatsächlich »krank fühlen« macht, ohne daß er die Ursache kennt. Solches Verhalten läßt auf unverarbeiteten Schmerz schließen, der oft unbewußt ist. Zum einen könnte eine organische Krankheit, deren man sich noch nicht bewußt ist, ein solches Verhalten auslösen, zum anderen kann es sich auch direkt um unbewältigte Problematik handeln. Das Traurige daran ist, daß solche Geräusche *den Hörer gefühlsmäßig anmuten,* d. h. *sie lösen ähnliche Regungen in ihm aus!* Dies wiederum veranlaßt ihn, diese Person zu meiden, was vielleicht deren Leiden vergrößert! Sollten Sie in der engeren Familie, im Freundes- oder Kollegenkreis jemanden kennen, der ewig seufzt, dann verstehen Sie vielleicht, warum so ein Mensch uns so unangenehm berühren kann. Das gleiche gilt auch für Menschen, die chronisch einen leidenden oder ständig nörgelnden Tonfall »an sich haben«.

8.6.2 Hüsteln, Husten und Aufstoßen

Es gibt seit den fünfziger Jahren einen Teilbereich in der Kinesik, der sich mit der sog. Organsprache befaßt. Das heißt, man versucht herauszufinden, inwieweit gewisse Äußerungen *Signale des Körpers* sind, die uns über uns selbst informieren könnten. So interpretiert man z. B. ein Husten oder ein Hüsteln, welcher(s) nicht durch einen spezifischen Reiz (z. B. Rauch, Erkältung) ausgelöst wurde, als ein »Etwas heraushusten (= loswerden) wollen«. Ähnliche Interpretationen gibt es bezüglich eines häufig auftretenden Aufstoßens. Es ist, als werde diese Person von »etwas« gequält, das sie *symbolisch ausstößt.* Da das Grundproblem jedoch dadurch nicht gelöst wird, drückt dieses »etwas« bald wieder auf das Herz, die Bronchien, die Leber oder andere Organe und *reizt* diese. Wenn solche Prozesse nicht beizeiten angegangen werden, können sie natürlich chronisch werden. Falls Sie selbst solche »Eigenart« besäßen, könnten Sie darüber einmal nachdenken. Allerdings will ich ausdrücklich noch einmal erwähnen, daß diese Interpretierungsversuche noch keinesfalls »wissenschaftlich abgesichert« sind, und daß, selbst eine solche »Absicherung« keine Garantie für »Wahrheit« darstellt (s. Einleitung). Aber *nachdenken* könnte man m. E. schon einmal darüber, insbesondere wenn es einen selbst vielleicht betrifft?

Zum Abschluß dieses Kapitels sei noch gesagt: Anfangs wollten wir unsere Aufmerksamkeit *weg* vom gesprochenen Wort und *hin* zu den sichtbaren Signalen der Körpersprache lenken. In diesem Kapitel haben wir uns der Sprache selbst wieder genähert, wenn auch unter einem anderen Gesichtspunkt. Letztlich wollen wir die Worte ja ebenfalls aufnehmen, so daß man sieht, wie unmöglich es wäre, wollte man auf *alle* Signal-arten gleichzeitig achten. Deswegen schlage ich Ihnen ein *gezieltes Vorgehen* vor: Achten Sie schwerpunktmäßig auf verschiedene Aspekte. Eine Woche lang achten Sie z. B. nur auf Mimik, eine andere Woche nur auf Gestik, wieder eine Woche lang nur auf Lautstärke usw. Nur so werden Sie sich in allen Einzelbereichen üben, so daß Sie später »gut« beobachten können (s. Poster, Anhang D).

Damit meinen wir etwas sehr wesentliches:

Wenn Ihre »Lern- und Übungsphase« vorbei ist, und sie für alle Signalarten ein »Auge« oder »Ohr« entwickelt haben, dann sollen Sie aufhören, auf alle Signale des Körpers achten zu wollen. Nach einem Satz von C. G. JUNG an einen Studenten:

»Lerne alles, was du kannst über die Theorie, aber wenn du dem anderen gegenübersitzt, vergiß das Textbuch!«

Der »andere« war in JUNGs Satz natürlich der »Patient«, aber die leichte Abänderung seines Satzes macht ihn zu einer wunderbaren Regel für uns in der täglichen Praxis. Denn: Wenn Sie genügend gelernt haben, genügt es, daß Sie *in potentiellen Krisensituationen* (oder in einzelnen Augenblicken) auf die Körpersprache achten können, *eben weil Sie dies können!* Dazu ist eine *lange Phase gezielter Wahrnehmung* und *häufiger Erfolgskontrollen* vonnöten. Danach aber sollen Sie nicht mehr ständig bewußt darauf achten. Erstens, werden Sie *dann* »unbewußt«, aus den Augenwinkeln sozusagen, *automatisch mehr* auf- und wahrnehmen. Zweitens würde sonst das Beobachten zu sehr von der Person ablenken, und das wäre schade. So mancher Psychologe ist m. E. aus dieser aktiven Lern-Phase nie herausgekommen, so daß andere oft das Gefühl haben, »unter einem Mikroskop beobachtet« zu werden, wenn sie mit ihm sprechen. Schließlich ist doch *dieser andere Mensch* das Wichtigste, oder? Nicht als Versuchskaninchen, nicht als Objekt zum Studieren, sondern als Partner in einer guten Kommunikation!

Je häufiger Ihre Gesprächspartner aus anderen (Sub-)Kulturkreisen kommen, desto wichtiger wird es, Unterschiede in der Bedeutung gewisser Signale wahrzunehmen. Das soll das nächste Kapitel erleichtern.

Kapitel 9
Kulturelle Unterschiede

In einem sehr amüsanten Büchlein (»Gebrauchsanweisung für Amerika«) sagt WATZLAWICK so treffend (90b):

> »Fremdheit bedeutet Gegensatz zum Gewohnten. Daher erleben wir die Fremdheit eines Landes dort am eindrücklichsten, wo dessen Wirklichkeit ... von der unseren abweicht. Und wenn Sie es fertigbringen, dieses Anderssein ... – von Alltäglichkeiten bis zur Weltanschauung – nicht als lächerlich oder gar ärgerlich zu empfinden, dann muß ich Ihnen gratulieren, denn dann sind Sie weiser als die meisten von uns. Aber wundern werden Sie sich trotzdem.« (S. 21)

Es kann nicht Ziel dieses Kapitels sein, alle (oder auch nur viele) dieser kulturellen Unterschiede einzeln aufzulisten. Erstens sind sie zu zahlreich und zweitens geht es uns um etwas anderes: In dem Maße, in dem Ihnen bekannt ist, *daß* Mitglieder anderer (Sub-)Kulturkreise andere körpersprachliche Signale senden *können*, in dem Maße werden Sie vorsichtiger sein. Dadurch werden Sie akuter beobachten und mehr Erfolgskontrollen (s. Kap. 1.8) einsetzen. Deswegen wollen wir nur einige wenige solcher Unterschiede ansprechen, um Ihnen ein wenig »Gefühl« dafür zu vermitteln.

9.1 Gibt es überhaupt universelle Signale?

Diese Frage wird von Anthropologen und Kinesikern in aller Welt unterschiedlich beantwortet. Die eine Gruppe behauptet, es gäbe sehr wohl einzelne Signale, die universalgültig seien, die andere Gruppe behauptet das Gegenteil. Als Beispiel für die erste Aussage hatten wir (s. Kap. 6.1.4) ARDREYs (2) Annahmen erwähnt, was Handbewegungen zur Nase angeht, bzw. die Tendenz bei Unentschlossenheit oder Verlegenheit unser Haar zu berühren. Er meint, diese Geste sei bei allen Rassen und Völkern zu finden und daher universalgültig in ihrer Interpretation. Den anderen Standpunkt vertritt z. B. BIRDWHISTELL (5e), wenn er sagt:

> »(Zwar hat man angenommen) daß es universalgültige, Basis-Bewegungsmuster geben müsse, welche charakteristisch für den Menschen (schlechthin) seien. So steht z. B. jeder Mensch auf seinen Beinen, kann seine Arme oder Hände heben, seine Finger manipulieren, den Kopf drehen, heben, senken usw. Trotzdem: Wiewohl wir seit fünfzehn Jahren bewußt danach gesucht haben, fanden wir nicht eine einzige Geste oder Körperbewegung, welche in allen Gesellschaften die gleiche soziale Bedeutung hätte ... So weit wir wissen, *gibt es kein einziges körpersprachliches Signal, welches als ein universalgültiges Symbol angesehen werden kann.* Damit meine ich: Wir waren unfähig auch nur einen einzigen mimischen Gesichtsausdruck, eine Haltung oder Körperbewegung zu entdecken, der (die) *in allen Gesellschaften dieselbe Nachricht übermittelt hatte* ...« (S. 81, Hervorhebungen, meine.)

Hierbei sollte vielleicht darauf verwiesen werden, daß obiges Zitat aus einem Buch mit ausgewählten Essays des Autors stammt, die einen Zeitraum von über zwanzig Jahren umspannen. Das obige Zitat stammt aus dem Jahre 1968! Die meisten Aussagen, welche »universalgültige« Gesten beschreiben, stammen jedoch aus den Jahren *vor* 1965, d. h., daß viele Forscher ihre Suche oder ihre ehemalige Meinung inzwischen aufgegeben zu haben scheinen!

9.2 Analoge Signale senden eine Nachricht – aber welche?

Die meisten Menschen können sich im ersten Moment kaum vorstellen, daß es nicht *zumindest einige* universalgültige Analogsignale geben soll. Als Beispiel wird dann das Kopfnicken für Ja bzw. das Kopfschütteln für Nein angeführt. Aber ein Dozent an einer Amerikanischen Universität, der eine Gastprofessur in einem *indischen* Land hatte, berichtet, daß er diese freiwillig nach einem Semester wieder aufgegeben hatte, denn: Wiewohl er rational (also mit seinem »Kopf«) sehr wohl begriffen hatte, daß dort ein *seitliches Bewegen des Kopfes als Zustimmung* aufgefaßt werden muß, konnte er dies emotional nicht verarbeiten: »Es hat mich einfach verrückt gemacht, das Meer der Köpfe zu beobachten, die Ablehnung auszudrücken schienen!« Gerade dieses Beispiel zeigt, wie schwierig es ist, *emotional nicht ärgerlich zu reagieren,* selbst wenn wir wissen, daß dies oder jenes Signal »dort« anders interpretiert werden muß. (S. WATZLAWICK-Zitat am Kapitelanfang!) Ähnlich erging es mir, als ich im Alter von 16 Jahren den berühmten Ravi SHANKAR zum erstenmal *live* erlebte: Anläßlich der indischen Woche in München hatte man auch diesen faszinierenden Sitar-Spieler eingeladen. Die Tabla wurde von Ali Akbar KHAN zum »Sprechen« gebracht, ein berühmter Trommel-Interpret. Nun beobachtete ich Ravi SHANKARs *leichtes Kopfschütteln*, während sein und KHANs Instrument eine Art »Zwiesprache« führten, wie sie für die Raga so typisch ist. Meine erste Reaktion war Ärger! In der Pause sagte ich zu meinen indischen Freunden: »Warum läßt er es sich so deutlich heraushängen, wenn ihn an dem Spiel von Ali Akbar KHAN etwas nicht paßt?« Darauf lachten diese und klärten mich auf. Einer erzählte eine indische Anekdote hierzu: Ein Großmogul soll sich in einem Konzert einmal über die vielen geärgert haben, die durch ihr »Kopfschütteln« den Eindruck erwecken wollten, sie verstünden wirlich etwas von der Musik. Daher soll er angeordnet haben: Wer morgen abend im Konzert den Kopf seitlich bewegt, wird geköpft. Am nächsten Abend blieb das Heer der Köpfe krampfhaft still, bis auf vier: Die waren sich ihrer Bewegung nämlich überhaupt nicht bewußt gewesen, weil sie aus ihrem Inneren heraus erfolgte! Diese Männer lud der Mogul dann als seine persönlichen Gäste ein, denn von ihnen wußte er, daß sie die Musik wirklich zu schätzen wußten, die dort vorgetragen werden sollte!

Dieses Beispiel zeigt zweierlei: Erstens, auch dieses Kopf-»Schütteln«[1]

1 Wiewohl wir im Deutschen von einem Kopfschütteln sprechen, handelt es sich bei dieser Geste des Kopfes im allgemeinen nicht um ein Schütteln, sondern um eine seitliche Bewegung, die auch sehr sacht sein kann. Im Gegensatz zu westlichen Menschen, die beim Musikhören meist den *Rhythmus* mit dem Kopf nachvollziehen, was oft zu einem auf- und abbewegtem »Schütteln« führt, ist die Drehung des indischen Connosseurs, eher sacht und bezieht sich nicht zu sehr auf den Rhythmus, als vielmehr auf ein *Verfolgen der Melodieführung*.

kam »aus ihrem Inneren heraus«, d. h., es wurde genauso unbewußt ausgeführt wie das Kopfnicken eines europäischen Zuhörers bei gewissen Musikstücken »einfach passiert«. Zweitens wird jemand, der durch gewisse körpersprachliche Signale *vorgeben* will, eine bestimmte Regung zu verspüren, diese Bewegung sehr wohl unterlassen können, wenn eine Strafe droht. Eine ähnliche Drohung würde deutsche Konzertsäle verändern: So manche »genüßlich« halbgeschlossenen Augen würden »verschwinden« . . .

Kehren wir zu der Suche nach universalgültigen Signalen zurück. »Gut«, so könnte man jetzt sagen, »vielleicht ist das Kopfschütteln ebenso kulturell beeinflußt wie gewisse andere Signale, aber der Augenkontakt, bzw. das aufmerksame Ansehen dessen, dem man wirklich zuhört, müßte doch wenigstens universalgültigen Charakter haben?« Nun, wie steht es damit? Hierzu berichtet DÜRKHEIM (22) wie er als Gastdozent einer japanischen Universität gelernt hatte, daß auch dies Signal nicht universalgültig ist. Er berichtet wie sehr es ihn zunächst befremdete, daß mehr und mehr Studenten *in Schlaf zu versinken schienen.* Mit geschlossenen Augen saßen sie da, und zwar nach einer Weile fast alle anwesenden Hörer. Dies verunsicherte ihn zunächst. Dann machte er ein Experiment, indem er den Namen des Kaisers aussprach: Sofort öffneten sich alle Augen und blickten ihn an! Nicht aber halbverschlafen oder benommen, sondern hell und klar. Er konstatiert:

> »Die Hörer hatten also gar nicht geschlafen. In sich gekehrt waren sie nur in ihrer Weise zur Aufnahme ›gesammelt‹ gewesen. Und ich hatte meinerseits übersehen, daß sie, wenn auch mit geschlossenen Augen, so doch aufrecht und ohne sich anzulehnen dasaßen.« (S. 16)

Wieder einmal sehen wir, daß erst Signal*gruppen* Aussagefähigkeit besitzen! Außerdem erinnern wir uns vielleicht daran, daß auch wir im Privatgespräch dazu neigen, »in Gedanken zu versinken« wenn wir über das Gehörte intensiv nachdenken wollen (s. Kap. 5.4), nur, daß *die meisten europäischen Gesprächspartner dazu neigen, auf dieses Signal mit Unsicherheit zu reagieren.* Wenn man jedoch die aufrechte, offene Körperhaltung beachtet (s. Kap. 4.2.3),kann man, genau wie DÜRKHEIM feststellen, daß nicht Desinteresse,sondern akutes Interesse dieses Signal ausgelöst hat. Übrigens fährt DÜRKHEIM (22) fort:

»In der Elektrischen oder im Zuge sieht man überall Menschen, Männer wie Frauen . . ., die mit ganz oder halb geschlossenen Augen dasitzen, ohne sich anzulehnen und ganz still. Machen sie die Augen dann auf, so haben sie keineswegs einen verschlafenen, sondern einen aus der Tiefe kommenden Blick, der ganz ruhig und ›präsent‹ ist, und an dem die Welt mit ihrer ungeordneten Vielfalt gleichsam abprallt . . . ein Blick, der verrät, daß der Mensch in diesem Augenblick ganz gesammelt und fest ist, wach, aber nicht empfindsam, geordnet, und doch nicht starr.« (S. 16)

Gerade was die Art und Weise unseres Blickens (bzw. Nicht-Blickens) angeht, so gibt es zahlreiche subtile Unterschiede. Wenn ein Europäer in einer Gesprächsrunde einen »starren Blick« bekommt, d. h. wenn er ohne zu sehen vor sich hin starrt, dann stellt diese Blickart ohne Augenblinzeln eine *Mini-Pause dar, die der Organismus sich erzwingt* (7a). Leider ist es jedoch üblich, den so Starrenden »herauszuholen«, z. B. indem man mit den Fingern schnappt und ruft: »He, du, was ist los?« Der so Herausgerissene erschrickt, und kehrt wieder ins Hier und Jetzt zurück, aber er sieht nicht gerade glücklich darüber aus.
In arabischen Ländern hingegen wird der starre Blick respektiert. Denn dort gilt ein *Abwenden des Blicks* als ein Signal: »Ich ziehe mich jetzt in mich zurück, bitte stört mich nicht; ich bin derzeit de facto nicht anwesend« (FAST, 28). Da dieser Respekt vor der Intimsphäre des anderen, der seelischen Intimzone sozusagen, Gewohnheit ist, wird man auch jemanden, der vor sich hin starrt, nie ansprechen!
In unseren westlich-geprägten Ländern ist die Zeitspanne eines Blickes durch »ungeschriebene Gesetze« geregelt. Wenn ein Mann einen anderen Mann länger ansieht (insbesondere schweigend), wird dieser Blick den anderen verunsichern. FAST (28) behauptet sogar, ein Amerikaner würde sich durch einen solchen Blick sofort *in seiner Männlichkeit bedroht* fühlen und meinen, der andere »wolle etwas von ihm«.
Da jedoch Südländer, wie auch Afrikaner oder Orientalen z. T. ganz andere »ungeschriebene Gesetze« bezüglich der Blickintensität und der Zeitspanne des Blicken-Dürfens haben, kann man verstehen, warum zwei Vertreter verschiedener Kulturkreise sich oft unwohl miteinander fühlen. Ein Italiener wird einen Deutschen vielleicht als ausweichend empfinden, weil dieser seinen direkten Blick nicht ebenso direkt beantwortet. Der Deutsche hingegen mag sich unwohl fühlen, weil er von die-

sem Mann so direkt angeblickt wurde[1]. Bei Partnern verschiedener Geschlechter sind die »ungeschriebenen Gesetze« jedoch andere ... (vielleicht hat FAST doch recht mit seiner Interpretation?).

Kehren wir noch einmal zu unserem Fragesteller (nach universellen Signalen) zurück. »Vielleicht«, so könnte er sagen, »stimmt das alles, aber: der offene Blick der z. B. die *Abwesenheit von Schuldgefühlen* signalisiert, wenn man unter einem Verdacht steht und deshalb befragt wird, der müßte doch zumindest universalen Charakter besitzen?«

Nun, auch dies stimmt nicht. In manchen Kulturen darf man eine Respektperson nicht offen ansehen. So daß eine Lehrerin, die herausfinden möchte, welche(r) Schüler(innen) etwas »angestellt« haben, u. U. große Interpretationsprobleme haben wird, wenn einige Kinder Deutsche, andere Türken, Perser oder Puertoricaner sind. Denn das Kind aus Puerto Rico wird immer[2] die Augen niederschlagen (28), wenn es von einer Respektperson direkt gefragt wird – dieses Signal drückt also nicht Schuldbewußtsein, sondern Respekt aus!

»Gut«, kann unser Fragesteller sagen, »aber es gibt doch universalgültige Signale! Wie Sie selbst in der Einleitung erwähnt haben, kann ich einem Zigarettenverkäufer in jedem Land der Erde anzeigen, daß ich fünf Schachteln will, indem ich die »fünf« fünf-artig, also mit erhobener Hand und fünf gespreizten Fingern,ausdrücke!«

Tja – nun wird es interessant:

Zwar können Sie die fünf wohl in den meisten Ländern der Erde durch diese Handgeste ausdrücken (wiewohl wir nicht sicher sein können, ob diese Geste wirklich überall auf der Welt so verstanden wird), aber schon bei der »drei« gäbe es Probleme: Wenn Sie nämlich einem Amerikaner »drei« Schachteln »sagen« wollen, werden Sie nur zwei bekommen! Denn, der Europäer zählt, wenn er mit den Finger zählen will anders als der Amerikaner (s. Abb. 15) »zählt«: Deshalb wird der Amerikaner ihren Daumen *nicht als Teil der Zahlennachricht interpretieren*, da dieser *in seinen Augen* nur für die Darstellung der »fünf« gebraucht werden kann (90b)!

Sie sehen also, wie ein Signal nach dem anderen als ein Signal identifiziert wurde, das nur innerhalb eines (oder mehrerer) Kulturkreise(s) dieselbe

1 Neger in Amerika scheinen weit weniger Blickkontakt zu betreiben, als Weiße, während manche Schwarze in Afrika sehr intensiven Augenkontakt suchen.

2 Vorausgesetzt, es handelt sich um ein »braves«, wohlerzogenes, d. h. kulturell geprägtes Kind!

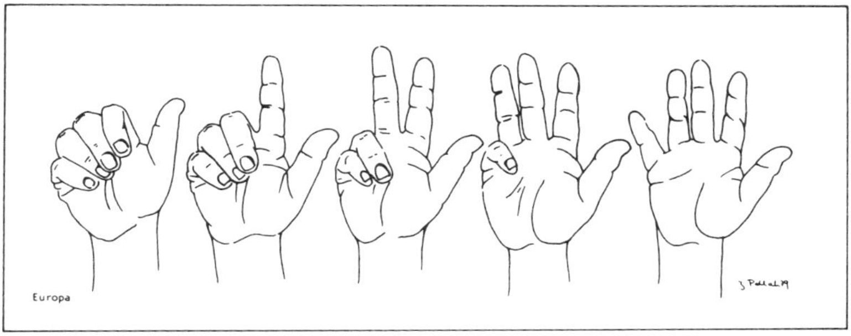

Abb. 15a

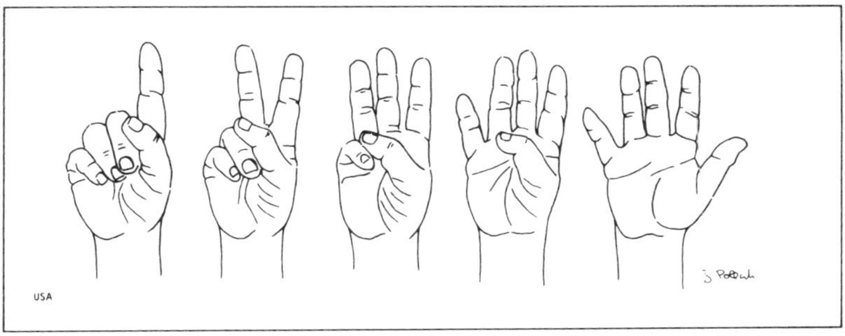

Abb. 15b

Nachricht beinhaltet. Selbst kleinste Signale, die mit dem Auge nicht mehr wahrnehmbar sind, können kulturell verschieden sein. Gerade der Bereich der Körper-Musik und des Körper-Tanzes (s. Anhang A!) hat gezeigt, daß es Unterschiede zwischen schwarzen, weißen oder orientalischen Menschen gibt. Und nun wird es interessant! Manche Forschungen weisen in eine Richtung, die m. E. höchst faszinierend ist: Solange man davon ausging, daß gewisse Signale universalgültig seien, ging man gleichzeitig von der Annahme aus, daß diese (höchstwahrscheinlich) angeboren seien (oder zumindest, daß ihre Anlage genetisch vorprogrammiert sei). Nun konnte man derartige Signale jedoch nicht eindeutig katalogisieren, so daß man die Frage nach dem Angeboren-Sein gewisser Signale wieder neu stellen mußte! Nun aber zeigen neueste Ergebnisse, daß es vielleicht angeborene Signale geben könnte, die aber innerhalb verschiedener Rassen unterschiedlich sind! Das wäre außerordentlich verblüffend, denn die These lautet: Der moderne Mensch (homo sapiens sapiens) stellt *eine Art* dar, deren Mitglieder in ihren angeborenen Anlagen übereinstimmen müßten. So daß der Kreis sich gewissermaßen schließt. Schlußfolgerung: *Wir wissen weit weniger über den Menschen, als man wegen der vielen Daten der unterschiedlichsten Disziplinen anzunehmen geneigt ist* (s. Einleitung).

Wenn Sie also mit Menschen anderer (Sub-)Kulturen zu tun haben, müssen Sie darauf gefaßt sein, Unterschiede festzustellen. Sowohl was einzelne Gesten, als auch was ihre Mimik bzw. ihr Abstandverhalten angeht. Zwei Mexikaner werden kleinere persönliche Zonen haben, als zwei Deutsche,wiewohl die persönlich Zone zweier Araber *noch* kleiner ist als die der Mexikaner! Ebenso wird ein Südländer den Kopf bei Aufmerksamkeit schief halten, während ein Deutscher dies eher bei Zweifel tut,und ein Amerikaner dies (angeblich) tut, wenn er flirten will (nach POIRET, 70). Je vorsichtiger Sie also sind, desto weniger kann »schief«-gehen. »Vorsichtig« in zweierlei Hinsicht: *Erstens*, was die Interpretation solcher Signal angeht und *zweitens*,in Bezug auf unsere Tendenz, Andersartigkeit im Zweifelsfalle zu belächeln oder verärgert aufzunehmen, wie WATZLAWICK (Zitat am Kapitelanfang) schon sagte.

Da viele Leser dieses Textes beruflich oder geschäftlich mit Amerikanern zu tun haben, will ich noch ein Phänomen beschreiben, das mit Zonenverhalten im Büro zu tun hat.

9.3 Fallstudie: Deutsche und amerikanische Manager

Ein US-multinationaler Konzern hat in Frankfurt eine Zentrale, die nur von Managern besetzt ist. Hier arbeiten Hunderte von amerikanischen und deutschen Führungskräften zusammen und steuern das Geschehen des Konzerns in aller Welt. Nun gab es immer wieder Reibereien zwischen den deutschen und den amerikanischen Kollegen, so daß schließlich ein Fachmann hinzugezogen wurde[1].

Dieser stellte folgendes fest: Die amerikanischen Manager ließen ihre Bürotüren prinzipiell offen, was die deutschen Kollegen als »kindisch,

1 Ich las den Bericht darüber vor Jahren im PAN AMERICAN Magazin CLIPPER, und zwar der US-Ausgabe. Leider waren sämtliche Bemühungen später erfolglos, so daß ich diesen Artikel (den ich ursprünglich verloren hatte), nicht wieder bekommen konnte. Ich glaube mich zu erinnern, daß der Fachmann jener Prof. HALL war, der im Literaturverzeichnis unter (38) angegeben ist, wobei die dort aufgeführte Publikation mit den Zonen (Proximities) zu tun hat, die ebenfalls er zuerst definiert hatte!

unreif, typisch amerikanisch – ohne Sinn für die Ernsthaftigkeit unserer Arbeit« bezeichneten. Sie hielten ihre Türen immer geschlossen, was die Amerikaner veranlaßte zu sagen: »typisch deutsch: geheimniskrämerisch und wichtigtuerisch!«

Nun stellte der Fachmann fest, daß für den Deutschen »sein ganzes Büro zur Intimzone werden kann«, während der Amerikaner nur seinen Schreibtisch in seine »Bubble« einbezieht (s. Kap. 7.1). Dies führt zu völlig unterschiedlichem Verhalten, wenn eine Person einen Manager sprechen will: Bei den Deutschen muß erst angeklopft werden. Dann muß man warten, bis der andere »Herein!« ruft. (Andere Autoren verweisen darauf, daß die Höhe des Status in direktem Verhältnis zu der Länge der Zeit steht, die der Manager verstreichen läßt, ehe er »Herein!« sagt!) Danach wird die Türe geöffnet und der Raum sogleich betreten. Dieser Prozeß verläuft bei den amerikanischen Managern anders:

Da die Türe sowieso offen ist, kann jeder sich durch einen Blick informieren ob der Gewünschte überhaupt anwesend bzw. wie beschäftigt er derzeit ist. Meint man, ein Gespräch jetzt für möglich zu halten, so tritt man in den Türrahmen der offenen Türe, wobei man eine Hand an den Türpfosten legt (s. Abb. 16). Nun fragt man z.B. »Got a minute, Billy?«

Abb. 16

Schüttelt der andere ungeduldig den Kopf, weil er seine Aufgabe nicht unterbrechen kann oder will, bzw. murmelt er »Later, John!« So geht man wieder weg, um einen anderen Zeitpunkt abzuwarten. Hat der andere hingegen Zeit, so sagt er »Sure!« und man betritt das Zimmer. (Es gibt auch eine Zwischenlösung, die darin besteht, daß man das Zimmer betritt, *die Hand jedoch noch immer am Türrahmen lassend*, um vielleicht etwas herzuzeigen, das man dabei hat!) Aber:

Solange der Besucher eine Hand am Türpfosten der offenen Tür hat, ist er nicht in die Intimzone des amerikanischen Managers eingedrungen.

Dahingegen:

Schon das Öffnen der Bürotüre bedeutet für den deutschen Manager das Betreten seiner Intimzone, weshalb dies nicht ohne seine Erlaubnis geschehen darf!

Wenn Sie diesen grundlegenden Unterschied verstehen, werden Sie auf Geschäftsreisen in die USA wissen, warum Ihnen das Verhalten der Mitarbeiter so viel legerer *erscheint*, bzw. warum Ihre amerikanischen Gäste hier in Deutschland auf unsere verschlossenen Türen so befremdet reagieren.

9.4 Zwei Fallstudien: Verhandlungen mit Arabern

Da immer mehr mit der arabischen Welt verhandelt wird, kann ich es mir nicht verkneifen, hierzu einige Worte zu verlieren, wiewohl meine Untersuchungen in dieser Richtung noch keineswegs abgeschlossen sind.

Trotzdem möchte ich auf zwei Aspekte hinweisen, einen der mit *Tonfall* zu tun hat und einen verbalen, der sich aufgrund der andersartigen inneren *Haltung* ergibt.

9.4.1 Das Feuerzeug

Vor einigen Jahren hat sich in London folgendes ereignet: Drei Araber und drei Engländer trafen sich in einem Hotel, um eine *Vor*verhandlung zu führen. Sie wollten dabei feststellen, ob sie demnächst miteinander verhandeln würden oder nicht.
Einer der Araber hatte das Feuerzeug des einen Engländers berührt und diesen angesehen, ohne ihn zu unterbrechen. Der Engländer sprach weiter, nickte jedoch mit dem Kopf als Signal dafür, daß der Araber dieses Feuerzeug benützen konnte. Einige Augenblicke später suchte der englische Kollege des Feuerzeugbesitzers jenes, da er habituell das Feuerzeug seines Freundes benutzte. Als er es nicht fand, unterbrach er die Worte des anderen: »Wo ist dein Feuerzeug?« Der Sprecher, unwillig über die Unterbrechung, sagte in einem aggressiven, ärgerlichen Tonfall auf den Araber deutend: »*Er* hat mein Feuerzeug« und sprach dann weiter, d. h., er *wollte* weitersprechen. Verblüfft mußte er jedoch feststellen, daß die Araber sich gegenseitig je einen Blick zuwarfen, dann wie ein Mann aufstanden und den Raum verließen. Warum?
Hier wurde das Signal des verärgerten Tonfalls von den Arabern als *Inkongruenz* interpretiert, und zwar als Inkongruenz in Bezug auf ihre *Erwartungen.* Da die arabische Sprache kein Wort für »haben« besitzt[1] kann man nur sagen: »Feuerzeug-mein mit-ihm« bzw. »Dort Feuerzeug-

1 Wir hatten in Kap. 4.2 schon einmal die unterschiedliche Orientierung des Sein- und Haben-Wollens angesprochen. Man sollte sich vielleicht einmal in Sprachen vertiefen, denen das Konzept des Habens völlig fehlt. M. E. zwingt so eine Auseinandersetzung, eigene Haltungen (innere wie äußerliche) einmal zu hinterfragen. So kann man im arabischen z. B. nicht sagen »Ich *habe* einen Freund«. Der Araber sagt nämlich, wenn er deutsch oder englisch spricht: »Was *habe* ich denn, wenn ich einen Freund habe? Ist er mein Sklave oder wie seht ihr das?« Ebenso könnte man über Ausdrücke wie »ich habe eine Wut im Bauch« u. ä. nachdenken. Wie FROMM (33) aufzeigt, distanzieren wir uns durch solche Formulierungen nur von unserem Gefühl. Statt »ich fühle Angst« sagen wir, wir hätten Angst, wir hätten ein Problem usw. Aber: Was haben wir denn in solchen Fällen wirklich?!

mein«. Bei solchen Formulierungen kann, nach arabischem Empfinden, keine *personenbezogene Aggression* ausgedrückt werden, da ja das Subjekt des Satzes das »Feuerzeug« und nicht der derzeitige Benützer ist. Das heißt: Die Araber hatten die Ärgerlichkeit des Tonfalls als einen Ärger in bezug auf *den* Araber interpretiert, der das Feuerzeug benutzt und es dann vor sich liegen gelassen hatte. Diese Aggression *der Person gegenüber* war in ihren Augen in der Situation keinesfalls gerechtfertigt und erboste sie!

9.4.2 In'sh'allah!

Das zweite Beispiel bezüglich arabischer Verhandlungspartner betrifft nicht ein körpersprachliches Signal, sondern eine unterschiedliche innere Einstellung oder *Haltung*. Wenn westliche Menschen einen Termin vereinbaren wollen, drücken sie sich klar und präzise aus, Beispiel: »Paßt es Ihnen morgen um halb neun?« Antwort: »Ja.« Bei arabischen Verhandlungspartnern aber passiert oft ähnliches, wie im folgenden Dialog:

Deutscher:	Also Muhammed, dann treffen wir uns morgen um zehn?
Araber:	Wenn Allah es will (In'sh'allah).
Deutscher:	Oder wäre dir elf Uhr lieber?
Araber:	Elf Uhr ist o. k. (Zuckt vielleicht die Achseln,um seine Indifferenz auszudrücken.)
Deutscher:	Also, elf Uhr dann, ja?
Araber:	Wenn Allah es will.

Viele Deutsche berichteten mir, daß sie durch das ewige In'sh'allah bzw. durch ausweichende Antworten (»Ja, wahrscheinlich«, u. ä.) den Eindruck gewinnen würden, *dem Verhandlungspartner passe die vorgeschlagene Zeit nicht.* Aber das ist meist nicht der Grund. Sondern: Wenn der andere ein gläubiger Muslim ist (oder vorgibt einer zu sein),kann er, *aus seiner inneren Haltung heraus,*nicht über sich und seine Zeit bestimmen, ohne Allah die Möglichkeit zu geben, eine andere Entscheidung für ihn zu treffen. »Wenn Allah es will« heißt im Klartext: »Was mich angeht, sicher! Falls Allah mich nicht abhält, indem er mich vorher tötet oder krankmacht, oder ähnlich.«
Was die Zeit angeht, so »haben« wir oft noch andere Probleme, d. h. wir

empfinden noch einen anderen Aspekt als problematisch: Der Araber »hat« ein völlig anderes Zeitgefühl als wir! Er begreift nicht, warum wir so krankhaft auf unserer absoluten Pünktlichkeit bestehen. Je »verwestlichter« ein arabischer Gesprächspartner, desto eher weiß er um unsere »Macke« und stellt sich vielleicht sogar teilweise darauf ein. *Aber er empfindet es trotzdem »anders«!*
Übrigens gilt dies auch für Südamerika und manche andere Länder: Unser »deutsches« Zeitgefühl ist eben deutsch! Schon der Nord-Amerikaner macht einen Unterschied, ob eine Verabredung geschäftlicher Art oder privat ist. Im ersteren Fall handelt er »deutsch«, im letzteren Falle kommt es ihm auf eine halbe Stunde hin oder her nicht an!

9.5 Benimmregeln bei uns und anderswo

Da wir gerade wieder bei dem Thema sind, wie leicht man doch dazu neigt, *Andersartigkeit im Zweifelsfalle negativ zu interpretieren*, noch ein Gedanke: Erinnern Sie sich an unsere Ausführungen in Kap. 3.5 bezüglich des Kriteriums »Positiv/Negativ«? Wir hatten darauf verwiesen, daß man im Bezug auf *Benimmregeln* leicht ver-urteilt bzw. sich verärgert fühlt, wenn die Signale des anderen nicht unseren Programmen entsprechen?
Bitte vergessen Sie gerade diesen Gedankengang nicht, wenn Sie Menschen anderer (Sub-)Kulturkreise beurteilen bzw. vorschnell verurteilen. Z. B. verweist WATZLAWICK in seinem Amerika-Büchlein (90b) auf die Tatsache, daß es gesellschaftlich völlig akzeptabel ist (in Amerika!), wenn jemand sich in Anwesenheit anderer die Fingernägel reinigt, ja sogar schneidet (bzw. klippt), was bei uns natürlich als »unerzogen«, d.h. *negativ* bewertet werden würde. Desgleichen geht der Mann im Restaurant einer Dame immer vor, richtig? Falsch: In Amerika nicht! Weiterhin hat man beim Essen mit Messer und Gabel das Messer die ganze Zeit in der rechten Hand zu halten, nicht wahr? Eben: Das ist (in vielen Ländern) *nicht wahr!* Weiter wird in Deutschland ein Trinkgeld (wenn überhaupt, dann) *sofort* gegeben (indem wir z. B. den Rechnungsbetrag »aufrunden«), während es in vielen Ländern auf dem Tische hinterlassen wird! Usw., usw.

9.6 Auf nichts ist Verlaß!

Sie sehen also, es ist auf nichts Verlaß! Weder, daß der andere Ihnen wirklich zustimmt, wenn er mit dem Kopfe nickt, noch, daß er Ihre Zahl »drei« (als Handzeichen) begreift! Zum Abschluß noch ein Beispiel eines Handzeichens, das sich sicherlich amüsant liest, wiewohl ich einige unbequeme Augenblicke dadurch erleben mußte: Als ich nach sieben Jahren USA nach Deutschland zurückkam, war mir zunächst nicht klar, daß das unten abgebildete Handzeichen in beiden Ländern sehr unterschiedlich interpretiert wird!

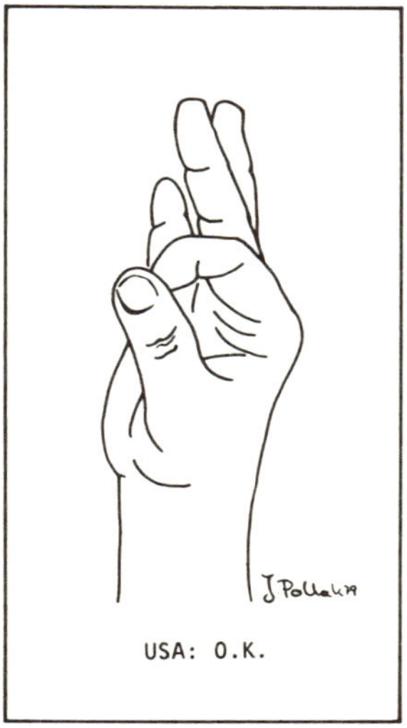

Abb. 17

Nun passierte mir einmal folgendes: Mit meiner Videoanlage war etwas nicht in Ordnung. Ich suchte und fand Hilfe, da das Hotel auch Videoanlagen vermietete und mir daher eine Anlage zur Verfügung stellen konnte. Allerdings konnte der Hoteltechniker sie erst nach 9 Uhr, also nach Seminarbeginn installieren. Wir einigten uns, daß er dies tun würde, ohne die Gruppe dabei zu stören. Er stand hinter meinen Seminarteilnehmern, während er arbeitete. Als er fertig war, signalisierte er mir dies durch ein »Lippensprechen« (er formulierte die Worte: »Alles o. k.«).

Ich nickte ihm zu, meine Ausführungen nicht unterbrechend, wollte ihm aber auch meinerseits ein O. K. signalisieren. Dies tat ich, indem ich nach amerikanischer Sitte das abgebildete Handsignal aussandte, während ich weitersprach. Der Mann bekam einen hochroten Kopf und stürzte zum Hoteldirektor, um sich über meine Unverschämtheit zu beschweren. (Er meinte nämlich, ich hätte mich darüber geärgert, daß er mir überhaupt ein Signal gesandt hatte, statt sich still und leise aus dem Staube zu machen.) Es kostete mich einige Mühe, dem Hoteldirektor zu erklären, wie es dazu gekommen war, da *ich wiederum* zunächst überhaupt nicht begriff, worüber der Techniker sich geärgert hatte!! Nach der Mittagspause, in der dieses Gespräch stattgefunden hatte, berichtete ich der Gruppe darüber, als Beispiel für kulturelle Unterschiede bei nichtsprachlichen Signalen. Was glauben Sie, passierte? Ein Seminarteilnehmer sagte: »Gottseidank haben Sie das gerade erklärt. Wir hatten uns in der Pause nämlich schon darüber unterhalten, wie ein Mensch wie Sie dazu kommt, dem Techniker ein derart ordinäres Signal zu senden!« Die Idee, daß auch die Teilnehmer »falsch« interpretieren würden, war mir, ehrlich gesagt, überhaupt nicht gekommen!

In ähnlicher Weise erregten in den sechziger Jahren viele junge Leute in den USA Anstoß, als sie begannen, das »victory sign« anzuwenden, d. h. die gespreizten Zeige- und Mittelfinger hochzuheben. Denn, für die älteren Menschen hatte dieses Zeichen noch die frühere Bedeutung, die ebenfalls höchst »ordinär« war, da es die gespreizten Beine einer Frau symbolisiert hatte, ehe es zu »Victory« uminterpretiert wurde. Woraus Sie ersehen können, daß selbst »eingefahrene« Signale sich innerhalb einer Kultur verändern können. Übrigens ist heute schon in manchen Kreisen bekannt, was das oben erwähnte Handzeichen (s. Abb. 17) in den USA bedeutet. Vielleicht werden Sie es bald auch von Deutschen als O. K.-Signal sehen? (Wenn ja, dann wahrscheinlich zuerst von Leuten, die viel mit Amerikanern zu tun haben.)

Kapitel 10
Körpersprache im täglichen Leben

10.1 Körpersprache in der beruflichen Praxis

Wir hatten festgestellt, daß wir nicht »einen Körper haben«, sondern daß wir »unser Körper sind«. Daher verwundert es nicht, daß unser Körper immer »ein Wörtchen mitzureden« hat, wenn wir kommunizieren. Wie WATZLAWICK zeigt, kommuniziert manchmal unser Körper allein. So zeigen wir z. B. durch unsere zusammengedrückte Fluchthaltung (88) im Wartezimmer eines Arztes, daß wir an einem Gespräch mit anderen Patienten nicht interessiert sind. Dieselbe Haltung kann jedoch im Gespräch selbst dem anderen zeigen, wie unwohl sich das Gegenüber fühlt (s. Kap. 4.2.3). Solche Hinweise sind wesentliche Entscheidungshilfen bezüglich unserer Gesprächs-Strategie, wenn wir wissen, daß jemand, der »so« sitzt,droht, in den psychologischen Nebel (s. Einleitung) abzusinken, was wiederum bedeutet, daß er die Information der Inhaltsebene, derzeit nicht besonders gut aufnehmen oder verarbeiten kann!
In ähnlicher Weise kommunizieren wir immer *mehr*, als uns bewußt ist, falls unser Gegenüber auf unsere nichtsprachlichen Signale zu achten lernt. Ob wir jemanden überzeugen können oder nicht,hängt zu ca. 90% von unseren körpersprachlichen Signalen ab! Ein Beispiel soll dies demonstrieren:

10.1.1 Fallstudie: Waschmaschinenverkäufer[1]

»Anfang der Fünfziger Jahre floh ein ›Volksdeutscher‹ . . . und kam nahezu mittellos in Deutschland an . . . (Er) bekam . . . ziemlich rasch einen Job als Waschmaschinenverkäufer, der von Tür zu Tür zog . . .

1 Von Michael BIRKENBIHL (6 b).

(Er) fuhr mit einem alten VW-Bus, in dem sich die Waschmaschine befand, in ein Stadtviertel und versuchte, von den Hausfrauen Termine für die abendliche Waschvorführung in der Wohnung zu bekommen. Abends trug er die Maschine in die Küche, füllte sie mit Wasser, gab eine gestrichene Tasse Waschpulver hinein, stellte den Zeitschalter ... und plauderte dann mit dem Ehepaar, bis der Waschvorgang abgeschlossen war. Dann faßte er das erste Wäschestück mit einer Holzzange, drehte es durch die Wringe an der Maschine – wo schon die Hausfrau stand, um es kritisch zu prüfen.

Die Herstellerfirma hatte den Vertreter praktisch nicht eingeschult. Man hatte ihm die Maschine kurz erklärt und ihn vor allem darauf hingewiesen, daß für den Waschvorgang eine gestrichene *volle* Tasse irgendeines handelsüblichen Waschpulvers nötig sei. Man gab ihm auch kein Waschmittel mit, weil ja jede Hausfrau »ihr« Waschmittel verwendet.

So »eingeschult« machte (er) Abend für Abend drei Vorführungen, vierzehn Tage lang, *ohne auch nur eine einzige Maschine zu verkaufen!* Er war der Verzweiflung nahe – aber er gab nicht auf. Da passierte folgendes: (Er) machte eine Vorführung bei einem Ehepaar ... der Mann war Lokomotivführer und fuhr auf einer Dampflok. Entsprechend sah seine Wäsche aus. Nachdem die Maschine aufgestellt und mit Wasser gefüllt war, sagte der Verkäufer: ›Und jetzt geben Sie mir bitte eine Tasse voll Waschpulver!‹ Hausfrau: ›Waschpulver? Habe ich keins mehr! Heute vormittag habe ich das letzte verbraucht.‹ ...

Letztlich ging die Dame zur Nachbarin, die jedoch ebenfalls heute gewaschen hatte und nur noch eine *halbe* Tasse voll übrig hatte!)

Der Verkäufer schüttete das (wenige!!) Pulver in die Maschine, legte drei Hemden ein und stellte den Zeitschalter ... Das würde ja eine schöne Katastrophe geben – diese verschmutzten Hemden, mit der *halben Menge* des notwendigen Waschpulvers! ... Als die Zeit um war, ergriff der Verkäufer das erste Hemd mit der Holzzange, führte es in die Wringe ein und drehte *mit abgewendetem Gesicht* – er wollte dieses Fiasko gar nicht sehen! Da hörte er die Stimme der Hausfrau: »Schau mal, Georg – so schön weiß sind deine Hemden *noch nie* gewesen!«

Natürlich kaufte das Ehepaar die Maschine. Die eiligst herbeigerufene Nachbarin kaufte auch. Und bei der anschließenden Vorführung klappte es wieder. Von diesem Tag an verkaufte der Vertreter Tag für Tag drei Waschmaschinen – weil *er* nämlich *jetzt* von deren Qualität *überzeugt* war!« (S. 79/80)

Diese Geschichte ist wahr. Ich selbst habe den Mann später ebenfalls kennengelernt! Heute ist er leitender Direktor jener Firma! Aber das interessanteste an dieser Fallstudie ist folgendes: Sowohl Herr BIRKENBIHL (mein Vater) als auch ich erzählen sie seit Jahren im Seminar und fragen die Teilnehmer dann, welche »Moral« daraus zu lernen sei. Und jetzt kommt der Clou: Selten hat jemand sofort erkannt, daß sich die *Körpersprache* des Verkäufers seit jenem »Wunder« *verändern mußte!* Wir wissen, daß er vorher wie nachher *die gleichen Worte* sagte, aber er sagte sie eben »anders«. Wir hatten mehrmals darauf hingewiesen, daß

1. Kongruenz überzeugt (s. Einleitung),
2. Kongruenz bedeutet: die Sprache und die Körpersprache sagen *dasselbe.*

Solange der Mann also vom Produkt nicht überzeugt war, konnte er nichts verkaufen! Denn seine Worte sagten: »Diese Waschmaschine ist wunderbar« während seine Mimik, Gestik und sein TONFALL diese Worte Lügen straften. Hier haben wir eine ähnliche Inkongruenz wie im Fallbeispiel NIXON (s. Einleitung). Mit demselben Resultat: Ein im Beobachten der Körpersprache Ungeübter weiß nicht, *warum* er dem Vertreter nicht glaubt, er weiß nur, *daß* er sich nicht überzeugt *fühlt.* Also kauft er nicht!!!
Deswegen halte ich es für völlig falsch, wenn Firmen nur »produktbezogene« Schulungen machen, denn diese Schulungen überzeugen den Verkäufer/Berater oft selbst *nicht.* Sei es, weil die Ausbilder das »trockene«[1] Material »trocken«, also *ohne Überzeugungskraft,* vortragen (in welchem Falle *ihre Körpersprache* den Erfolg verhindert) – sei es, weil die Verkäufer/Berater *glauben:* »Zwar ist unser Produkt gut, aber das der Konkurrenz ist bestimmt *genauso gut!«* Wenn nun »unser« Produkt noch etwas teurer ist, als das des Mitbewerbers, dann haben wir den »Salat«: Die Berater versteifen sich auf die Aussage, der *Preis* würde allein entscheiden, womit sie ihre Unfähigkeit, das Produkt (besser) zu verkaufen, entschuldigen wollen! Preis ist aber *nur dann* ein Problem, wenn der Berater selbst nicht davon überzeugt ist, daß dieser Preis gerechtfertigt ist. Wenn er diese Überzeugung also nicht fühlt, werden seine körpersprachlichen Signale seine (gegenteiligen) Worte *immer Lügen strafen.* Das sollten insbesondere die Damen und Herren beachten, die für

1 Es gibt m. E. keine »trockene Materie«, nur trockene Referenten!

»Schulung« zuständig sind. Aber, man kann das Argument noch einen Schritt weiter treiben: *Wenn* der Schulungsleiter einer Firma selbst von Sinn und Nutzen einer Schulung *nicht* überzeugt ist, kann er natürlich auch diejenigen nicht davon überzeugen, die ein Training finanziell unterstützen müssen. Daher jammern viele Trainer und Ausbilder innerhalb von Betrieben, ihr Budget sei zu klein. Ihr Budget wird solange »zu klein« bleiben, wie sie selbst den betreffenden Personen ihre Ideen nicht »verkaufen« können, solange wie sie selbst nicht von einer *Notwendigkeit* überzeugen können, die sie letztlich nicht wirklich *fühlen!* Ihre *Körpersprache* verhindert dies nämlich!!!

Viele Seminarteilnehmer fragen, inwieweit körpersprachliche Signale in einem *Einstellungsinterview* zusätzliche Hinweise geben können. Wollen wir uns so ein Interview betrachten. Im folgenden finden Sie das Transkipt eines Filmstreifens.

10.1.2 Fallstudie: Einstellungsinterview

Wollen wir einen einzigen Aspekt herausfiltern: Der Interviewte hat bereits im Fragebogen sowie im Vorgespräch behauptet, Geld spiele für ihn keine Rolle, es gehe ihm nur »um ein interessantes Aufgabengebiet«. Trotzdem war seine Körpersprache hochinteressant, als der Personalchef auf das Gehalt zu sprechen kam. Während der vorangegangenen Minuten war die Haltung des Bewerbers seitlich im Stuhl gedreht gewesen, so daß er *nur seine Augen* dem Gesprächspartner zuwandte (Abb. 18).
Wenn Sie sich an unseren N-N-Kontakt erinnern (s. Kap. 2.4), dann wissen Sie, daß *bei längeren Gesprächen* die Richtung, in die der Brustraum deutet, *ein* (wenn auch nur ein!) wertvoller Hinweis für das Interesse des anderen sein kann. Nun saß der Bewerber also seitlich, d. h. er wandte nur die Nase, nicht aber den Nabel (N-N) in die Richtung des Personalchefs.

Personalchef:	Also, damit hätten wir Ihr zukünftiges Aufgabengebiet, wie auch Ihre Aufstiegschancen umrissen. Was nun Ihr Gehalt angeht . . .
Bewerber:	(*wendet sich abrupt dem anderen zu, was mit einer plötzlichen Verlagerung des Körpergewichts einhergeht,* s. Kap. 4.2.3)

Abb. 18

Personalchef:	. . . so hatten Sie ja schon gesagt, daß dies nicht der Hauptfaktor sei?
Bewerber:	(*Neigt sich dem Personalchef intensiv zu*): Sehr richtig, Herr Sowieso.
Personalchef:	Tja, dann wäre das Wichtigste wohl abgeklärt . . . (Läßt den Satz »in der Luft hängen«, vgl. »Schweigen als Erfolgskontrolle *dritter* Art«, s. Kap. 1.8).
Bewerber:	(Spricht mit verhaltener *Dringlichkeit* im Tonfall, s. Kap. 8): Was bieten Sie denn nun konkret an, Herr Sowieso?

Sie sehen, daß Sie eine Gesprächssituation mit völlig »anderen« Augen und Ohren wahrnehmen werden, wenn Sie es lernen, auf die angedeuteten Aspekte zu achten. Der Bewerber hatte sich durch mehrere Signale »verraten«, nicht nur durch ein einziges! Nun möchte der Personalchef wissen, *warum* er einerseits behauptet hatte, Geld spiele keine Rolle, wenn dies andererseits doch wohl der Fall zu sein schien! Aber er weiß, daß er eine *Erfolgskontrolle* einsetzen muß, da er noch nicht sicher ist! (Man kann sich ja sehr irren, wie das Beispiel »Dr. Preise« in der Einleitung gezeigt hat!) Also entscheidet er sich jetzt für eine Erfolgskontrolle *zweiter* Art (s. Kap. 1.8), da er sich Klarheit verschaffen will und Ehrlichkeit in einem Interview dieser Art auch für gerechtfertigt hält:

Personalchef: Ich habe den Eindruck, Herr Bewerber, daß das Geld für Sie eine größere Rolle spielt, als Sie bisher durchblicken ließen? Ist dies so?

Bewerber: (*Sinkt plötzlich im Stuhl zurück, atmet nach einem Moment deutlich hörbar aus, als sei ihm jetzt die Luft »ausgegangen«*, die er im Zuge der inneren Anspannung vorher gepreßt verhalten hatte:) Ja, wenn ich ehrlich sein soll, stimmt das schon.

Jetzt ergab das Gespräch folgendes: Der Bewerber war stark verschuldet. Er hatte diese Schulden bei vorherigen Bewerbungen »treu und brav« (wie er es nannte) angegeben, war aber jedesmal nicht genommen worden und hatte nun gemeint, die Schulden seien der Grund hierfür. Als die Tatsache im Raum stand, wandte er sich ab und sagte:

Bewerber: Na ja, nun hab ich es wohl vermasselt, Herr Sowieso; Sie werden mich ja wohl nicht einstellen ...? (Auch er hat, vielleicht unbewußt, die Strategie des einen-Satz-in-der-Luft-hängens angewandt. Mit Erfolg, denn der andere spricht sofort in dieses Schweigen hinein.)

Personalchef: ... Aber ganz und gar nicht, Herr Bewerber. Sehen Sie, Schulden sind in meinen Augen eher ein Plus-Faktor!

Bewerber: Wieso denn das?

Personalchef: Ein Mann der Schulden hat, ist froh um ein gesichertes Einkommen, außerdem ist er bis zu einem gewissen Grunde dankbar, stimmt's? So daß ich meine, er bringt von Anfang an schon eine gute Motivation mit. Wenn er darüber hinaus noch Freude an seiner Arbeit findet und ihm die Aufgabe Spaß macht, wird er sich *engagiert* eineinsetzen. Außerdem, wer hat denn heutzutage keine Schulden?

Die Taktik des Personalchefs ist auch deswegen interessant, weil er *einen* Verdacht nicht ausspricht. Seine Annahme nämlich, daß die anderen Firmen diesen Mann wahrscheinlich *nicht* wegen seiner Schulden abgelehnt hatten. So wird der Bewerber wirklich »froh« und »dankbar«, d. h. gut motiviert sein. Allerdings hält diese Motivation in der Regel nur ca. sechs Wochen an! Danach hat der neue Mitarbeiter sich an die Tatsache gewöhnt, daß er wieder ein sicheres Einkommen hat! Deshalb einigt sich der Personalchef mit ihm auf eine Probezeit, wie üblich, verweist jedoch auf diesen Gedanken der Gewöhnung, worauf der andere sagt: »Ich verstehe, was Sie meinen. Machen Sie sich keine Sorgen. Ich arbeite gerne, insbesondere wenn ich keine finanziellen Sorgen habe! Meine Motivation wird bestimmt nicht nachlassen!

Hier muß ich darauf hinweisen, daß auch bei besten Vorsätzen *die Motivation zerschlagen werden kann*, wenn nämlich der unmittelbare Chef dieses neuen Mitarbeiters nicht führen, d. h. *Menschen*-Führen kann! Darum soll es in unserem nächsten Beispiel gehen.

10.1.3 Fallstudie: Loben und Körpersprache

Ich habe an anderer Stelle ausführlich auf die Probleme hingewiesen, die mangelndes Loben schafft (7d, 7f), Probleme, die eigentlich so »unnötig wie Bauchweh« sind. Denn die meisten Mitarbeiter blühen auf, wenn man ihre Leistungen ab und zu auch anerkennt! Wenn Seminarteilnehmer um Tips für *Kritikgespräche* bitten, sage ich Ihnen zunächst: Ein jedes Kritikgespräch wird bereits automatisch einfach und problemloser, wenn Sie ab und zu auch ein *Lob-Gespräch* führen. Dann weiß der Mitarbeiter nicht, ob er *heute* gelobt oder getadelt werden soll, d. h. er begibt sich *nicht automatisch* schon in eine innere Fluchtposition, er versinkt nicht automatisch schon im psychologischen Nebel, *ehe* das Gespräch überhaupt begonnen hat (s. Einleitung)! In diesem Rahmen will ich jedoch auf einen *körpersprachlichen* Bezug hinaus: Viele Chefs loben zu selten, wenn sie aber mal loben, weil sie meinen »laut Plan« mal wieder eine »positive Streicheleinheit verpassen« zu sollen, dann fehlt ihnen oft die innere Überzeugung. (D. h. alles unter Kap. 10.1.1 aufgeführte trifft wieder zu!)

Deshalb mein Rat: Verteilen Sie nie »Schmeichel-Einheiten«, wenn Sie

nicht ehrliche »Streichel-Einheiten« austeilen können! Ihre körpersprachlichen Signale werden Sie verraten! Ein Fallbeispiel soll dies verdeutlichen:
In einem Seminar waren ein Mitarbeiter und sein Chef anwesend. Als wir das Thema »Loben« abgeschlossen hatten, gingen wir in die Kaffeepause. Der Mitarbeiter kam und erzählte mir, daß alles Gesagte hundertprozentig auf seinen Chef zuträfe! Dies veranlaßte mich, nach der Kaffeepause, beim Rollenspiel,dafür zu sorgen, daß eben dieser Chef seinen Mitarbeiter loben sollte. Wir schickten den Mitarbeiter hinaus[1] und fragten den Chef, was er zum Anlaß nehmen wollte. Er *wand* sich auf dem Stuhl, spielte nervös mit seinem Kugelschreiber und fragte schließlich, ob nicht jemand anderes die Rolle des Chefs übernehmen könnte. Ich erklärte, daß gerade das Üben derjenigen Aspekte, die vielleicht schwerer fallen, Sinn und Ziel des Seminars sein müsse. Endlich setzte er sich, wenn auch ungerne, auf den »Chefstuhl«. Er würde den anderen schon loben, wollte sich jedoch vor der Übung nicht festlegen. Also holten wir den Mitarbeiter herein. Die Filmanalyse ergibt folgendes:

Chef: Also, Herr Mitarbeiter, äh ... ich wollte Ihnen einmal sagen *(wandte sich mit dem Körper vom Gegenüber ab!)* wie gut ich Ihre Arbeit äh ... finde (seine Stimme *zitterte!)*.

Mitarbeiter: (*saß stocksteif da und schwieg*, aber seine Wangenmuskeln »kauten«, was auf eine innere Spannung schließen ließ.)

Die Pause hing im Raum. Es war unbehaglich. Schließlich:

Chef: Also, so sagen Sie doch was!

Mitarbeiter: Was soll ich denn sagen?

Chef: (Immer *lauter* sprechend:) Ich habe gesagt, daß ich äh ... Ihre Arbeit gut finde!

Mitarbeiter: Was erwarten Sie von mir? Wenn Sie mir in all den Jahren *einmal* ein Lob aussprechen und dabei *so* wenig überzeugen wie es der Fall war, was soll ich darauf sagen?

Hier passierte, was in vielen Rollenspielen passieren kann, wenn die Teil-

1 Während der Vorgespräche zum Rollenspiel warten die Mitspieler immer draußen, damit sie später spontan reagieren, weil sie noch nicht genau wissen, worum es sich handeln wird.

nehmer sich schon lange kennen und in ihrer »normalen Rollenverteilung« spielen (was ich gewöhnlich vermeide, außer wenn ich einen bestimmten Zweck beabsichtige, wie hier): Sie vergaßen, daß es »nur ein Rollenspiel« war. Sie kommunizierten »echt« miteinander. Dies zeigen die folgenden Worte:

Chef:	(Nach einem Verlegenheitsräuspern:) Wissen Sie, ich sehe zwar theoretisch ein, daß man loben sollte, aber ich kann das halt nicht. Mein Vater hat mich auch nie gelobt!
Mitarbeiter:	(Schweigt, allerdings *in einer aufmerksamen Haltung*, s. Kap. 4.2.3, und *mit Augenkontakt*, s. Kap. 5.4.2, wodurch er den anderen zum Weitersprechen »auffordert«, s. Kap. 1.8)
Chef:	Überhaupt, wenn ich mal denke: *wir* sind damals überhaupt nicht gelobt worden. Ich meine, wir mußten auch irgendwie . . . äh . . . also, ich meine . . . (Hier folgte eine *lange* Pause, dann): *Herrgottnochmal!!* Sie sind einer meiner *besten* Leute! Und das *wissen* Sie auch! (Er *schrie* die letzten Worte heraus, s.Tonfall, Kap. 8.4)
Mitarbeiter:	(Sehr ruhig aber *deutlich*, also nachdrücklich ohne die Stimme zu erheben, s. Kap. 8.4). Nein, Herr Sowieso, das habe ich nicht gewußt.
Chef:	Glauben Sie mir? (Leise, fast bittend gesprochen.)
Mitarbeiter:	*Jetzt* ja.

Leider klingelte an dieser Stelle der Seminarwecker, der das Rollenspiel auf fünf Minuten begrenzt hatte. Die Gruppe applaudierte, wobei sie zum Teil auch begeisterte Bemerkungen machte, denn jeder hatte beobachtet, daß hier ein echtes »Drama« stattgefunden hatte. Der Chef und sein Mitarbeiter hatten an jenem Abend noch ein langes Gespräch im Hotel. Es war dies ein »Schlüsselerlebnis« für beide gewesen.
Wiederum hatte die Körpersprache den Ausschlag gegeben. Als der Chef zunächst loben *sollte*, während es ihm innerlich »gegen den Strich ging«, hatte die Körpersprache ihn »verraten«, aber einige Minuten später, als er mit der Information »herausplatzte«, da überzeugte sie. Jeden: Den Mitarbeiter wie die Zuschauer!
Interessanterweise berichteten beide mir ca. ein Jahr danach, in einer späteren Trainingsphase, abends im Privatgespräch, daß sie nun wunder-

bar miteinander auskämen. Und der Mitarbeiter sagte augenzwinkernd: »Fragen Sie nicht, ob er mich je wieder gelobt hat. Er tat es nicht, nicht mit Worten jedenfalls. Aber *jetzt* genügt ein Augenkontakt in einer Verhandlungssituation, die wir gemeinsam meistern, und ich weiß, daß er meine Strategie befürwortet. Oder ein kurzer Blick,den ich nur aus den Augenwinkeln wahrnehme, zeigt mir, daß ich die Richtung ein wenig ändern sollte .. .« Der Chef warf ihm gerade in diesem Moment einen solchen »Mini-Blick« zu, woraufhin beide gleichzeitig lächelten! *Das ist Körpersprache, aktiv eingesetzt!!!*

10.2 Körpersprache im Privatleben

M. POIRET (70) verweist darauf, wie viele Ehepartner die »körpersprachlichen Signale ihrer Partner auch *nach langjähriger Ehe* noch nicht kennen«. Aber auch die *Kinder* sind betroffen. Das Beispiel, in dem ein Elternteil verbal schimpft, während es ein amüsiertes Lächeln kaum unterdrücken kann, ist noch relativ harmlos. Weniger harmlos ist folgendes Beispiel aus Flora DAVIS' Arbeit (die im Anhang A näher besprochen wird):

10.2.1 Fallstudie: Mutter und Kind

»In (einem) Filmstreifen saß eine Frau in verblichenem Trägerkleid mit einem Mann auf dem Sofa, während im Vordergrund ein kleiner Junge auf dem Boden spielte. Die Frau beklagte sich bei ihrem Partner über den Buben . . . Durch den Klang ihrer Stimme (s. Kap. 8), die immer, wenn sie von ihrem Sohn sprach, einen aufbrausenden oder mißmutigen Tonfall annahm, und durch ihre Gesten, besonders einen zornig erhobenen Zeigefinger (s. Kap. 6.1), machte sie ihre Ablehnung des Kindes deutlich . . . Während sie sprach erhob sich der Junge . . . und verschwand von der Bildfläche, um aber Sekunden später mit einem kleinen Kissen schon wieder zurückzukommen. Dieses reichte es seiner Mutter – eine Geste, die an Buße oder eine dringende Abbitte erinnerte. Doch die Frau nahm es ihm mit kalter, böser und versperrter Miene ab, an welche ich mich noch lange Zeit danach erinnern mußte!« (S. 197)

In diesem Zusammenhang sei noch einmal auf den Pygmalion-Effekt (72) verwiesen (s. Einleitung und Anhang B!), der ja überwiegend durch nichtsprachliche Signale ausgelöst wird! Wie kann so ein Kind sich »normal«, d. h. seelisch gesund entwickeln? (Das Wort »normal« wurde deshalb in Anführungszeichen gesetzt, weil es heute leider schon bald *normal,* d. h. der Norm entsprechend ist, solche und ähnliche Signale zu beobachten.) Wenn man bedenkt, daß *immer mehr* Kinder verhaltens- und lerngestört sind, und daß die Selbstmordrate von *Kindern* ständig wächst, dann ist die Tendenz, die sich hier abzeichnet, furchterregend! Da die Eltern der betroffenen Kinder sich im allgemeinen *einbilden,* sie unterstützten eine gesunde Entwicklung (verbal tun sie das bestimmt meistens!), *während die körpersprachlichen Signale dem Kind ganz andere Nachrichten senden,* dann ist gerade dieser Aspekt der Kinesik so wichtig.

Noch ein Beispiel: Immer wenn Eltern meinen, ihre Zerrissenheit (der Partnerschaft) vor den Kindern verbergen zu können (indem sie eine »Vor-dem-Kind-bitte-nicht-Taktik« verfolgen), irren sie. Dieser Irrtum ist oft folgenschwer für die Entwicklung des Kindes. Erstens lernt es frühzeitig, beide Elternteile gegeneinander auszuspielen, was ihm zunächst einen Vorteil zu bringen scheint, langfristig aber mit dem Verlust des Geborgenheits- und Sicherheitsgefühls innerhalb der Familie bezahlt werden muß! Zweitens werden solche Kinder später oft ähnliche Probleme haben, wenn sie eine Partnerschaft eingehen, da sie ja *kein Vorbild* eines harmonischen Familienlebens hatten! Deswegen halte ich es für falsch, eine Ehe »nur wegen der Kinder« zusammenhalten zu wollen, *wenn* die beiden Partner sonst nichts mehr besitzen, was sie »zusammenhält«. Kinder eignen sich nicht »Klebstoff« zu sein! Das, was hinterher oft zerbricht, ist allerdings oft nicht die Ehe, sondern das Kind selbst!

Übrigens arbeiten Therapeuten häufig unter Einbeziehung der Kinesik, eben weil diese weit mehr Informationen liefert, als die gesprochenen Worte. Und zwar in zweierlei Hinsicht: Erstens, indem sie die Körpersprache der Hilfesuchenden auf inkongruente Signale hin untersuchen, und zweitens, indem ihre eigene Körpersprache aktiv einsetzen (s. Kap. 2.8). Dazu sagt DAVIS (18).

> »Der Patient beginnt ein wichtiges Thema anzusprechen, und der Therapeut beugt sich vor und begibt sich in erhöhten Synchronismus (s. Anhang A). Gute Therapeuten setzen ihren Körper *instinktiv* ein.

(Dasselbe gilt für »gute Gesprächspartner« allgemein!) Daher liegt die Betonung der Kinesik-Schulung auch mehr darin, die jungen Analytiker *im Interpretieren des Körperverhaltens* ihrer Patienten zu trainieren, als sie zu lehren, ihr eigenes zu manipulieren!« (S. 202)

Natürlich, denn ein *guter* Therapeut spricht die Körpersprache ja »gut«, wiewohl er erst lernen muß, sie auch bewußt zu verstehen. Auf dieses Paradox (*Jeder* spricht sie, kaum jemand kann sie verstehen), hatten wir ja schon hingewiesen (s. Einleitung)! Es sollten aber *nicht nur* Fachleute (z. B. Kinesiker, Anthropologen, Therapeuten) lernen, die analogen Signale zu interpretieren, sondern *jeder, der mit Menschen zu tun hat!* Gerade im privaten Bereich wird sich dieses Studium tausendfach bezahlt machen, allerdings nur, wenn man sein neues »Verständnis« auch zum Anlaß offener, ehrlicher, klärender Gespräche nimmt. So berichtet z. B. POIRET (70):

10.2.2 Fallstudie: Ehepartner

»Der unzufriedene Ehemann sendet Signale aus, die man schon fast als *Hilferuf* bezeichnen kann: Seine Zärtlichkeiten sind nur oberflächlich, fast interesselos. Er weicht unwillkürlich vor jeder Bewegung zurück. Seine Augen haben einen geistesabwesenden Ausdruck. Beim Liebesspiel küßt er die Frau nur noch selten und flüstert ihr auch keine Zärtlichkeiten mehr zu. Außerdem gähnt er häufig und macht nicht den Eindruck, als ob er am Geschlechtsverkehr noch großen Genuß empfindet . . . Alle diese (Signale) sind offensichtlich, aber dennoch übersehen viele Frauen sie ganz bewußt, weil sie sich scheuen, nach dem Grund für dieses Verhalten . . . zu forschen« (63).

In diesem Zusammenhang sei auch auf die Geliebte verwiesen, die sich ein »glücklich verheirateter« Mann[1] oft nimmt: Die Ehefrau sendet ihm seit Jahren Signale bezüglich seiner Persönlichkeit, seiner Vater- und Ernährerrolle. Übersehen wird dabei der *sexuelle Bereich*, in dem die Signale

1 Natürlich können alle hier aufgeführten Prozesse auch »andersherum« stattfinden, so daß die Worte »Mann« und »Frau« auch ausgetauscht werden können!

immer seltener werden! Er hingegen »streichelt« (im Sinne von »Streichel-Einheiten«) ihre Mutterrolle, oder ihre Rolle als Partner (im kameradschaftlichen Sinne), als Gastgeberin, u. ä. Inwieweit hier Ursache und Wirkung von ihm oder ihr ausgelöst wurden – das Resultat ist das gleiche. In dem Maße, in dem gewisse körpersprachliche Signale ausbleiben, in dem Maß, in dem ein Partner spürt, daß er *nicht mehr aufregend, faszinierend* u. ä. für den anderen ist, wird *auch er* weniger diesbezügliche Signale *aussenden!* Das führt dann häufig dazu, daß jeder meint, der andere habe kein Interesse mehr am Liebesspiel, was leider meist *auch Zärtlichkeiten ausschließt!* Jede Zärtlichkeit ist aber eine körpersprachliche Nachricht, die »ich mag dich«, oder »ich schätze dich« oder »ich freue mich, wenn du da bist« ausdrückt!
Sie sehen also auch hier, wie wichtig das Interpretieren der Körpersprache *und das Darüber-Reden* ist. Denn, der Mann, der die Geliebte nimmt, tut dies oft nur aus einer »Torschlußpanik« heraus, weil er glaubt, *ohne Signale der Annahme im Bereich des Sexuellen nicht auskommen zu können.* Diese aber bekommt er von der Geliebten. (Falls nicht, läßt er sie sofort wieder »fallen«!)
Wie schon in der Fußnote erwähnt, kann es auch umgekehrt sein: Viele Ehemänner beachten die Signale ihrer Ehefrauen solange nicht, wie diese übersehen/überhört werden *können!* Sie reagieren zwar, z. B. indem sie immer häufiger *fernbleiben*, aber sie wagen es nicht, ein wirkliches Gespräch darüber zu führen!
Je eher ein Paar also beginnt, sich aktiv mit der Körpersprache auseinanderzusetzen, desto besser sind seine Chancen in späteren Jahren, falls dann »Ermüdungserscheinungen« auftreten sollten! Denn, diese zwei Menschen werden es später kaum so weit kommen lassen, daß sie selbst (oder ihre Kinder!) in so starkem Maße unter der Situation leiden müssen, wie dies leider nur allzu häufig der Fall ist!
Falls Menschen im Privatbereich dann noch wagen, die Erfolgskontrolle zweiter Art (Kap. 1.8) zu stellen, also direkt nach der Bedeutung des beobachteten Signals zu fragen, dann haben sie eine einmalige Chance, wirklich »gut« miteinander zu kommunizieren!

Abschlußbemerkung

Wenn dieses Buch ein klein wenig dazu beiträgt, daß Sie im Berufs- oder Privatleben, oder gar in beiden Aspekten *ihres einzigen Lebens* einige Erleichterungen bzw. Kommunikations-Erfolge bewirken können, dann hätte es sich gelohnt: Sowohl die jahrelange Vorbereitung und das Schreiben selbst als auch Ihr Durcharbeiten – denn mit einem einmaligen Lesen allein würde das »Studium« der körpersprachlichen Signale wohl kaum »abgeschlossen« sein.

Deshalb finden Sie im Anhang C noch einmal alle Regeln zusammengefaßt zur Wiederholung (mit Angaben dazu, wo sie sich im Text befanden, falls Sie nachlesen möchten). Außerdem hoffe ich, daß Sie die letzten sechs Seiten ausschneiden und als Poster aufziehen werden. Wenn Sie es an die Wand hängen, können Sie durch gezielte »Kontrollblicke« auf dieses Poster immer wieder mal einen Schwerpunkt zur Beobachtung festlegen (s. auch Ende von Kap. 9).

Falls Sie Bemerkungen, Diskussionsbeiträge oder auch Kritik »anbringen« möchten, so schreiben Sie mir (an den Verlag). Solche Beiträge können dann bei einer späteren Auflage berücksichtigt werden.

Meine Hoffnung, daß dieser Text Ihnen wirklich helfen kann, begleitet Sie.

Des weiteren gibt es auch einige Bücher und Toncassetten-Programme, die in anderen Verlagen (oder Sprachen) erschienen waren, sowie einige Produkte, die im Buchhandel nicht erhältlich sind. Falls Sie Interesse haben, senden Sie uns doch bitte eine Postkarte und verlangen Sie die Gesamt-Übersicht/Publikationen.

A-Verlag
c/o Moderne Industrie Verlags-Service Abt. EB
Justus-von-Liebig-Straße 1
8910 Landsberg/Lech

Sollten Sie hingegen an **Seminaren** interessiert sein (von denen es nur extrem wenige „offene" gibt, da ich in der Regel firmenintern schule), dann fragen Sie bitte beim mvg-verlag nach:

mvg – Moderne Verlagsgesellschaft
Seminardienst
Nibelungenstraße 84
8000 München 19

Anhang A

Von der Körpersprache zum Körpertanz

Kinesiker wissen seit geraumer Zeit, daß Analog-Signale weit mehr Informationen beinhalten, als das bloße Auge *live* wahrnehmen kann. Wenn man nämlich einen Film in der Zeitlupe betrachtet, sieht man bereits Details, die einem bei normaler Geschwindigkeit nicht aufgefallen wären. Wenn man hingegen den Film mit Spezialkameras aufnimmt, kann man anschließend jeden einzelnen »Frame« (d. h. jedes Einzelbild) untersuchen. Hierbei stellt man wiederum fest, daß man bei mehr als 40 Bildern pro Sekunde weit mehr Information wahrnehmen kann, als bei 16.

Studien dieser Art führten zunächst zum Konzept der Körpermusik. D. h. man stellte fest, daß kleine und Kleinstbewegungen unserer Hände und Arme, unseres Kopfes, ja sogar des Augenblinzelns im eigenen Sprachrhythmus abliefen. Diese Selbstsynchronie ist bei allen Menschen zu beobachten, mit folgenden *Ausnahmen:* Wenn pathologische Entwicklungen vorliegen oder bei pyhsiologischen Gehirnschäden. So sind z. B. Schizophrene, autistische Kinder, Patienten mit Parkinson, Epilepsie oder Aphasie sowie Stotterer nicht synchron mit sich selbst! D. h. daß eine Hand sich z. B. synchron mit ihrem Sprechrhythmus bewegt, während die andere Hand dies nicht tut. Interessanterweise gibt es im Englischen ein Idiom, welches diesen Prozeß beschreibt: Man sagt von solchen Menschen, sie seien »out of sync« (außerhalb der Synchronie), wobei diese Redewendung schon vor dieser Entdeckung der Kinesiker entstanden ist! Wieder einmal hat der Volks-Mund etwas vorausgeahnt!

Diese Kleinst-Bewegungen der Körper-Musik werden seit Jahren in vielen Kinesik-Forschungsstätten untersucht, da sie einige herkömmliche Thesen über die Kommunikation auf den Kopf stellen. Z. B. stellte man bei solchen Beobachtungen fest, daß der Körper eines Menschen sich oft schon zum Sprechen vorbereitet (ein Augenblinzeln, ein Luft-

holen bei gleichzeitigem Aufrichten des Körpers, ein Öffnen des Mundes, eine einleitende Bewegung der Hand, die Sekundenbruchteile später die ersten Worte zu unterstreichen scheint), und daß diese analogen Vorbereitungen z. T. der bewußten Entscheidung (ich will jetzt etwas sagen) vorauszugehen scheint. Sollte es sich herausstellen, daß unser Körper tatsächlich so reagiert, dann müßte man über so manchen Aspekt menschlichen Kommunikationsverhaltens neu nachdenken . . .
Das Faszinierendste an diesem Gebiet der Körpermusik ist jedoch ein Aspekt, den Flora DAVIS (18) als »Körpertanz« bezeichnet. In ihrem Bericht über die Arbeit des Prof. William CONDON in Pittsburgh stellt sie fest, daß es nicht nur eine Selbstsynchronie gibt, sondern daß Prof. CONDON sogar eine Synchronie mit dem Gesprächspartner festgestellt hat, die er *Interaktions-Synchronie* nennt. Dazu CONDON selbst (18):

> ». . . Nachdem ich tausende von Stunden damit zugebracht hatte, Filmstreifen zu studieren, begann ich . . . festzustellen, daß ein ZUHÖRER sich im Sprachrhythmus des SPRECHERS bewegt.« (S. 196)

Flora DAVIS drückt die Reaktion eines Menschen, der zum erstenmal von Interaktions-Synchronie lernt, so aus:

> »Interaktions-Synchronie ist schwer zu glauben, bis man sie selbst in Filmen beobachten konnte! Denn die Bewegungen sind zu klein und verlaufen zu schnell, als daß das nackte Auge sie wahrnehmen könnte . . . Selbst wenn ein Zuhörer völlig still zu sitzen *scheint*, zeigt die MIKROANALYSE, daß sein Augenblinzeln oder das Ziehen an seiner Pfeife synchron mit den Worten verlaufen, die er hört . . . Manchmal bewegen Menschen sich sogar synchron, während beide schweigen . . .« (S. 196)

Folgendes Fallbeispiel soll zeigen, worum es geht (18):

> ». . . ein Beispiel von höchstem Synchronismus. Ein Mann und eine Frau (er ist Unternehmer, sie war eine Jobinteressentin) saßen sich gegenüber.
> Bei normaler Vorführgeschwindigkeit *schien die Filmfolge bloß ziem-*

lich viel »Umhergeschiebe« zu beinhalten, da der Mann zuerst seine übergeschlagenen Beine löste, sie dann erneut überkreuzte, und die Frau sich durch's Haar strich.
Aber bei Projektionen von nur wenigen Bildern pro Sekunde wurde bereits das Muster der einzelnen Tanzschritte deutlich:
Im selben Einzelbild begann jeder, sich zum anderen vorzubeugen! Beide hielten *im gleichen Bruchteil einer Sekunde* in ihrer Bewegung inne.
Beide erhoben ihre Köpfe *im selben »Frame«* und sanken dann *gemeinsam* zurück in ihre Sessel.
Genau im selben Film-Einzelbild waren diese Bewegungen wiederum abgeschlossen!
Alles glich sehr den vollendeten Balztänzen mancher Vögel. In CONDONs geliebter Bildsprache wirkten die beiden wie *Marionetten an gemeinsamer Fadenführung!* CONDON erörterte, daß solch eine vollendete zeitliche Übereinstimmung zwischen einem Mann und einer Frau nicht selten auftrete und daß sie während der Liebeswerbung eines der Mittel sei, mit dessen Hilfe große Zugeständnisse zwischen Mann und Frau gemacht würden, ohne daß hierüber auch nur ein *Wort* gesprochen würde.« (S. 198)

Kenntnisse der Gesetze des Körpertanzes können z. B. im therapeutischen Rahmen eingesetzt werden. DAVIS schildert den Fall einer Mutter, die mit ihren zwei Zwillingstöchtern zu einem Gespräch kam. Dieses Gespräch zwischen ihr und dem Therapeuten wurde gefilmt. Es ging darum, daß die *eine* Zwillingstochter das »Problemkind« war. Wenden wir uns dem Filmstreifen zu (18):

»Die Mutter und ihre normale Zwillingstochter bewegten sich im Einklang, also völlig synchron, und teilten ihre gemeinsamen Körperhaltungen und -bewegungen in 95% der Zeit. Sie strichen sogar gemeinsam, in selben Frame ihre Röcke zurecht!
Das ›kranke‹ Zwillingsmädchen verschmolz nur sehr selten im Rhythmus oder in der Körperhaltung mit einer der beiden anderen Frauen. Bei den seltenen Fällen, in denen sie die Körperhaltung ihrer Mutter annahm, wechselte diese augenblicklich in eine andere über . . . als wäre dies *ein* Mittel, vom Kind Abstand zu halten. Und immer wieder, wenn die Mutter über ihre schizophrene Tochter sprach, gab sie

mit einer abwertenden Handbewegung nach *unten* ein Zeichen, das deutlich zu verstehen gab: Geh doch weg!« (S. 199)

Nun erhoben sich gewisse Fragen, als man von CONDONs Forschungsergebnissen hörte, Fragen, die auch er selbst bereits zu stellen begann: Wenn es wahr wäre, daß unser Körper, also unser Unbewußtes, mit anderen kommuniziert (auf einer Ebene, die wir bewußt überhaupt nicht erfassen können) . . ., könnte es dann nicht sein, daß auch andere unbewußt ablaufende Prozesse bei dieser Kommunikation beteiligt sind? Könnte es sein, daß Grundinformationen der Annahme, der Ablehnung, der Zustimmung etc. über biologische Prozesse kommuniziert wurden, *ehe* es die Sprache gab, und daß der Mensch auch weiterhin auf dieser Ebene »spricht« und »hört«, wiewohl er dieser Information auf einer bewußten Ebene nie gewahr wird? Wenn es so wäre, dann läge es nahe nach weiteren *biologischen Kommunikationen* zu suchen. Dies tat CONDON (18):

»Er hatte zwei Personen an ein EEG (einen Elektroencephalographen) angeschlossen, so daß er, während sie sich unterhielten, ihre Gehirnströme registrieren konnte. Eine Kamera war auf die menschliche Begegnung (Encounter) eingestellt, eine zweite auf die Schreibnadeln des EEG, während sie wellenförmige Linien auf das unter ihnen laufende Papier des Schreibers zeichneten. Auf der Leinwand sieht man im EEG-Film zwölf Schreibnadeln in einer Reihe, die sechs auf der rechten Seite vom Mann und sechs auf der linken Seite von der Frau. Sie schauten fast so aus wie nicht sehr geübte Schlittschuhläufer in einer Linie, die zu einer ungehörten Musik dahingleiten. Sie schwingen nicht alle im gleichen Moment nach links oder rechts, doch die meisten schwingen in Synchronismus hin oder her und beschleunigen oder verlangsamen synchron. Es kommt einem fast so vor, als ob die Schreibnadeln auf eine ungewöhnliche Weise miteinander redeten.« (S. 198)

Nun schienen die gemeinsamen »Tanzschritte«, die wir bis hier mitverfolgten, jeweils gleichzeitig abzulaufen, aber eine genauere Analyse erlaubt erste Blicke in einen Sachverhalt, der vielleicht noch faszinierender ist: Wenn wir eine Kamera benützen, die es uns ermöglicht, 24 oder 48 Frames pro Sekunde zu studieren, dann sehen wir totale Übereinstimmung: Gleichzeitige Bewegungen beginnen und enden oft im selben ein-

zelnen Frame. Nehmen wir jedoch eine »schnelle« Kamera, die es uns erlaubt 96 Frames pro Sekunde dieser Analyse zu unterziehen, dann passiert etwas unerhört Faszinierendes:
Wir nehmen jetzt eine Verzögerung zwischen Sprache und Analog-Signalen wahr: DAVIS sagt (18):

> »Es ist, als ob der *Ton* den Zuhörer *zuerst* erreicht und dann, durch eine etwas langsamere Nervenleitung verspätet entwickelt wird, so daß er erst danach den Rhythmus auslösen kann. Vielleicht erklärt dies, weshalb ein übernommener Rhythmus des anderen fast nie ins volle Bewußtsein rückt!« (S. 200)

Wiewohl die meisten von uns nicht bemerken, in welchem Maße sie unbewußt Gesten des anderen teilen, gibt es Menschen, die dies so häufig tun, daß ihre Umwelt aufmerksam wird. Der amerikanische Talkshow-Meister Dick CAVETT zeigt häufig dieselben Gebärden wie seine Gäste, und zwar im selben Augenblick[1]. Das ist also keine bewußte Imitation, sondern eine Synchronie im Sprachrhythmus des Gastes! Und eine junge Schülerin für Tanz-Therapie erzählte Flora DAVIS,

> »sie fange die Körperbewegungen anderer so automatisch auf, daß es schon problematisch würde, weil ihre Freunde manchmal glaubten, sie werden nachgeäfft und verulkt.« (S. 202)

Wir sehen also: Auch die Studien der Körpermusik bzw. des Körpertanzes weisen darauf hin, daß die Körpersprache die »ehrlichere« Form der Kommunikation darstellt. So daß unsere Regel aus der Einleitung (im Zweifelsfalle glaube man dem Körper bei Inkongruenz), bestätigt wird. Auch Prof. CONDON teilt die Ansicht, *daß es schwieriger sei, ohne Worte zu lügen.* Er hofft, ein Auseinandersetzen mit der Körpersprache werde dazu beitragen, daß einzelne sich ihrer analogen Signale bewußter werden, was sie vielleicht in der Zukunft fähiger machen wird, wirklich das auszudrücken, was sie meinten (bzw. was sie wirklich fühlen). Auch

1 Im »selben« Augenblick heißt: Mit dem nackten Auge beobachtet; denn in Filmanalysen zeigt sich im allgemeinen eine Verzögerung von $1/6$ Sekunde! Man muß, genaugenommen, fragen, inwieweit solche »gleichzeitigen« Gesten doch (unbewußte) Imitationen darstellen könnten.

sagt er, daß jemand, der beginnt, mehr dessen zu sehen, was um ihn herum geschieht, das Leben reicher finden wird!
Zum Abschluß noch ein Experiment das Flora DAVIS vorschlägt, anhand dessen Sie diese Interaktions-Synchronie ein wenig erahnen können, ohne aufwendige Kameras zu benützen. Es geht ja immer um den Sprachrhythmus des anderen (18):

> »Bitten Sie einen Freund mit einem Finger einen gleichmäßigen Rhythmus zu klopfen und beginnen Sie dann, zu ihm zu sprechen.
> Nach kurzer Zeit werden seine Klopfzeichen unbewußt mit den betonten Silben Ihrer Sprechweise zusammenfallen. Es scheint, als würde der inhärente Rhythmus der menschlichen Sprache einen Zuhörer genauso »mitreißen« wie z. B. der Beat einer Rockmusik, dessen Rhythmus sich die meisten ebenfalls nicht entziehen können!« (S. 98).

Anhang B
Pygmalioneffekt[1] von Michael Birkenbihl

Die Tatsache, daß die innere – das ist die *wahre!* – Einstellung eines Menschen immer auf seine Umgebung »durchschlägt«, wurde in jüngster Zeit durch zahlreiche Untersuchungen bestätigt, die sich mit dem Phänomen »Körpersprache« befaßten. So wissen wir beipielsweise heute aus der Analyse von Filmen (mittels eines stark reduzierten Bewegungsablaufes), *daß die Körpersprache einer Person zuweilen genau das Gegenteil von dem ausdrückt, was diese Person sagt!* Wir alle analysieren auf einer unterbewußten Ebene genau die Körpersprache und den Klang der Stimme anderer Menschen und »wissen« damit oft um die Einstellung des anderen zu uns. Dieser Tatbestand ist indessen auch Teil jenes Phänomens, das man unter dem Terminus »Pygmalion-Effekt« beschreibt. Worum also handelt es sich beim »Pygmalion-Effekt«?

Vielleicht erinnern Sie sich aus Ihrer Schulzeit an OVIDS »Metamorphosen«, wo der Bildhauer Pygmalion eine weibliche Figur modelliert, in die er sich dann unsterblich verliebt und der er den Namen Galatea verleiht. Schließlich erbarmt sich Aphrodite, die Göttin der Liebe, des liebeskranken Pygmalion und erweckt seine Galatea zum Leben. Der tiefere Sinn dieser Fabel, der eine alte griechische Sage zugrunde liegt, ist folgender: Pygmalion hatte eine bestimmte Vorstellung von der »idealen Frau« – und genau nach seiner Vorstellung hat er sich ihr Bild geschaffen, aus Marmor. In übertragenem Sinne besagt deshalb der Terminus »Pygmalion-Effekt«, *daß sich ein Lehrer eine ganz bestimmte Vorstellung von einem Schüler macht – und ihn dann auch nach dieser Vorstellung formt!* Das bedeutet aber, die Vorstellung, die ich von einem ande-

1 Dieser Anhang-Text wurde dem Buch (6a) »Train the Trainer – Kleines Arbeitshandbuch für Ausbilder und Dozenten«, Verlag Moderne Industrie, München, 4. Auflage 1977, entnommen.

ren habe, teilt sich diesem anderen mit – auch wenn ich sie nicht sprachlich artikuliere! Auf die tägliche Praxis übertragen, bedeutet dies:

Die Macht der Erwartungen, die wir an einen anderen Menschen stellen, ist so groß, daß durch sie alleine schon dessen Verhalten beeinflußt werden kann. Wir nennen dies eine sich selbst erfüllende Prophezeiung: Was wir einem Menschen zutrauen, entscheidet manchmal auch über seinen Werdegang.

In der Unterrichtspraxis überträgt sich die Erwartung des Seminarleiters auf den Teilnehmer auf drei verschiedenen Wegen:

1. durch die Körpersprache;
2. durch die Stimme;
3. durch die Unterrichtsmethode.

Die entscheidenden Versuche zu diesem Phänomen stammen von ROBERT ROSENTHAL, Professor für Sozialpsychologie an der weltberühmten Harvard University, USA. Übrigens handelt es sich durchwegs um »Feldversuche« mit »echten« Schulklassen, deren Lehrer keine Ahnung hatten, daß sie Test-Objekte waren. Die Ergebnisse dieser Versuche können also getrost auf jede ähnliche Unterrichtssituation übertragen werden. Von den zahlreichen Experimenten ROSENTHALs seien hier nur drei beschrieben:

(1) In einer Grundschule in einem sozial schwachen Milieu wurde zu Beginn des Schuljahres ein non-verbaler IQ-Test abgenommen. Den Lehrern sagte Professor ROSENTHAL, daß man mit diesem Test die »intellektuelle Leistungsfähigkeit« eines Menschen vorhersagen könne. Die Schule hatte 18 Klassen, drei in jedem der sechs Schuljahrgänge. In eine Klasse hatte man jeweils die »überdurchschnittlichen«, in die beiden anderen die »durchschnittlichen« bzw. die »unterdurchschnittlichen« Schüler gesteckt.

Professor ROSENTHAL schaute sich die Testergebniss zunächst gar nicht an. Er suchte aus den Klassenregistern *wahllos* 20% der Schüler in jeder Klasse heraus. Sie waren die »Schüler mit Zukunft«. ROSENTHAL gab den Lehrern diese Namen und erklärte ihnen, daß aufgrund des Testes bei diesen Schülern erhebliche Lernfortschritte im laufenden Schuljahr zu erwarten seien. Ein solcher Unterschied zwischen der Versuchsgruppe und der Kontrollgruppe war aber nicht real; *er bestand danach einzig in der Vorstellung der Lehrer.*

Acht Monate später wurde derselbe Test bei allen Kindern noch einmal durchgeführt. Im Schnitt hatten die Kinder der Versuchsgruppe (jene also, die den Lehrern als »vielversprechend« geschildert worden waren), ihren IQ-Wert um noch vier Punkte mehr als die Kinder der Kontrollgruppe verbessert. Darüber hinaus zeigte sich: Für dieses Ergebnis war es unerheblich, ob ein Kind in einer Klasse mit »überdurchschnittlichen« oder mit »unterdurchschnittlichen« Schülern saß. *Wer als »vielversprechend« eingestuft worden war, machte auch im Klassenvergleich mehr Fortschritte – egal, in welchem Leistungskurs er saß.*

(2) Der Pygmalion-Effekt gilt genauso für Heranwachsende und Erwachsene wie für Schüler. Und zwar auch dann, wenn es sich *nicht um intellektuelle Lernziele* handelt. Beispiel: In einem Ferienlager waren 14-jährige Jungen und Mädchen zusammengefaßt, um das Schwimmen zu lernen. Der einen Hälfte der Schwimmlehrer hatte man zugesteckt, daß in ihren Gruppen alle Schwimmtalente zusammengefaßt worden waren – und tatsächlich konnten diese Jugendlichen am Ende des zwei Wochen dauernden Kurses besser schwimmen als die anderen.

(3) Sogar beim *Arbeiten mit Tieren* läßt sich der Pygmalion-Effekt beobachten. ROSENTHAL studierte u. a. den Einfluß bestimmter Erwartungen auf das Verhalten von Ratten. Er tischte einem Seminar von zwölf Studenten folgende Geschichte auf: Es sei möglich, durch Weiterzucht von Ratten, denen man schnelles Orientieren im Labyrinth beigebracht hatte, intelligente Rattenstämme zu züchten. Um das zu demonstrieren, wurden jedem Studenten fünf Ratten zugeteilt. Diese Ratten sollten nun unter Anleitung des jeweiligen Studenten lernen, in den dunklen Arm eines T-förmigen Labyrinths zu laufen.

Sechs Studenten wurde erzählt, ihre Ratten seien bereits aus dem intelligenten, »labyrinth-geschulten« Stamm; den anderen wurde bedeutet, daß ihre Ratten normale, dumme Versuchstiere seien. In Wirklichkeit gab es natürlich keinen Unterschied zwischen den Tieren.

Die Leistungen der beiden Gruppen unterschieden sich dann in der Tat voneinander. Jene Ratten, die von ihren Studenten für intelligent gehalten wurden, verbesserten ihre Leistungen von Tag zu Tag. Sie rannten schneller und sicherer durch das Labyrinth als die »dummen« Tiere. Die angeblichen dummen Ratten schnitten schlecht ab. In 29% der Versuche weigerten sie sich schon beim Start, sich von der Stelle zu rühren. Solche

Widerspenstigkeit trat bei den »intelligenten« Ratten nur in 11% der Fälle auf.

Die *Auswertung* dieses Rattenversuches ergab im übrigen folgende interessante Einzelheiten: Jene Studenten, die glaubten, mit intelligenten Versuchstieren zu arbeiten, zeigten sich ihren Ratten mehr zugetan. Sie waren in Gegenwart der Tiere innerlich ruhiger als die Studenten mit den »dummen« Ratten. Sie gingen sachter mit ihnen um und waren von dem ganzen Versuch auch mehr angetan als jene Studenten, die annahmen, daß sie sich mit »dummen« Tieren abgeben mußte. Es zeigte sich seltsamerweise, daß die Studenten mit den »intelligenten« Ratten weniger mit ihren Tieren gesprochen, sie aber häufiger berührt hatten. Während die anderen Studenten ihre »dummen« Ratten kaum berührt, aber sie recht aggressiv beschimpft hatten, wenn sie ihre Aufgabe nicht lösten.

Als Quintessenz seiner Versuchsergebnisse entwarf Professor ROSENTHAL eine *4-Faktoren-Theorie*, die besagt:

Personen, die eine positive Erwartung in ihre Kinder, Schüler, Klienten (oder wen auch immer) setzen,

- scheinen um diese Gruppe herum ein wärmeres sozio-emotionales *Klima* zu erzeugen;
- scheinen dieser Gruppe mehr Rückmeldung *(Feedback)* über ihren Leistungsstand zu geben;
- scheinen dieser Gruppe mehr Informationen *(Input)* zu geben und höhere Anforderungen an sie zu stellen;
- scheinen dieser Gruppe mehr Gelegenheit zu Frage und Antwort *(Output)* einzuräumen.

Als wichtige Ergebnisse aus ROSENTHALs Versuchen seien hier noch erwähnt:

(1) Lehrer, die glaubten, es mit einem guten Schüler zu tun zu haben, lächelten den Jungen eher an, machten zustimmende Kopfbewegungen, beugten sich zu ihm rüber und schauten ihm länger in die Augen (alles Symptome einer »positiven« Körpersprache!).

(2) Gute Schüler erhalten stets mehr Feedback – ganz gleich, ob ihre Antworten richtig oder falsch sind!

(3) Bei Schülern, von denen Lehrer mehr erwarten, fallen die Reaktionen – Lob wie Tadel! – stärker und eindeutiger aus.

(4) Begabte Kinder erhalten mehr Lob und weniger Tadel. Das heißt: Kritik sparen sich Lehrer für die »dummen« Schüler auf!

(5) Lehrer geben Schülern, von denen sie mehr erwarten, im wahrsten Sinne des Wortes *mehr Unterricht.*

(6) Lehrer spornen Schüler, von denen sie mehr erwarten, auch dazu an, häufiger Antworten zu geben. Sie rufen sie häufiger auf, geben ihnen schwierigere Nüsse zu knacken, räumen ihnen mehr Zeit für die Antwort ein und helfen ihnen, bis sie die richtige Lösung finden.

Zum Schluß sei noch ein Untersuchungsergebnis berichtet, das geradezu schockierend ist: Wenn Kinder, die vom Lehrer als unbegabt angesehen werden, gute Leistungen erbringen, so ziehen sie sich den Unmut des Lehrers zu. Mit anderen Worten: eine unerwartete Leistung ist für den, der sie erbringt, mit Risiko behaftet. *Weil der Lehrer den Schüler nicht für seine gute Leistung belohnt, sondern ihn bestraft, weil er den Erwartungen des Lehrers nicht gerecht wurde!*

Ich kann mir die Anmerkung nicht verkneifen, verehrter Leser, daß gegen ROSENTHALs Ergebnisse von deutschen Pädagogen, vor allem von Grundschullehrern, entrüstet Sturm gelaufen worden ist. Dieser Entrüstung lag vermutlich das berühmte Palmström-Motto zugrunde: »Weil nicht sein kann, was nicht sein darf!« Ein deutscher Lehrer, sowieso der Klasse »Übermensch« zugehörig, hat keine Vorlieben und behandelt stets jeden Schüler gleich fair! Basta!

Zusammenfassung:

1. Unter dem von Prof. ROSENTHAL (72b) so benannten »Pygmalion-Effekt« versteht man, daß sich ein Lehrer eine ganz bestimmte Vorstellung von einem Schüler macht – und ihn dann auch nach dieser Vorstellung formt.
2. Die Grundmaxime von ROSENTHALs »Pygmalion-Effekt« lautet deshalb: Die Macht der Erwartungen, die wir an einen anderen Menschen stellen, ist so groß, daß durch sie allein schon dessen Verhalten beeinflußt werden kann. Wir nennen dies eine sich selbst-erfüllende Prophezeiung: Was wir einem Menschen zutrauen, entscheidet manchmal auch über seinen Werdegang.
3. In der Unterrichtspraxis überträgt sich die Erwartung des Seminarleiters auf den Teilnehmer auf drei verschiedenen Wegen:
1. durch die Körpersprache;
2. durch die Stimme;
3. durch die Unterrichtsmethode.
4. Der Pygmalion-Effekt gilt in gleicher Weise für die Unterrichtung von Schülern, Heranwachsenden und Erwachsenen. Er wurde auch bei der Arbeit mit Tieren bestätigt. Und er gilt auch, wenn es sich nicht um intellektuelle Lernziele handelt (z. B. um das Schwimmen).
5. Nach ROSENTHALs 4-Faktoren-Theorie
a) erzeugten Personen, die eine positive Erwartung in andere setzen, ein wärmeres sozio-emotionales Klima;
b) geben solche Personen der Gruppe mehr Feedback;
c) geben solche Personen der Gruppe ein Mehr an Informationen (Input);
d) geben solche Personen der Gruppe mehr Gelegenheit zu Frage und Antwort (Output).
6. Fazit: Lehrer geben Schülern, von denen sie mehr erwarten, im wahrsten Sinne des Wortes mehr Unterricht. (S. 91 ff.)

Anhang C

Zusammenfassung aller im Buch erarbeiteten Regeln bzw. Gesetze zur Körpersprache!

Im folgenden finden Sie alle Regeln und Gesetze noch einmal, wobei links jeweils die Kapitelangabe steht, damit Sie noch einmal nachschlagen können, was wir an jener Stelle »gemeint« hatten.

Kapitel	Regel bzw. Gesetz
Einleitung	Signale der Inhaltsebene liefern Information, während Signale der Beziehungsebene »Informationen über die Information« liefern.
Einleitung	Signale der Inhaltsebene können um so besser verstanden werden, je positiver die Beziehung der Gesprächspartner verläuft.
Einleitung	Signale der Inhalts- und Beziehungsebene sind entweder kongruent oder inkongruent.
Einleitung	Kongruenz überzeugt!
Einleitung	Unsicherheit führt häufig zu Inkongruenz, die jedoch leicht falsch interpretiert werden kann.
Kap. 1.5	Wenn der Geübte meint, körpersprachliche Signale »verstanden« zu haben, bemüht er sich um die (Erfolgs-) Kontrolle, statt anzunehmen, er habe den anderen »durchschaut«.
Kap. 2.8	Jemand, der sich seiner eigenen körpersprachlichen Signale nicht bewußt werden kann, wird die Signale anderer nie sehr exakt registrieren können.

Kap. 2.8	Je mehr Einfühlungsvermögen ein Mensch in die eigene Gefühlswelt hat, desto mehr wird er auch für die anderer entwickeln können.
Kap. 3.7	Ein Signal allein hat (meist) keine Aussagekraft. (N. B. Ausnahmen sind plötzliche *Verlagerungen* des Körper*gewichts*!, s. Regel unter Kap. 4.2.3)
Kap. 3.7	Keine körperliche Haltung oder Bewegung hat eine exakte Bedeutung per se. Körpersprache und Sprache sind voneinander abhängig. (BIRDWHISTELL)
Kap. 4.2.3	Jede plötzliche Veränderung der äußeren Haltung spiegelt immer eine plötzliche Veränderung der inneren Haltung wider.
Kap. 5.3.1	Waagerechte Stirnfalten deuten an, daß die Aufmerksamkeit stark in Anspruch genommen ist.
Kap. 5.3.3	Senkrechte Stirnfalten deuten darauf hin, daß die gesamte Aufmerksamkeit *mit starker Konzentration* auf etwas (jemand) gerichtet ist.
Kap. 5.4.2	Augenkontakt heißt Augenkontakt, weil er Kontakt schafft!
Kap. 5.4.4	Augenkontakt im Sinne von Kontrollblicken stellt *einen* wesentlichen Aspekt der erfolgreichen Gesprächsführung dar.
Kap. 5.5.2	Im Gesicht gelten mimische Ausdrucksformen der drei Bereiche immer nur im Verband miteinander als Signale, die man interpretieren kann.
Kap. 5.5.3	Ich *bin* mein Körper.
Kap. 6.1.2	Je stärker die Gefühle angesprochen werden, desto akzentuierter wird auch die Gestik.
Kap. 6.2	Wenn wir inkongruente Signale wahrnehmen, lernen wir lediglich, *daß* eine Inkongruenz stattgefunden hat, wir wissen aber noch nicht, *worauf* diese zurückzuführen ist.

Kap. 6.2.1	Je mehr jemand »er selbst« ist, desto geringer ist die Wahrscheinlichkeit, daß wir bei ihm Signale registrieren, die inkongruent zu seiner Person sind.
Kap. 7.1	Die Bedingung, unter der wir jemanden freiwillig in unsere Intimzone eintreten lassen, ist Vertrauen.
Kap. 7.1	Jemand, der die Intimzone eines anderen mißachtet, mißachtet gleichzeitig auch die Person.
Kap. 7.1.3	Je höher der Status einer Person, desto größer wird die Intimzone, die andere ihm zugestehen.
Kap. 7.1.4	Wenn zwei Personen einen Tisch teilen, betrachtet zunächst jede den halben Tisch als Teil ihrer Intimzone. (Achtung vor Ausnahmen bei Schüchternheit oder Statusunterschieden!)
Kap. 7.2	In unsere persönliche Zone lassen wir freiwillig all jene Personen hinein, mit denen wir nicht so intim sind, daß sie unsere Intimzone betreten dürfen, die uns aber auch nicht so fremd sind, daß sie in unserer nächstweiteren (sozialen) Zone verbleiben müssen.
Kap. 7.2	Wenn wir einem anderen notgedrungen zu nahe kommen müssen, behandeln wir ihn laut ungeschriebenem »Vertrag« als Non-Person.
Kap. 7.3	Unsere soziale Zone ist für soziale Kontakte oberflächlicherer Art reserviert, z. B. für Bekannte, die meisten Kollegen und die meisten Chefs!
Kap. 7.4	Es gibt einen direkten Bezug zwischen der Mißachtung der räumlichen Zonen des anderen und dem ihm in übertragenem Sinne Zu-nahe-Kommen!
Kap. 8	Zeitvertreib stellt eine Kommunikationsform dar, in der nicht der verbale Inhalt unserer Worte, sondern *allein* unser Tonfall es ist, der eine Nachricht sendet.
Kap. 8.1.2	*Sprachrhythmus* hat kaum Informationswert, fällt aber sofort (unangenehm) auf, wenn er den Erwartungen nicht

	entspricht, während die *Sprachmelodie* zahlreiche Informationseinheiten beinhaltet, und zwar sowohl auf der Inhalts- als auch auf der Beziehungsebene.
Kap. 8.2.1	Je öfter jemand die gleiche Aussage gemacht hat, desto höher wird seine relative Sprechgeschwindigkeit.
Kap. 8.2.1	Je unbekannter Ihrem Zuhörer Ihre Informationen sind (oder zu sein scheinen), desto langsamer müssen Sie das Material präsentieren! (Achtung, d. h. nicht unbedingt langsamer *sprechen*!)
Kap. 8.3	Wiewohl die Pause inhaltlich ein »Nichts« darzustellen scheint, beinhaltet sie oft weit mehr Information als Wörter hätten enthalten können!
Kap. 8.4.2	Je sicherer jemand (seines Themas), ist bzw. je weniger negative Gefühle vorhanden sind, desto klarer wird die Aussprache einzelner Worte im allgemeinen sein.
Kap. 8.6.2	Lerne alles, was du kannst, über die Theorie, aber wenn du dem anderen gegenübersitzt, vergiß das Textbuch. (Nach C. G. JUNG)
Kap. 9.3	Solange der Besucher eine Hand am Türpfosten der offenen Türe hat, ist er nicht in die Intimzone des amerikanischen Managers eingedrungen.
Kap. 9.3	Schon das Öffnen der Bürotüre bedeutet für den deutschen Manager das Betreten seiner Intimzone, weshalb dies nicht ohne seine Erlaubnis geschehen darf.
Anhang B: Betreff: Pygmalion-Effekt	Die Macht der Erwartungen, die wir an einen anderen Menschen stellen, ist so groß, daß durch sie alleine schon dessen Verhalten beeinflußt werden kann. Wir nennen dies eine sich selbst erfüllende Prophezeiung: *Was wir einem Menschen zutrauen, entscheidet manchmal auch über seinen Werdegang.* (MICHAEL BIRKENBIHL)

Anhang D
Ein Poster zum Ausschneiden und Aufkleben

So sieht das Poster aus, wenn Sie es ausschneiden und zusammenkleben:

Zusammenfassung einiger Detail-Informationen:

Stirnbereich
Denken, Analysieren, Verstehen, sich Konzentrieren.

waagerechte Falten: Aufmerksamkeit, sich (krampfhaft) um Verständnis bemühen, Erstaunen, Zweifel, Verwirrung, Überraschung, Angst (Kap. 5.3.1).

senkrechte Falten: starke Konzentration, Energien zusammenziehen (sowohl bei körperlichen wie bei geistigen Prozessen) (Kap. 5.3.3).

Mittelgesicht
Augen: „Fenster zur Seele", aber auch „Fenster zur Welt": Aufnahme von Umweltreizen: offene Augen. Aber: Ein „nach innen Blicken" muß nicht Desinteresse bedeuten, wenn der andere gerade wahrgenommene Information erst verarbeiten (überdenken) will! Interesse geht oft mit Augenkontakt einher (vgl. auch N-N-Kontakt und Mundbewegungen in Verbindung mit den Signalen des Auges!) (Kap. 5.4 und 5.5).

Mund und Kinnbereich
Der Mund öffnet sich um so eher, je aufmerksamer man Informationen aus der Umwelt aufzunehmen bereit ist, bzw. je bereiter man ist, Informationen in diese Umwelt hinauszusenden. Außerdem wird sich bei Verkrampfungen, bei Angst und Nervosität der Mund eher schließen (Kap. 5.5).
Das Kinn recken wir bei Entschlossenheit eher vor, während wir es bei Gelassenheit, Ruhe oder passivem Genießen eher zurückziehen (Kap. 5.5).

Tonfall
Der Ton macht die Musik. Wie „klingt" jemand? (Kap. 8)
N.B.: Insbes. am Telefon macht sich ein „akutes Gehör" für diese Signale tausendfach bezahlt. Am meisten sagen uns: Lautstärke (vgl. Nach-Druck), Geschwindigkeit (Routine), Sprachmelodie und Tonfall (agressiv, freundlich) sowie die Pausen, die jemand macht. (Vgl. auch Erfolgskontrolle dritter Art. Das Schweigen, in das andere meist hineinsprechen: wie klingen sie dann?) Auch Lautäußerungen ohne verbalen Inhalt (Kap. 8.6) können Signalwirkung haben, insbes. wenn sie häufig auftreten, ohne daß der andere sich ihrer bewußt ist (Stöhnen, Seufzen oder ein chronisch weinerlicher Tonfall u. a.).

Haltung
Wie geht der Mensch mit seinem Gewicht, seinem „Schwerpunkt" um? (Kap. 4.1, 4.2 und 6.3.1). Ist die Haltung offen (Hals- und Brustraum frei) oder eher geschlossen (Neigung die Schultern anzuheben und den Kopf einzuziehen)? Ist die Haltung locker oder verkrampft, starr? (Kap. 4)

Gestik
Fallen die Gesten (angenehm oder unangenehm) auf? Sind sie kongruent? Passen sie zur Person und zur Situation? Sind sie eher offen oder geschlossen (sich schließend)? Sind sie flüssig oder verkrampft, nervös, aggressiv? Sind Hand-lungen (Handlungen) vorhanden, die sich wiederholen? (Kap. 6) Wirkt die Gesamtgestik überzeugend?

Zone
Tritt jemand mir zu nahe? Beobachte ich Abstands-Signale bei ihm? Wird dadurch die Sicherheit eines Anwesenden gefährdet? (Kap. 7)

Regeln:

1. Ist die Körpersprache kongruent zum Wort? (Kap. 3.3)
2. Ist der Gesamteindruck eher offen oder geschlossen? (Kap. 6.1.3)
3. Ist Augen- (bzw. N-N-) Kontakt vorhanden? (Kap. 4.2.4 und 5.4)
4. Liegt das Gewicht vor, hinter oder über dem Becken? (Kap. 4.2)
5. Wie klingen die Worte (Tonfall, Sprachmelodie, Lautstärke)? (Kap. 8)
6. Sendet der andere Abstands-Signale, die mir zeigen, daß ich ihm zu nahe trete (räumliche, psychologische Intimzone)? (Kap. 7.1)
7. Muß ich auf kulturelle Unterschiede gefaßt sein? (Kap. 9)
8. Macht der andere Pausen (schweigt er) und könnten diese Signalwert haben? (Kap. 8.3)
9. Beobachte ich irgendwelche Handlungen (bzw. Hand-lungen), die mir einen wesentlichen Hinweis geben könnten? (Kap. 6.4)
10. Setze ich regelmäßig Erfolgskontrollen erster, zweiter oder dritter Art ein? (Kap. 1.8)

Signale des Körpers*

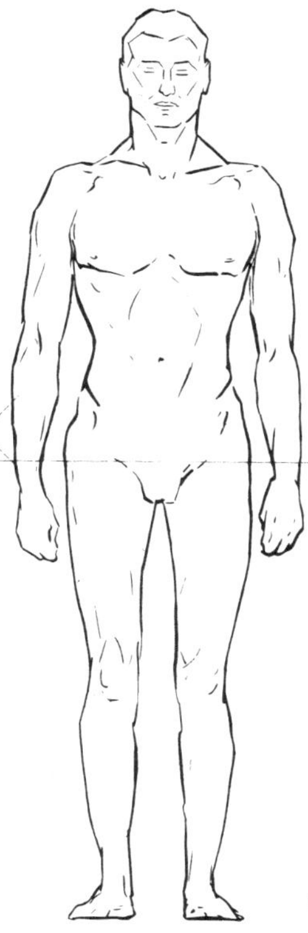

10 Kontrollfragen bezüglich der eigenen Signale (aktiv Körpersprechen):

1. Sehe ich andere aufmerksam an, wenn sie mit mir sprechen, bzw. mache ich N-N-Kontakt? (Kap. 4.2.4 und 5.4)
2. Ist mein Mund entspannt oder verspannt? (Kap. 5.5)
3. Ist meine Haltung eher offen oder geschlossen? (Kap. 6.3.1)
4. Mache ich das SMILE-Experiment des öfteren, wenn ich mich verärgert, gereizt oder deprimiert fühle? (Kap. 5.5.4)
5. Ist meine Gestik überzeugend, d. h. kongruent zum Inhalt (Kap. 3.3) sowie passend zur Person? (Kap. 6.2.1)
6. Denke ich öfter an die Gefahr des PYGMALION-Effektes, insbes. wenn ich dazu neige, den anderen negativ einzustufen? (Vorwort, Anhang B)
7. Ist mein TONFALL aggressiv-ärgerlich, belehrend, gereizt, nörgelnd, ruhig-beruhigend, sachlich, freundlich, laut, leise, deutlich? (Kap. 8)
8. Neige ich dazu, zu schnell zu sprechen? (Kap. 5.3 und 8)
9. Signalisiere ich Mißmut, Ungeduld, Langeweile ohne es zu merken? (Kap. 5.1, Spiegelexperiment!)
10. Überprüfe ich meine eigenen Signale ab und zu, um etwaigen Kommunikationsproblemen, die ich vielleicht selbst auslöse, auf die Spur zu kommen? (N.B. Auch Gespräche im Freundeskreis können sehr hilfreich sein!)

10 Kontrollfragen zur Beobachtung der Körpersprache anderer:

1. Ein Signal allein hat keine Aussagekraft (Ausnahme: Plötzliche Verlagerungen des Körpergewichtes, s. Regel 2).
2. Jede plötzliche Veränderung der äußeren Haltung spiegelt immer eine Veränderung der inneren Haltung wieder.
3. Augenkontakt heißt Augenkontakt, weil er Kontakt schafft!
4. Ich bin mein Körper!
5. Je mehr jemand „er selbst" ist, desto unwahrscheinlicher wird inkongruente Körpersprache bei ihm. Kongruenz aber überzeugt immer!
6. Je höher der Status einer Person, desto größer wird die Intimzone, die andere ihm zugestehen (was nicht heißt, daß ein Vorgesetzter seinen Mitarbeitern „Null-Intimzone" erlauben darf!)
7. Wenn zwei Personen einen Tisch teilen, betrachtet zunächst eine jede den halben Tisch als Teil ihrer Intimzone (Ausnahme: Schüchternheit sowie unterschiedlicher Status der Personen).
8. Es gibt einen direkten Bezug zwischen der Mißachtung der räumlichen Zone eines anderen, und dem ihm im übertragenen Sinne zu-nahe-Kommen (d. h. dem Eindringen in die psychologische Intimzone).
9. Abstands-Signale signalisieren Wunsch nach mehr Freiraum, sowohl räumlich, als auch seelisch!
10. Lerne alles, was du kannst, über die Theorie; wenn du dem anderen jedoch gegenübersitzt – vergiß das Textbuch (nach C. G. JUNG).

Vera F. Birkenbihl 1979

* aus: Vera F. Birkenbihl: „Signale des Körpers und was sie aussagen", Moderne Verlags GmbH, München 1979

Zusammenfassung einiger Detail-Informationen:

Stirnbereich:
Denken, Analysieren, Verstehen, sich Konzentrieren.

waagerechte Falten: Aufmerksamkeit, sich (krampfhaft) um Verständnis bemühen, Erstaunen, Zweifel, Verwirrung, Überraschung, Angst. (Kap. 5.3.1)

senkrechte Falten: starke Konzentration, Energien zusammenziehen (sowohl bei körperlichen wie bei geistigen Prozessen). (Kap. 5.3.3.)

Mittelgesicht:
Augen: »Fenster zur Seele«, aber auch: »Fenster zur Welt«. Aufnahme von Umweltreizen: offene Augen. Aber: Ein »nach innen-Blicken« muß nicht Desinteresse bedeuten, wenn der andere gerade wahrgenommene Information erst verarbeiten (überdenken) will! Interesse geht oft mit Augenkontakt einher (vgl. auch N-N-Kontakt und Mundbewegungen in Verbindung mit den Signalen des Auges ! (Kap. 5.4 und 5.5)

Mund und Kinnbereich:
Der Mund öffnet sich um so eher, je aufmerksamer man Informationen aus der Umwelt aufzunehmen bereit ist, bzw. je bereiter man ist, Informationen in diese Umwelt hinauszusenden. Außerdem wird sich bei Verkrampfungen, bei Angst und Nervosität der Mund eher schließen. (Kap. 5.5)
Das Kinn recken wir bei Entschlossenheit eher vor, während wir es bei Gelassenheit, Ruhe oder passivem Genießen eher zurückziehen. (Kap. 5.5)

Tonfall:
Der Ton macht die Musik. Wie »klingt« jemand? (Kap. 8)
N. B.: Insbes. am Telefon macht sich ein »akutes Gehör« für diese Signale tausendfach bezahlt. Am meisten sagen uns: Lautstärke (vgl. Nach-Druck), Geschwindigkeit (Routine), Sprachmelodie und Tonfall (agressiv, freundlich) sowie die Pausen, die jemand macht. (Vgl. auch Erfolgskontrolle dritter Art: Das Schweigen, in das andere meist hineinsprechen: wie klingen sie dann?) Auch Lautäußerungen ohne verbalen Inhalt (Kap. 8.6) können Signalwirkung haben, insbes. wenn sie häufig auftreten, ohne daß der andere sich ihrer bewußt ist (Stöhnen, Seufzen, oder ein chronisch weinerlicher Tonfall, u. a.)

Haltung:
Wie geht der Mensch mit seinem Gewicht, seinem »Schwerpunkt« um? (Kap. 4.1. 4.2 und 6.3.1). Ist die Haltung offen (Hals- und Brustraum frei) oder eher geschlossen (Neigung,die Schultern anzuheben und den Kopf einzuziehen)? Ist die Haltung locker oder verkrampft, starr? (Kap. 4).

Gestik:
Fallen die Gesten (angenehm oder unangenehm) auf? Sind sie kongruent? Passen sie zur Person und zur Situation? Sind sie eher offen oder geschlossen (sich schließend)? Sind sie flüssig oder verkrampft, nervös, aggressiv? Sind Hand-lungen (Handlungen) vorhanden, die sich wiederholen? (Kap. 6) Wirkt die Gesamtgestik überzeugend?

Zone:
Tritt jemand mir zu nahe? Beobachte ich Abstands-Signale bei ihm? Wird dadurch die Sicherheit eines Anwesenden gefährdet? (Kap. 7)

Regeln:

1. Ist die Körpersprache kongruent zum Wort? (Kap. 3.3)
2. Ist der Gesamteindruck eher offen oder geschlossen? (Kap. 6.1.3)
3. Ist Augen- (bzw. N-N-) Kontakt vorhanden? (Kap. 4.2.4 und 5.4)
4. Liegt das Gewicht vor, hinter oder über dem Becken? (Kap. 4.2)
5. Wie klingen die Worte (Tonfall, Sprachmelodie, Lautstärke)? (Kap. 8)
6. Sendet der andere Abstands-Signale, die mir zeigen, daß ich ihm zu nahe trete (räumliche/psychologische Intimzone)? (Kap. 7.1)
7. Muß ich auf kulturelle Unterschiede gefaßt sein? (Kap. 9)
8. Macht der andere Pausen (schweigt er) und könnten diese Signalwert haben? (Kap. 8.3)
9. Beobachte ich irgendwelche Handlungen (bzw. Hand-lungen), die mir einen wesentlichen Hinweis geben könnten? (Kap. 6.4)
10. Setze ich regelmäßig Erfolgskontrollen erster, zweiter oder dritter Art ein? (Kap. 1.8)

Signale des Körpers*

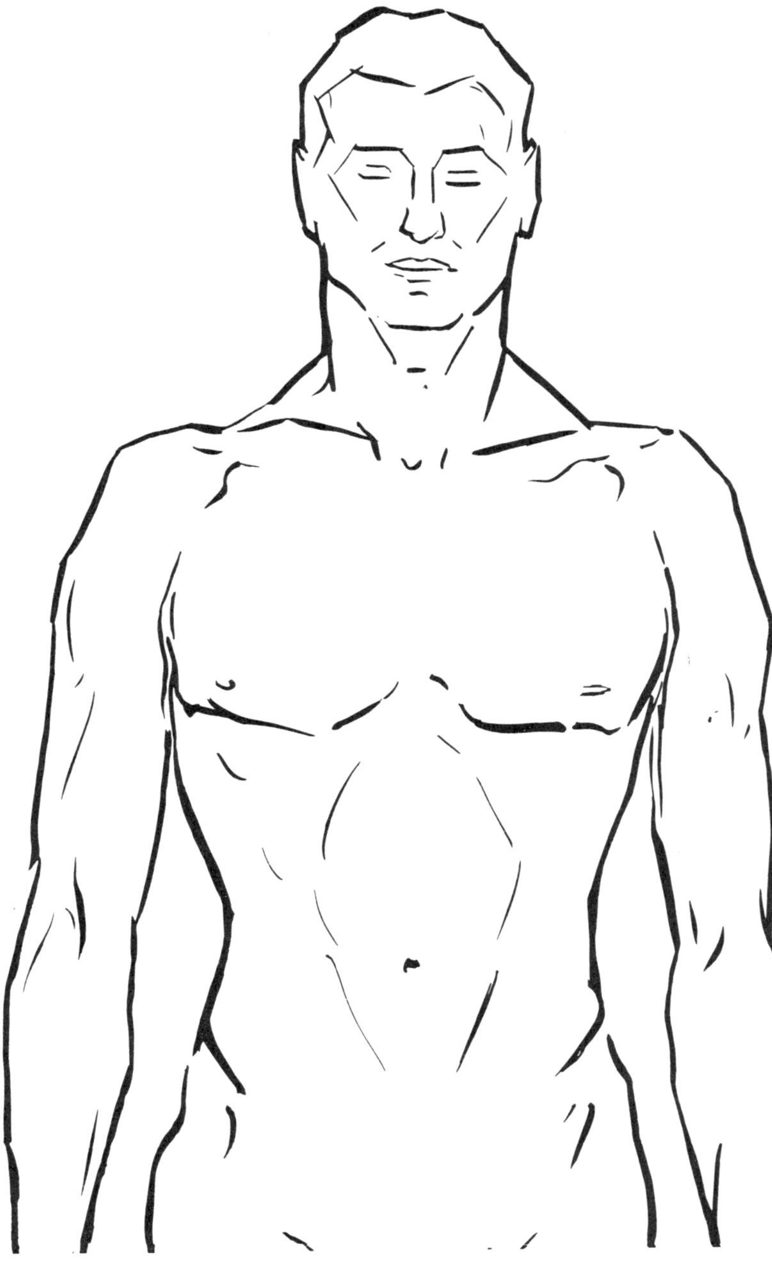

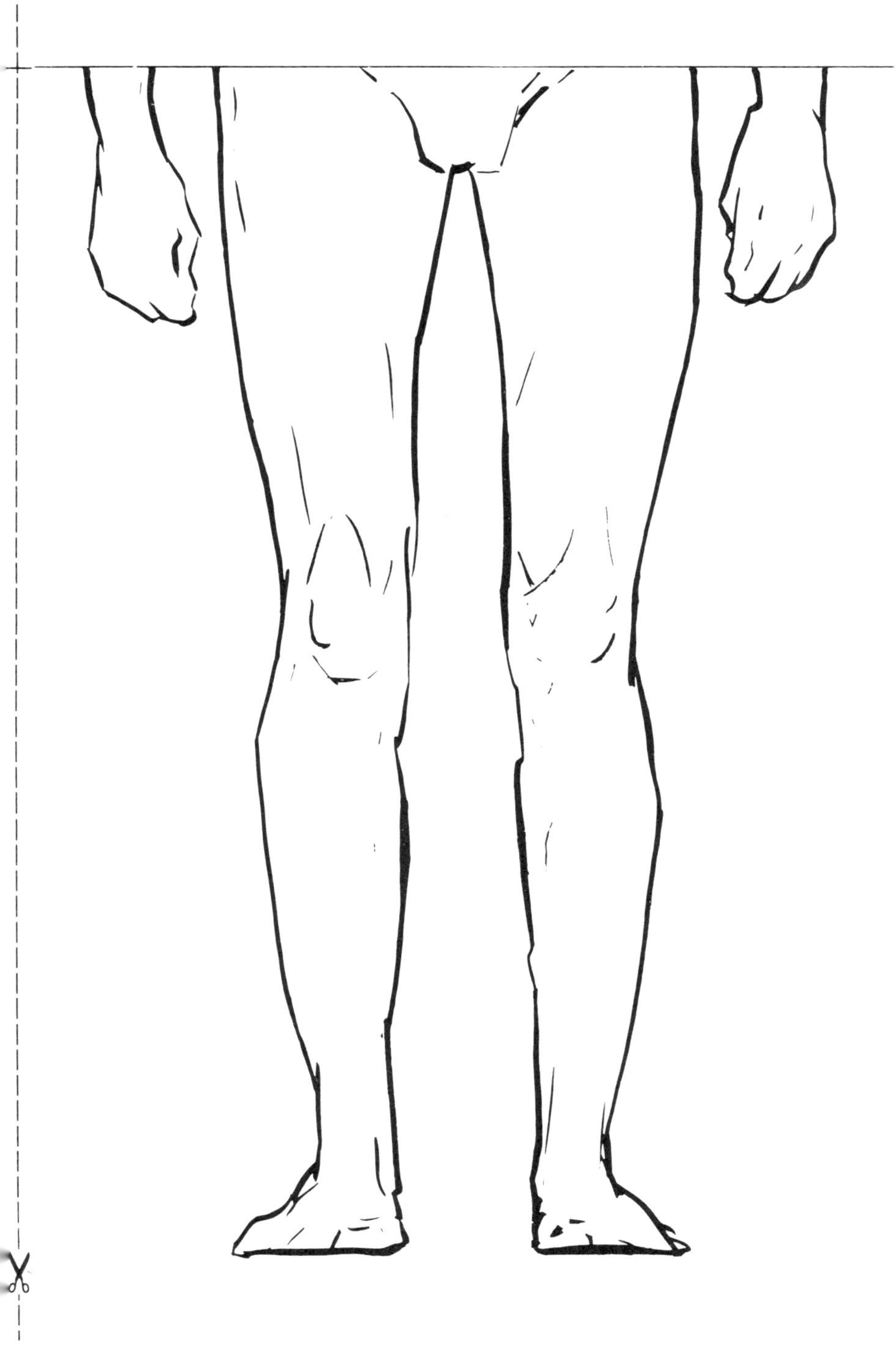

10 Kontrollfragen bezüglich der eigenen Signale (aktiv Körpersprechen):

1. Sehe ich andere aufmerksam an, wenn sie mit mir sprechen, bzw. mache ich N-N-Kontakt? (Kap. 4.2.4 und 5.4)
2. Ist mein Mund ent- oder verspannt? (Kap. 5.5)
3. Ist meine Haltung eher offen oder geschlossen? (Kap. 6.3.1)
4. Mache ich das SMILE-Experiment des öfteren, wenn ich mich verärgert, gereizt oder deprimiert fühle? (Kap. 5.5.4)
5. Ist meine Gestik überzeugend, d. h. kongruent zum Inhalt (Kap. 3.3) sowie passend zur Person? (Kap. 6.2.1)
6. Denke ich öfter an die Gefahr des PYGMALION-Effektes, insbes. wenn ich dazu neige, den anderen negativ einzustufen? (Vorwort/ Anhang B).
7. Ist mein TONFALL aggressiv-ärgerlich, belehrend, gereizt, nörgelnd, ruhig-beruhigend, sachlich, freundlich, laut, leise, deutlich? (Kap. 8)
8. Neige ich dazu, zu schnell zu sprechen? (Kap. 5.3 und 8)
9. Signalisiere ich Mißmut, Ungeduld, Langeweile, ohne es zu merken? (Kap. 5.1: Spiegelexperiment!)
10. Überprüfe ich meine eigenen Signale ab und zu, um etwaigen Kommunikationsproblemen, die ich vielleicht selbst auslöse, auf die Spur zu kommen? (N. B. Auch Gespräche im Freundeskreis können sehr hilfreich sein!)

10 Kontrollfragen zur Beobachtung der Körpersprache anderer:

1. Ein Signal allein hat keine Aussagekraft (Ausnahme: Plötzliche Verlagerungen des Körpergewichtes, s. Regel 2):
2. Jede plötzliche Veränderung der äußeren Haltung spiegelt immer eine Veränderung der inneren Haltung wider.
3. Augenkontakt heißt Augenkontakt, weil er Kontakt schafft!
4. Ich bin mein Körper!

5. Je mehr jemand »er selbst« ist, desto unwahrscheinlicher wird inkongruente Körpersprache bei ihm. Kongruenz aber überzeugt immer!
6. Je höher der Status einer Person, desto größer wird die Intimzone, die andere ihm zugestehen (was nicht heißt, daß ein Vorgesetzter seinen Mitarbeitern »Null Intimzone« erlauben darf!)
7. Wenn zwei Personen einen Tisch teilen, betrachtet zunächst eine jede den halben Tisch als Teil ihrer Intimzone (Ausnahme: Schüchternheit, sowie unterschiedlicher Status der Personen).
8. Es gibt einen direkten Bezug zwischen der Mißachtung der räumlichen Zone eines anderen und dem ihm im übertragenen Sinne zunahe-Kommen (d. h. dem Eindringen in die psychologische Intimzone).
9. Abstands-Signale signalisieren Wunsch nach mehr Freiraum, sowohl räumlich als auch seelisch!
10. Lerne alles, was du kannst, über die Theorie; wenn du dem anderen jedoch gegenübersitzt – vergiß das Textbuch (nach C. G. JUNG).

© Vera F. Birkenbihl

* aus: Vera F. Birkenbihl – Signale des Körpers
Moderne Verlagsgesellschaft, Landsberg 1988

Literaturverzeichnis

Benützte und weiterführende Literatur

1. ALLPORT, G. W. und VERNON, P. E.
   Studies in Expressive Movement, New York, 1933
2. ARDREY, R.
   The Territorial Imperative, New York, 1966
3. BATESON, M. C.
   Kinesics and Paralanguage
   in: Science, 139, 1963
4. BERNE, E.
   Spiele der Erwachsenen, Reinbek b. Hmbg., 1967
5. BIRDWHISTELL, R. L.
   a. Introduction to Kinetics (Jetzt nur noch als Mikrofilm erhältlich bei: University Microfilms Inc., 313 North First Street, Ann Arbor, Michigan).
   b. Background to Kinesics,
      in: Rev. General Semantics, Vol. 13:18, 1954
   c. Kinesics and Communication
      in: Explorations in Communication, (Carpenter & McLuhan, ed), Boston, 1960
   d. The Kinesic Level in the Investigation of the Emotions,
      in: Expressions of the Emotions in Man, (Knapp, ed)
      New York, 1963
   e. Kinesics and Context, London, 1973
6. BIRKENBIHL, M.
   a. Train the Trainer: Kleines Handbuch für Ausbilder und Dozenten, München, (4. erw. und überarb. Auflage), 1977
   b. Verkaufspsychologie und Verkaufstechnik, Mit praktischen Beispielen, Obertshausen, 1979
7. BIRKENBIHL, V. F.
   a. Freude durch Streß, Landsberg, 6. Aufl., 1987
   b. Psycho-logisch richtig verhandeln, Landsberg, 4. Aufl., 1986
   c. Körpersprache, Sonderdruck, WRS-Verlag, Mchn., 2. Aufl., 1974
   d. Kommunikationstraining, Landsberg, 8. Aufl., 1987
   e. Die Kunst der Gesprächsführung, Sonderdruck, WRS-Verlag, Mchn., 3. Aufl., 1976
   f. Die Kunst des Lobens im Betrieb, Sonderdruck, WRS-Verlag, München, 5. Aufl., 1977
8. BLEIBTREU, J. N.
   The Parable of the Beast: Man's vital but alienated relationship to his animal self, Toronto, 1968

9. BONNER, M. R.
Changes in the Speech Pattern under Emotional Tension,
in: Amer. Journ. of Psych. 56 : 262, 1943
10. BREWER W. D.
Patterns of Gesture among the Levantine Arabs,
in: Amer. Anthropol. 53 : 232, 1951
11. BURT, H. B.
Territoriality and Home Range Concepts as Applied to Mammals,
in: Journ. of Mammalogy 24 : 346, 1943
12. CAMPA, A. L.
Language Barriers in Intercultural Communications,
in: Journ. of Communication 1 : 41, 1951
13. CAMBELL, H. (u. a.)
Voice, Speech an Gesture: Elocutionary Art, Edinburgh, 1912
14. CASTANEDA, C.
Reise nach Ixtlan, Frankfurt, 1976
15. CHRISTIANSEN, B.
Thus Speaks the Body: Attempts toward a Personology form the Point of View of Respiration and Postures, Oslo, 1963
16. CORBIN, E. I.
Muscle Action as Nonverbal and Preverbal Communication,
in: Psychoanalyt. Quart. 31 : 351, 1962
17. DARWIN, C.
The Expressions of the Emotions in Man and Animals, London, 1872
18. DAVIS, F.
Body Music: Whenever People Share Words, Thoughts, Good Feelings, They Literally Dance to the Same Beat,
in: Glamour, Feb. 1972
19. DEUTSCH, F.
a. Thus Speaks the Body, II: A Psychosomatic Study of Vasomotor Behavior (Capillaroscopy and Plethysmography),
in: Acta med. Orient. 9 : 199, 1950
b. (ed): On The Mysterious Leap from the Mind to the Body, New York, 1959
20. DITFURTH, H. v.
Der Geist fiel nicht vom Himmel: Die Evolution unseres Bewußtseins, Hamburg,
21. DUCHENNE, D.
Mechanisme de la Physiognomie Humaine, Paris, 1862
22. DÜRKHEIM, K. G.
Hara: Die Erdmitte des Menschen, München, 1975
23. DUNBAR, F.
Emotions and Bodily Changes, New York, 4. Aufl., 1954
24. DUNKELL, S.
Körpersprache im Schlaf: Schlafhaltungen und ihre Bedeutung, München, 1977
25. EIBL-EIBESFELDT, I.
Der vorprogrammierte Mensch: Das Ererbte als bestimmender Faktor im menschlichen Verhalten, München, 1973
26. ELIAS, N.
Über den Prozeß der Zivilisation: Soziogenetische und psychogenetische Untersuchungen, Erster Band: Wandlungen des Verhaltens in den weltlichen Oberschichten des Abendlandes, Frankfurt, 3. Aufl., 1977

27. FAIRBANKS, G. und PRONOVOST, W.
Pitch of Voice and Expression of Emotion,
in: Speech Monogr. 6 : 87, 1939
28. FAST, J.
Body Language, New York, 1971
29. FELDENKRAIS, M.
Der aufrechte Gang, Frankfurt, 1968 (Neuauflage: Bewußtheit durch Bewegung. Der aufrechte Gang, Frankfurt, 1978)
30. FELDMANN, S. S.
Mannerisms of Speech and Gestures in Everyday Life, New York, 1959
31. FESTINGER, L.
Conflict, Decision and Dissonance, Stanford Univ., USA, 1964
32. FRIJDA, N. H.
Mimik and Pantomimik
in: Handbuch der Psychologie, Band 5, Göttingen, 1965
33. FROMM, E.
Haben oder Sein: Die seelischen Grundlagen einer neuen Gesellschaft, Stuttgart, 3. Aufl., 1977
34. FUCHS, W. R.
Die Araber und ihre Welt, München, 1977
35. GOFFMAN, E.
a. Behavior in Public Places, (The Free Press), 1969
b. Encounters, Indianapolis, 1961
c. Presentation of Self in Everyday Life, New York, 1959
36. GORDON, T.
Familienkonferenz: Die Lösung von Konflikten zwischen Eltern und Kindern, Hamburg, 1972
37. GROTJAHN, M.
Beyond Laughter, London, 1957
38. HALL, E. T.
a. The Silent Language, New York, 1959
b. Proxemics: A Study of Man's Spatial Relationship,
in: Man's Image in Medicine and Anthropology (Intl. Univ. Press), 1963
c. A System for the Notation of Proxemic Behavior,
in: Amer. Anthropol. 65 : 1003, 1963
d. The Hidden Dimension, New York, 1966
e. und WHITE, W. F.: Intercultural Communication,
in: Human Organ. 19 : 5, 1960
39. HARRIS, Z. S.
From Morpheme to Utterance,
in: Language 22 : 161, 1946
40. HAYAKAWA, S. I.
Language in Action, New York, 1951
41. HERDER, J. G.
Abhandlung über den Ursprung der Sprache, Berlin, 1772
42. HOCKETT, C. F.
The Origins of Speech,
in: Scientific American 203 : 89, 1960
43. HUBER, E.
Evolution of Facial Musculature and Facial Expressions, Baltimore, 1931

44. JOHANNESSON, A.
Gesture Origin of Indo-European Languages,
in: Nature (London) 153 : 171, 1944
45. KHAN, M. M. R.
Silence as Communication,
in: Bulletin Menninger Clinic 27 : 300, 1963
46. KIETZ, G.
a. Der Ausdrucksgehalt des menschlichen Ganges, Leipzig, 1948
b. Gang und Seele, München, 1966
47. KLAGES, L.
Ausdrucksbewegung und Gestaltungskraft, Leipzig, 1913
48. KLINEBERG, O.
The Human Dimension in international Relations, London, 1964
49. KNAPP, P. H.
The Ear, Listening and Hearing,
in: Yearbook of Psychoanal. 10 : 177, 1954
50. KREEZER, G. und GLANVILLE, A. D.
A Method for the Quantitative Analysis of Human Gait,
in: Journ. Gen. Psychol. 50, 1937
51. KRETSCHMER, E.
Körperbau und Charakter, Tübingen, 1914
52. KRUCKENBERG, E.
Der Gesichtsausdruck des Menschen, Stuttgart, 1923
53. LENNEBERG, E. H.
Biologische Grundlagen der Sprache, Frankfurt, 1972
54. LERSCH, P.
Gesicht und Seele, Basel, 1951
55. LEVY, K.
Silence in the Analytic Session
in: Internat. Journal of Psycho-Analyt. 39 : 50, 1958
56. LILLY, J. C.
The Deep Self, New York, 1977
57. LOWEN, A.
a. The Language of the Body, New York, 1958
b. Physical Dynamics of Character Structure: Bodily Form and Movement in Analytic Therapy, New York, 1958
58. MAGEE, B.
Popper, London, 1973
59. MAHL, G. F.
On the Use of »ah« in Spontaneous Speech: Quantitative, Developmental, Characterological, Situational, an Linguistic Aspects,
in: Amer. Psychol. 13 : 349, 1958
60. MARANON, G.
The Psychology of Gesture,
in: Journ. of Nerv. Mental Dis. 112 : 469, 1950
61. MONTAGU, A.
Touching, London, 2. Aufl., 1971
62. MORRIS, C. W.
Foundations of the Theory of Signs, London, 1938

63. MOSES, P. J.
Vocal Analysis,
in: Arch. Otolaryngol, 48 : 171, 1948
64. NACHT, S.
The Non-Verbal Relationship in Psychoanalytic Treatment,
in: Intern. Journ. of Psychoanalyt. 44 : 328, 1963
65. OSTWALD, P. F.
Soundmaking – The Acoustic Communication of Emotion, Springfield, Ill., 1963
66. PAGE, M.
Managen wie die Wilden, München, 1973
67. PEAR, T. H.
Voice and Personality, London, 1931
68. PENFIELD, W. und ROBERTS, L.
Speech and Brain Mechanisms, London, 1959
69. PIKE, K. L.
The Intonation of American English, Ann Arbor, Michigan, 1946
70. POIRET, M.
Was der Körper verrät, München, 1972
71. REIK, T.
Listening with the Third Ear, New York, 1954
72. ROSENTHAL, R.
a. Experimenter Effects in Behavioral Research, New York, 1966
b. Der Pygmalion-Effekt lebt: ROBERT ROSENTHAL antwortet seinen Kritikern, in: Psychologie heute, 6 : 18, 1975
73. RUESCH, J. und KEES, W.
Nonverbal Communication: Notes on the Visual Perceiption of Human Relations, Berkely, Calif., 1956
74. RUSSELL, B.
Das ABC der Relativitätstheorie, Reinbek b. Hmbg., 1972
75. SAPIR, E. A.
Die Sprache, München, 1961
76. SCHLOSBERG, H.
A Scale for the Judgement of Facial Expressions,
in: Journ. of Exper. Psychol. 44 : 229, 1952
77. SCHUTZ, W. C.
Freude: Abschied von der Angst durch Psycho-Training, Hamburg, 1971
78. SHELDON, W. H.
The Varieties of Human Physique, New York, 1940
79. SHEPARD, M.
Games Analysts Play, New York, 1972
80. SKINNER, B. F.
Verbal Behavior, New York, 1957
81. SOMMER, R.
The Personal Space, New York, 1969
82. SPIETH, R.
Menschenkenntnis im Alltag: Typenlehre, Ausdruckskunde, Testverfahren, München, 1972
83. STERN, K.
The Semantics of »Organ Language«: A Comparative Study of English, French and German,
in: Amer. Journ. of Psychiat. 106 : 851, 1950

84. STREHLE, H.
Mienen, Gesten und Gebärden: Analyse des Gebarens, München, 1966
85. TAYLOR, J. E. (u. a.)
Body Language in the Treatment of the Psychotic,
in: Progr. Psychother. 4 : 227, 1959
86. WALLRAFF, G. und ENGELMANN, B.
Ihr da oben, wir da unten, Reinbek, 1976
87. WATTS, A. W.
Psychotherapy East and West, New York, 1961
88. WATZLAWICK, P., BEAVIN, J. H. und JACKSON, D. D.
Menschliche Kommunikation: Formen, Störungen und Paradoxien, Stuttgart, 4. Aufl., 1974
89. WATZLAWICK, P., WEAKLAND, J. H. und FISCH, R.
Lösungen: Zur Theorie und Praxis menschlichen Wandels, Stuttgart, 2. Aufl., 1975
90. WATZLAWICK, P.
a. Die Möglichkeit des Andersseins: Zur Technik der therapeutischen Kommunikation, Stuttgart, 1978
b. Gebrauchsanweisung für Amerika, München, 1978
91. WEISS, P.
The Social Character of Gestures,
in: Phil. Rev. 52 : 182, 1943
92. WINNICK, C. und HOLT, H.
Seating Position as Nonverbal Communication in Group Analysis,
in: Psychiatry 24 : 171, 1961
93. YOUNG, P. T.
Emotion in Man and Animal, New York, 1943
94. ZEDDIES, A.
Menschenkenntnis: Lehrgang der praktischen Charakterologie, Bad Homburg, 9. Aufl., 1949

Stichwort- und Autorenregister